体育强国背景下高校体育教学发展研究

朱丽丽　李　波　吕守峰◎著

吉林出版集团股份有限公司
全国百佳图书出版单位

图书在版编目（CIP）数据

体育强国背景下高校体育教学发展研究 / 朱丽丽，李波，吕守峰著 . -- 长春 : 吉林出版集团股份有限公司，2022.8

ISBN 978-7-5731-2096-0

Ⅰ . ①体… Ⅱ . ①朱… ②李… ③吕… Ⅲ . ①体育教学 – 教学研究 – 高等学校 Ⅳ . ① G807.4

中国版本图书馆 CIP 数据核字 (2022) 第 160604 号

体育强国背景下高校体育教学发展研究

TIYU QIANGGUO BEIJING XIA GAOXIAO TIYU JIAOXUE FAZHAN YANJIU

著　　者　朱丽丽　李　波　吕守峰
责任编辑　祖　航　林　琳
封面设计　李　伟
开　　本　710mm×1000mm　　1/16
字　　数　253 千
印　　张　15.5
版　　次　2023 年 3 月第 1 版
印　　次　2023 年 3 月第 1 次印刷
印　　刷　天津和萱印刷有限公司

出　　版　吉林出版集团股份有限公司
发　　行　吉林出版集团股份有限公司
地　　址　吉林省长春市福祉大路 5788 号
邮　　编　130000
电　　话　0431-81629968
邮　　箱　11915286@qq.com
书　　号　ISBN 978-7-5731-2096-0
定　　价　93.00 元

体育强国是新时期我国体育工作改革和发展的目标与任务，我国要力争实现体育大国向体育强国的转变。体育强国战略目标的实现，是中华民族伟大复兴中国梦的具体体现。

体育强国战略是我国在贯彻落实科学发展观的前提下发展体育事业的科学定位。增强人民体质、提高全民族身体素质和生活质量是体育强国战略的根本目标。学校体育的竞技水平、完善程度和群众体育的发展是体育强国的基础，体育强国的基础又表现在学校体育人才强国和体育教育强国两个方面。体育强国不仅仅是体质强国，更应该是体育精神强国，二者相辅相成，缺一不可。学校体育应该承担体育强国排头兵的重任，因为每名青少年都要接受系统的学校体育教育，学校体育教育的成败，直接关系到我国体育人群的素质，关系到终身体育目标的实现，关系到民族传统体育的传承与发展，关系到世界体育先进文化思想的传播。

现如今，实现体育强国梦，已成为所有体育人的奋斗目标。本书共分为五章，第一章主要介绍体育强国概述，主要对体育强国相关内容进行介绍。共分为三节，分别是体育强国的发展背景、建设体育强国的意义、现代化体育强国建设；第二章主要介绍高校体育教学的基本问题，共分为四节内容进行介绍，分别是高校体育教学的目标与原则、高校体育教学的过程与控制、高校体育教学评价、高校体育教学资源的开发利用；第三章主要介绍高校体育教学的理念与思想，共分为五节，分别是高校体育教学的理念、高校体育教学理念的创新、高校体育教学思想的演变、现代体育教学思想的发展、高校体育课程思政教学理念；第四章主要介绍高校体育教学的模式与方法，共分为四节，分别是高校体育教学的模式、高校体育教学的方法、高校体育课程思政育人模式、高校体育课程思政实施路径；第五章主要内容为高校体育教学与体育文化，共分为六节进行阐述，分别是体育文化的基本内容、高校体育文化育人功能、体育教学改革中的文化动力、体育文化的现代化发展、中华体育精神的内涵、中华体育精神激发体育教学。

在撰写本书的过程中,作者得到了许多专家学者的帮助和指导,参考了大量的学术文献,在此表示真诚的感谢。本书内容系统全面,论述条理清晰、深入浅出,但由于作者水平有限,书中难免会有疏漏之处,希望广大同行及时指正。

作者

2022 年 5 月

目　录

第一章　体育强国概述

本章为体育强国概述，主要对体育强国相关内容进行介绍。本章共分为三节，分别是体育强国的发展背景、体育强国建设的意义、现代化体育强国建设。

第一节　体育强国的发展背景

一、中国体育发展的现状

（一）中华人民共和国成立以来我国体育发展的历程回顾

一个国家的综合国力（文化、政治、经济）在一定程度上可以通过该国家的体育发展水平反映出来。自中华人民共和国成立以来，中国的体育事业发生了翻天覆地的变化，且取得了显著的进步。国家和政府部门对体育事业提出了相应的战略部署，即以发展竞技体育为先导，同时以"举国体制"为发展制度大力发展体育事业，这一举措得到了世界各国的认可和赞赏。

总的来说，我国的体育发展一直随着时代的发展在进步，逐步实现了从单一管理到"多元治理"的体制机制转变、从"争先体育"向全面体育转变、从"金牌至上"向展示综合实力的复合型目标转变。中国的体育发展在现阶段以拓展体育的政治功能为主体，更加关注国民的身体素质和健康水平，实现了从追求成绩到以人为本的理念转变。

（二）竞技体育在现阶段的发展现状

1. 竞技体育现阶段管理运行机制

我国的竞技体育管理模式是以政府管理机制为主，以国家体育总局为主导，同时在此基础上下设21个项目管理中心，各项目管理中心作为体育总局的直属管理机构。其主要职能是对 41 个单项协会和 56 个体育运动项目实行垂直管理，同时负责提高各个竞技体育项目的运动员水平，领导国家高水平运动队参加各类比赛，按照国家体育总局的批准管理比赛、组织、监督等工作。此外，中国体育社会组织也负责管理和组织各项竞技体育赛事，其不仅是整个中国体育联合会团队的成员，而且在项目管理中心的领导下，其也是负责组织赛事活动和管理赛事活动的机构之一。

我国体育管理职能机制经历了从计划经济体制下的体育管理职能机制向市场经济管理职能机制转变，进而走向社会化、专业化的过程。在计划经济体制下，我们制定了"重点发展效益项目，重点发展短期内能达到世界先进水平的项目，追求卓越成果"的战略要求，加大竞技体育投入和管理，根据奥运会情况调整项目组织，我国按照"思想一盘棋，组织一条龙，训练一贯制"的原则，创建了"国内练兵，一致对外"的基本设计思想，创建了各级互联互通的人才培养体系，使中国竞技体育在 20 世纪 80 年代取得骄人的成就。通过深化改革开放，中国引入了以竞技市场体育为基础的体育管理和经营机制。

2. 竞技体育成绩及优势项目分布

竞技体育在我国体育发展中一直发挥着重要作用。中华人民共和国成立以来在体育方面取得的优异成绩，为中国体育事业的发展奠定了坚实的基础，也为中国成为体育强国的发展提供了重要保障。在某种程度上，中国体育发展的过程得益于"举国体制"的优势，即体育领域的"国家机构"，又得益于整个体育系统"集中优势资源，实现重点突破"的共同努力，以较短的时间推动了体育事业的进步与发展，使中国在几十年内就成为"奥运强国"。

通过综合分析和研究我国竞技体育的综合实力后就会发现，我国的体育代表团在奥运会等赛事中取得了优异的成绩，获得的奖牌数位列前茅，我国竞技体育项目中的乒乓球、跳水、羽毛球、体操、举重、射击等是我国的优势项目。

通过相关的调查可以表明，我国奥运优势分布相对集中，从最近两届奥运会的成绩来看，中国体育健儿取得的成绩使每一个国民都为之骄傲，这在一定程度上奠定了中国竞技体育"体育强国"的基础，为竞技体育创造了实践基础。

（三）群众体育发展现状

群众体育也称为大众体育，群众体育的参与者包括社会的所有成员。群众体育的目的是增强公民体质、调节社会情感与公民情绪、丰富公民的日常生活。群众体育的发展不仅反映了一个国家或地区的体育参与程度，还间接反映了该国家或地区居民的生活水平和身体健康状况。中华人民共和国成立以来，我国从理论上把群众体育与竞技体育确立为协调发展、相互完善的关系。然而，以前由于实际工作中各种因素的影响，国家对竞技体育的投入和重视程度远远高于对群众体育的重视程度，致使群众体育发展滞后。目前，我国群众体育总体发展水平相对较低，城乡发展不平衡，青少年身体素质下降等问题仍然存在。

我国体育发展的主要障碍仍然是体育资源相对匮乏。特别是在群众性体育发展领域，存在公共体育服务供给严重不足、运动场建设不完善、体育组织体系建设不规范、体育运动科学论证不足等问题，不能满足广大群众的实际需要。

（四）体育产业与科技发展现状

就现阶段来说，我国体育产业的结构体系主要由四个方面组成，如图 1-1 所示。

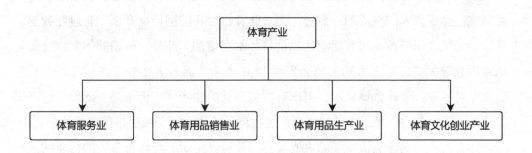

图 1-1　我国体育产业的结构体系

北京奥运会举办后，体育科技在我国的作用越来越明显，尤其是在竞技体育的教育、康复、咨询、信息等方面展现出极大的优势。但目前我国体育科技成果转化程度、自主创新意识和能力有待提高。

我国体育产业管理有待进一步加强科学研究，要提高我国体育的国际影响力，制定相关法律法规，提高体育科技自主创新能力，不断提高体育科技成果的生产力；完善体育类品牌建设；进一步加强体育技术能力建设，解决体育实践中遇到的各种问题。

二、国外体育发展现状

下面着重对具有代表性的美国体育和俄罗斯体育的发展现状进行解析。

（一）美国体育发展现状

美国作为当前世界范围内为数不多的发达国家，其经济、军事、体育等综合国力是可以排在世界前列的。美国的竞技体育所取得的成绩一直非常显著，同时美国的非奥运项目也得到了很好的发展与进步。在培养竞技体育人才方面，美国以学校体育为基础建立了自己独有的人才培养体制，按照不同的学段（小学、中学、大学）与体育教育完全融合的人才培养模式为美国培养了竞技运动的生力军。美国大学体育队在一定程度上承担了美国运动员的训练任务。大学体育的蓬勃发展使美国体育储备积累了大量的人才，为美国体育竞赛奠定了基础。体育产业的快速发展已经成为美国的支柱产业。

美国在大众体育方面的发展也有所成就，美国人对体育有着更深的了解，体育锻炼已经成为人们生活的一部分，大众体育已经在美国传播开来。有研究数据显示，美国人积极参加体育活动的比例每年都在增加。此外，美国的体育综合设施建设比较完备完善，人均占地面积约14平方米，而且大多数美国体育场都向公众免费开放。统计数据显示，美国有数以万计的注册体育俱乐部。此外，还有志愿为人民服务的体育组织，这些组织通过广泛的体育活动吸引市民参与其中。

体育产业是美国经济发展的重要支柱。政府已将所有与体育有关的行业纳入体育产业范畴，包括健身业、体育用品、体育赛事的组织和推广、专业体育行业和其他与体育相关的行业。大量证据表明，美国是世界上职业体育产业最发达的国家，美国职业体育的影响是全球性的。美国有许多职业体育项目，如篮球、棒球、美式橄榄球、冰球等。美国职业篮球联盟（NBA）是目前美国各种职业联赛中最具有知名度的，其影响力已经在世界各地传播，但美国公民更关注的体育运动却是美式橄榄球和棒球，而不是篮球。

（二）俄罗斯体育发展现状

说到俄罗斯体育产业的情况，我们不能不提到苏联体育产业的发展。众所周知，苏联曾经是一个体育强国，特别是在竞技体育领域，可以说是一个超级体育强国。1952 年至 1992 年，苏联和独联体代表团参加了第 11 届夏季奥运会，其中 7 届获得金牌数第一的傲人成绩。此外，1956 年至 1992 年间，苏联和独联体代表团共举办了 11 届冬奥会，其中 8 届获得了金牌数第一的成绩。苏联解体后，俄罗斯代表团在 1996 年至 2004 年的三届奥运会上名列"金牌榜"（第二名获得两次，第三名获得一次）。俄罗斯作为一个独立国家参加了第 26 届奥运会并首次获得了 63 枚奖牌。俄罗斯体育代表团在第 26 届和第 27 届奥运会上以 63 枚奖牌和 88 枚奖牌获得亚军，在第 28 届和第 29 届奥运会上以 92 枚奖牌和 60 枚奖牌获得亚军，在 2012 年第 30 届奥运会上以 82 枚奖牌获得第四名。分析俄罗斯在上届奥运会上取得的成绩，不难看出俄罗斯的体育成绩呈下降趋势。在这个阶段，俄罗斯的主要优势体育项目是冰雪项目、体操、游泳、田径、举重、花样游泳和摔跤等。

与竞技体育的成绩相比，俄罗斯大众体育发展相对滞后，表现在俄罗斯全民的身体素质正在逐年下降，能够参加体育活动和运动的人口比例较小。这些问题在不同程度上制约了俄罗斯大众体育的发展与进步。针对这些问题，俄罗斯采取了一系列措施，旨在复兴大众体育，建设体育设施，利用先进技术和现代标准培训运动员，优先建设体育设施和体育场馆，在民众中普及和宣传健康的生活方式。

在体育产业和体育科技方面，俄罗斯建立了多元化的投资体系和金融体系，以支持体育产业和体育科技的进步与发展，并采取了诸如体育彩票和其他部门的宏观经济调控等后续措施，为了吸引企业家，通过减税和免税政策参与体育产业的运作和发展。在体育科研方面，俄罗斯体育管理部门已采取多项措施，加强对体育科研的管理和发展，强调了体育科研部门应以国家队参加各类世界性大赛并取得成绩为重要目标。同时运动训练、体育教育等领域也受到了广泛关注。俄罗斯积极开展体育科研，更新地方体育科研机构，加强高校体育科研管理，恢复国家重大体育项目招标手续。俄罗斯体育科研主要集中在两个领域：训练和教育，包括俄罗斯的优势项目科研，如滑雪、田径、体操、游泳、排球、拳击、击剑等。

三、中外体育发展水平的"同"与"异"

（一）中外体育发展的共同点分析

体育产业作为国民经济发展的生力军，受到了社会各界广泛的赞誉。经过长时间研究以及数据表明，美国体育产业的发展是竞技体育相关职业联赛和体育周边相关产业的结合体。必须指出，体育产业不仅在美国，而且在全世界都有很大的影响力。运动服装和职业比赛展示了美国的象征。许多国家也十分重视体育产业的价值和效益，体育产业是竞技体育的有力补充，是国家体育结构的重要组成部分。俄罗斯和中国也非常重视体育产业的发展。虽然从整体上看，我国体育产业尚处于发展初期，但近年来体育产业市场已发展成为社会消费和投资的热点地区，各种体育企业和相关产业如雨后春笋般应运而生。近年来，我国体育产业规模不断扩大，体育产值持续增长。体育产业作为我国新的经济增长点，是促进我国经济发展与进步的重要组成部分。

体育科技的发展是体育事业进步与发展的重要保证。近年来，越来越多的国家重视体育运动成果的转化，科学技术对现代体育事业的发展和人民的日常生活所产生的影响日益增大。科学技术在体育运动中的广泛应用，也为体育事业的发展注入了前所未有的动力。现代科学技术在教育、教学、体育研究和体育产业中的广泛应用，使体育运动发生了重大变化。例如，在北京网球运动会上引入"鹰眼"或者"及时回放系统"，以及现代生物科学和医学在运动训练和康复中的应用，极大地改变了比赛和训练的效率，大大提高了运动成绩。生物学家对此进行了测试，运动员在田径运动会上穿的运动鞋，会使运动员的体力消耗大约减少了1%。应用中美俄体育科技成果，特别是美国在医学、生物学等学科的世界领先地位，进一步更新了现代体育运动理念。俄罗斯借鉴苏联形成的理论和教学方法，进一步提高了优势项目的培训水平。近年来，我们还在体育科学方面投入了大量的人力物力财力，在培养高素质运动员、康复、保持运动能力和国家体质健康监测等方面进行了深入研究。许多科技成果在体育训练、人口身体健康预警、体育院校改革等领域得到了成功的贯彻和应用。

（二）中外体育发展的差异分析

（1）在政治背景和经济背景的影响下，各国体育管理体制与发展方式存在很大差异体育事业的发展和进步与国家的政治制度和经济发展密切相关。目前，世界上广泛的应用处理体育产业问题的架构主要有三种，即社会组织主导型、政府主导型和社会组织与政府合作型。我国的体育产业采用的是政府主导型的管理体制，以政府为主体管理国家的所有体育活动。美国是以社会体育组织为主、管理全国体育活动的典型体育体制。在美国，社会体育组织的管理制度分为专业体育组织和业余体育组织。美国政府有一个专门的体育组织，美国政府没有体育政策，很少直接资助体育，而是通过社会体育组织来管理体育。政府组织"总统健康及体育委员会"实质上是负责就体育事宜向市民提供意见的组织。美国体育运动的结构是建立在体育与教育完全融合的基础上的。

经过数据研究表明，美国体育的发展是以大众体育为基础的。从某种意义上说，这是"体育与教学完全融合"的结果，竞技体育运动想要得到良好的发展，业余体育和职业体育的支持是必不可少的。

（2）中国、美国、俄罗斯群众体育发展重心和发展举措存在差异。根据目前世界各国体育事业发展情况来看，美国可以称得上是体育强国，美国在体育方面的综合实力从未跌落世界前三位。美国在竞技体育、全民体育、体育产业、体育技术和体育教育等领域都有所建树，其体育事业发展水平处于世界领先地位。美国之所以成为世界体育强国，与美国的社会经济发展相关。经济发展提高了劳动生产率，这在一定程度上有助于增加人们的休闲时间。文化的发展使人们普遍认识到竞技体育作为群众体育发展动力的重要性和意义。

群众性体育发展滞后，运动场地建设不足，国民体育活动量下降等问题阻碍了俄罗斯体育的发展。在竞技体育方面，俄罗斯迫切需要加大努力来获取与国际地位相符的成绩。从 2020 年俄罗斯体育发展规划来看，竞技体育和群众体育这两个领域将是俄罗斯政府重点投入资金的领域。此外，俄罗斯政府开始加大对体育产业和体育科研方面的人力与财力投入。其中大部分资金来自联邦政府和社会资金，为了使公民参加体育运动的比例有所增加。

在体育运动领域，我国仅在少数项目上取得突出成绩，田径和三大球等运动项目的发展水平与国家发展战略和体育强国的目标并不一致。鉴于此，我国体育产业发展规划的各类报告与政策多次重申了实现田径和三大球运动项目等领域良好发展的重要性和必要性，以及不断完善国家机构和加大群众体育产业投入的必要性。

总体而言，美国的体育发展在群众体育、竞技体育、体育产业、体育技术等领域有着很高的建树，其体育发展水平处于世界领先地位。美国体育实行的社会管理制度帮助美国决定了其体育产业的市场地位和社会地位。其发展战略旨在进一步发展体育产业和文化，在保持竞技体育和群众体育优势的同时进一步刺激美国的经济发展。从宏观上看，俄罗斯体育发展与中国体育发展有很多共同之处。保持和进一步发展竞技体育的优势，努力实现新突破，加快群众体育发展，推动国家体育教育水平大幅度提高，也是中俄两国体育未来发展必须解决的几项重要任务。

第二节　建设体育强国的意义

一、促进群众的体育事业发展

我们从人的全面发展角度出发，对于个人而言，健康的身体是一个人持续发展的基石，没有一个健康的身体，那么其他思想道德和科学文化素养的发展便都成为空谈。体育运动与人们的生活和发展有着直接的关系，也是人们最为关心的自身利益问题。

随着社会经济的发展和体育相关政策的推行，中国的体育事业迎来了更加快速的发展，结合体育总局发布的《"十四五"体育发展规则》，"十四五"时期，我国体育发展仍然处于重要战略机遇时期，但机遇和挑战都有新的变化。党的十九届五中全会确定 2035 年建成体育强国的远景目标鼓舞人心，体育在迈向全面建成社会主义现代化强国新征程中的地位更加凸显。

由于国家的积极号召，使越来越多的人参与到"全民健身"的行列中，体育活动逐渐成为人们生活的重要组成部分。与此同时，伴随着经济的发展，人们的生活水平逐步提高，人们开始关注日常生活的品质，对于各种健身器材、体育用品的质量提出了要求，也随之开辟出了新的市场需求，需求的增加必然会带动体育产业的发展。各种本地的体育用品生产机构像雨后春笋般涌现出来，从某种程度上说，体育产业的发展不仅推动了经济的发展，也为社会提供了更多的就业岗位。

二、进一步加快竞技体育的发展

上面我们曾经提到过，竞技体育是衡量一个国家综合实力的重要指标。我国在经历2008年的北京奥运会后，向着体育强国的发展道路上迈进了一大步，也向世界上的其他国家展现了属于中国的实力和风采。发展竞技体育，不只体现在奥运会的奖牌数量上，它也是一张国家名片，一种同世界上的其他国家沟通的方式。

不仅是在国家层面，竞技体育对于人民群众来说更是一种精神符号，竞技体育代表着坚持和努力，人们可以在竞技体育中感受到属于全人类的精神财富。就算在今天这个时候，回想起中国女排在里约奥运会上奋勇拼搏的身影仍然是感动不已，我们可以从中国女排身上看到那种相信自己，永不言弃的可贵品质。中国乒乓球则是经历几十年的洗礼依然保持着它作为国球的骄傲，在这辉煌的背后，我们无法想象中国乒乓健儿们所作出的努力和坚持。在奥运会的赛场上，取得成绩拿到奖牌固然值得人们表扬和尊敬，但是对于那些不断努力，永不放弃的运动员，即使没有获得成绩也应该得到人们同等的尊敬。

三、有助于实现中国梦

我们只有拥有共同的目标和理想，国家才会生生不息得到延续和发展。经过全体人民的共同努力我国已经逐步向着"体育强国"的目标迈进，体育承载着国家强盛，民族振兴的梦想。体育强则中国强，国运兴则体育兴。因此坚持发展体育事业，体现出体育强国的建设和中国梦的实现二者不可分割的联系。

综上所述，体育的发展对于个人的全面发展有着十分重要的意义，也是一代代中国领导人反复强调的内容。中国共产党第十九次全国代表大会中也提到，建设体育强国，是实现中华民族伟大复兴，是实现中国梦的重要组成部分。在新的时代背景下，发展体育不再是单纯为了提高人们的身体素质，也是提升我国综合国力，赶超其他强国的有效手段。相信在党和国家的英明领导下，我国体育事业必将在未来一直保持着源源不断的发展活力。

第三节　现代化体育强国建设

我国从体育大国转型为体育强国的发展战略是基于当下时代和国际环境的要求，具有中国特定的历史脉络，符合中国特色社会主义与我国的基本国情，进而建立适应现代体育强国发展总体特点的体育强国评价指标体系。我国在竞技体育、群众体育、体育产业等领域虽然取得了显著成绩，但是还有许多地方需要提升。借鉴国外成功的体育管理模式，提出实现体育大国向体育强国转型的意见建议和解决方案。

一、竞技体育与群众体育协调发展

（一）竞技体育全面发展

从 2008 年北京奥运会金牌获得数位列世界第一到 2012 年伦敦奥运会位于金牌榜第二名，可以看到中国在竞技体育领域所取得的成就。不能否认，我国在国际社会已然成为金牌大国或者竞技体育强国。

优化竞技体育项目布局，实现项目协调发展。我国竞技体育运动领域的良性发展与进步，必须在巩固和保持乒乓球、羽毛球、体操、举重、射击等运动原有优势的基础上，科学选材、人才培养，力争尽快取得突破，以群众的力量夯实男子 / 女子排球、男子 / 女子足球、男子 / 女子篮球等三大球项目，努力取得更好成绩，同时确保夏季奥运会和冬季奥运会的和谐发展。

目前我国竞技体育运动领域的发展并不平衡，在其优势的延续性和发展性的基础上，要探索出符合中国基本国情和具有中国特色的体育发展战略与目标。在社会主义市场经济体制下，实现运动项目的协会化是我国体育事业改革发展的必然要求。体育运动的快速发展可以增强国家的整体影响力，对提高国家威信、增强民族团结等具有重要作用。

联合国五个常任理事国都举办过奥运会，同时也取得较好的成绩，比如 2012 年伦敦奥运会的奖牌数排名，美国排名第一，中国排名第二，俄罗斯排名第三。竞技体育体现了一个国家的形象和大国的国际地位和影响力。对竞技体育运动的重视，与国家发展和国际地位的提高不谋而合。

（二）重视群众体育普及

中国在竞技体育运动方面所取得的成就主要建立在少数几个项目集中突破的基础上，这些项目可以获得所有奖牌。但是，美国的奖牌获得体现在更广泛的体育项目上，也就是说，美国作为主要的体育大国，其基础是国民广泛参与体育运动，拥有良好的体育设施和条件，这是一个典型坚持以"内生"为发展模式的体育强国。

在美国，积极的体育锻炼被定义为"每周5天的运动，每次超过30分钟，强度中等或更高"。俄罗斯将经常参加体育锻炼的人定义为"每周至少三次锻炼，每周至少6小时，为了锻炼身体需要积极锻炼肢体"，其运动负荷标准为"肢体积极锻炼"不低于甚至高于平均强度标准。

在我国，"健身走"和"跑步"是国内目前比较热门的体育锻炼项目，并不是因为民众喜欢这两项运动，而是因为他们很少运动，没有科学的指导，也没有活动的空间等。

因此，要深化体育管理体制改革，建立健全群众体育保障体系。在经费来源方面，应运用各种优惠政策，增加群众性体育活动的经费来源，确保群众性体育活动的成功举办。同时，在不断增强我国竞技体育实力的同时，必须协调国家的群众体育事业的整体发展，进而实现全民族体质的全面提高。

竞技体育可以带动群众体育的发展与进步，同时保证体育竞技与群众体育之间良性的竞争。我国要完成从体育大国到体育强国的战略部署，要坚持"以人为本"的原则理念，加大新时期体育领域的研究力度，让群众体育发挥自身优势，为人民群众的生活质量提供有力保障，同时为人民群众提供更多的休闲时间，满足人民群众多元化体育需求，使越来越多的人享受到社会进步和体育发展的共同成果。

体育发展与政治和国家战略密切相关。竞技体育运动的发展对于每个国家的意义都至关重要。竞技体育所获得的成就与成绩是展示国家制度和国家优势的重要象征。一个国家在实施体育强国战略时，竞技体育是实现体育强国目标的引领者，而群众体育教育是实现体育强国目标的基础。竞技体育与群众体育和谐良性的发展是体育强国所要具备的。

竞技体育巩固国家和政府，群众体育巩固人民和社会。竞技体育与群众体育只有和谐良性的共同发展，才有可能实现真正的内外融合。竞技体育和群众体育不是独立的系统，它们是相互关联和相辅相成的，不能与其他系统分开存在。

体育强国战略不能单靠一个子系统来实现。竞技体育与群众体育需要相互发展和协调。只有将体育转变为"内生"发展模式，才能实现科学的可持续发展。在当前形势下，在保持和加强优势项目的同时，也要注重促进和开发其他薄弱项目，完成由物向人的全面转化过程。

发展群众体育要进一步明确群众体育在思想、政策、法制和实践中的根本作用，将群众体育作为重点进行大力发展，将陈旧的体育发展模式逐步转变为"自下而上"的体育发展模式，将群众体育作为基础，要根据中国基本国情来实现体育强国的战略目标，如图 1-2 所示。

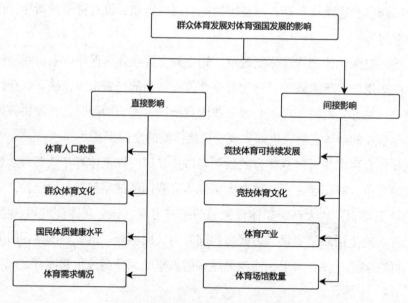

图 1-2 群众体育发展对体育强国发展的影响

要实现体育的可持续发展，就必须转变发展模式，实现由物质向人的转变，把发展重点从"自上而下"的体育"外生式"发展转向"内生"的体育发展模式。中国的经济发展和现代化建设已经为人民生活水平的大幅度提高奠定了一定的基础。实现"民族复兴、国家富强、人民幸福"的中国梦成为新时代的主题。

建设体育强国是实现中国梦的重要组成部分，也是一代代中国领导人反复强调的内容。体育强国建设以群众体育为基础，发展群众体育已成为现代体育工作的关键。政府要以基层文化基础设施建设为重点，要维护人民群众的根本利益，建立覆盖城乡的公共文化服务体系，以此来满足广大群众的基本文化体育需求，使改革和发展的成果惠及全民，是实现以人为本的科学可持续发展的主要表现之一，是体育发展造福人民，实现体育强国的主要手段之一。

二、提升体育文化软实力

现代社会科学技术的发展可以带来劳动生产率的变化。文化作为软实力，已经演变成一个国家或民族的基因图谱和象征。中国大部分的体育项目都与奥运会有关，目前唯一的本土体育项目就是武术。根据奥运会的需要，武术的发展有所提高。

如今，以奥运会和众多国际职业比赛为基础的文化正在世界各地迅速传播，形成了强大而不可阻挡的文化洪流。体育强国应立足自身文化，在体育文化领域中提高国际影响力。

体育文化软实力是一个国家和地区对体育身心发展的综合影响。文化体育实力由构成国家体育文化软实力的四个要素组成，如图1-3所示。

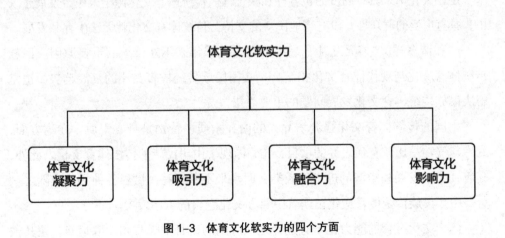

图1-3 体育文化软实力的四个方面

（一）体育文化凝聚力

中国有大量的传统体育项目，包括武术、摔跤等。由于中华民族的多样性，很难将这些具有民族特色的体育和文化活动进行普及。从体育强国的角度看，繁荣民族传统体育文化，增强体育文化的凝聚力是增强体育文化软实力的重要手段。

（二）体育文化吸引力

吸引力是使人朝某个方向前进的力量。吸引力源于人们对某种人或事情的兴趣，当人们对某件事感兴趣时，它会吸引人们。体育文化是世界各国人民的共同语言，为不同爱好和兴趣的人们提供了选择的空间，而这种选择本身就是一种文化吸引力。

体育文化的吸引力不仅可以通过说教和宣传来表现，还可以通过创造有吸引力的形象来表现，这就要求社会对其文化有正确客观的认识。中国传统体育文化面临着各个领域都出现的机遇和挑战。增强体育文化软实力的关键是在体育强国建设中抓住机遇，增强我国体育文化的吸引力。

（三）体育文化融合力

在全球化的背景下，文化间的冲突与融合是各国文化交流的重要表现形式之一。文化融合的过程是将孤立的或冲突的文化联合起来，形成一种将人类共同利益和价值观凝聚在一起的力量。

中国文化历来具有高度的包容性和融合性。传统体育文化源于人民，发展于人民，具有广泛的群众性。没有当地民众的支持，传统体育文化就无法生存和发展。

"和谐多样""多元互补"是中华文化几千年来不断传承的重要原因。民族传统体育文化与现代体育文化相结合是我国民族传统体育文化的发展趋势，也是解决民族传统体育文化发展问题的重要举措。

中国的传统体育文化强调培养人的内在素质，特别是身心素质。在这方面，武术与气功是比较有代表性的项目，充分体现了中华民族的传统体育文化。此外，随着社会的发展和经济的进步，人类文明水平不断提高，世界各种文化也随之融合。中华民族传统体育文化正朝着中西方文化融合的方向发展。

体育文化融合的能力在于有选择地从广阔的视野中吸收和汲取营养，使其被过去所利用。从而，提高我国民族的文化意识，促进文化的创造能力、凝聚力和感染力的培养。更重要的是，我们必须加强文化融合，积累发展我国体育文化的资源，保持文化的生机和活力。

（四）体育文化影响力

体育文化影响力的形成与其在体育运动中的刚性力量有关，这种硬实力通常通过大型体育赛事和相关体育产业传播开来。体育文化具有共同的文化特性，是整个国家文化体系的一部分，受到国家政治制度、生产方式和文化遗产的影响。

中国传统文化影响下的体育文化受到我国生产方式和文化遗产的影响。它的共同特点是强调过程，忽视竞争性和游戏性，强调教养和礼仪。中国文化借鉴了独特的本土文化，在传播过程中更加本土化，国际传播能力相对薄弱，影响力有待提升。

三、建立体育产业链

（一）明确体育主导产业

体育产业中的主导产业一般是指在现有的市场化经济体制中对经济发展可以起到主要关键作用的产业。当市场化经济发展到一定阶段后，主导产业的主要功能是在产业结构和经济发展中发挥主导和引导作用，通过科学可持续的方式能够迅速将技术创新转化为生产力，从而带动其他产业的发展与进步，具有广阔的市场前景，来满足市场持续发展的需要。

体育产业结构体系是一个动态体系．体育产业的主导产业是系统各组成部分相互作用的结果。体育主导产业和其他产业之间相互促进、共同发展，形成了有序的体育产业格局。主导产业带动产业结构的优化升级，部分主导产业也是经济发展的主要动力。

优化主导产业的产业结构，可以加强产业间的紧密联系，发挥相互依存、相互促进的重要作用。

（二）统筹区域产业结构

发展区域体育产业，促进体育产业区域结构优化需要市场调节和政府调控的有机结合。根据市场价值规律，制定和实施相应的产业政策措施，促进体育产业区域结构的和谐发展与升级。发挥区域资源优势，把区域资源优势与国家体育特色结合起来，重点发展民族传统体育，创新体育，合理选择优先发展产业，先进产业的发展可以带动其他体育产业的发展。要在体育产业中打造特色体育产品，树立良好品牌形象，形成特色区域体育经济，促进优势互补，增强区域体育产业的市场竞争力。

（三）社会投资体育产业

鼓励民间资本投资于体育用品生产、健身房、体育设施建设、文体体操、比赛、竞赛等活动，以刺激我国体育产业投资主体多元化和多种所有制共存，以及经济因素对体育市场的竞争参与，有利于体育产业的健康发展。

第二章　高校体育教学的基本问题

本章为高校体育教学的基本问题，共分为四节内容进行介绍，分别是高校体育教学的目标与原则、高校体育教学的过程与控制、高校体育教学评价、高校体育教学资源的开发利用。

第一节　高校体育教学的目标与原则

任何活动都是有目的和有针对性的，对确保在特定领域有效开展活动至关重要，体育也是如此。由于高校体育教学涉及面广，受时代和人们观念的影响，高校体育教学目标的设定一直是体育运动研究的关键问题之一。

体育运动训练的目的是要达到对体育活动的期望，并显示其成效。只有保证这两个因素的完美结合，才能成功地实现高校体育教学的目标。

一、高校体育教学的目标概述

（一）目标与教学目标的概念

1. 目标

目标一般是指在进行某项活动时，一定时间内达到预期的活动水平和效率。目标通常是一个或多个具有方向性、层次性、可操作性和挑战性的系统组合而成。在活动开始前制定目标不仅能激发参与者的积极性，而且还能使他们明白并确定活动的方向。

2. 教学目标

教学对于一名教师来说，就是自我实践的过程。在这个过程中，教师和学生都追求学习的目标，这就是教学目标。教学目标的定义是："教学目标是在教学过程中为学生提供理想的学习成果和标准。"这种解释为老师制定教学目标时提供了思路，同时也为教师完成教学活动提供了方向。

（二）高校体育教学的目标及其相关的概念

1. 高校体育教学目的、教学任务和教学目标的含义

（1）高校体育教学的目的。高校体育教学目的一般是指在开展体育教学活动时，学校体育教学想要达到的预期目的和开展体育教学应要取得的效果。由此可以得出结论，高校体育教育的目的可以定义为通过建立高校体育学科和高校体育教育教学所要达到的结果和期望。通过对高校体育教学目的的定义进行深入研究，再结合整个体育教学活动可以发现，高校体育教学目的是教学活动的主要指导思想，贯穿于高校体育教学活动始终，同时控制着高校体育教育教学的过程和方向。

（2）高校体育教学的任务。任务一般是指被赋予的职能和职责，也就是指上级为了确保某项活动可以顺利完成，向下级交待和布置的工作。由此可见，高校体育教学任务是体育教师在开展体育教育教学过程中必须完成的工作。因此，高校体育教学的任务与体育教学目的是环环相扣的，高校体育教学任务要服务于体育教学目的，而保证体育教学目的可以保质保量的完成是高校体育教学的中间环节。

（3）高校体育教学的目标。高校体育教学的目标是在分析、归纳和总结高校体育教育的目的和任务的基础上，制订出一套更加完善的教学计划。这是教师在开展高校体育教育教学过程中的工作方向和预期的教学效果。高校体育教育的目标是强调学习目标和不同的学习阶段之间的关联、每个学习阶段的任务和预期结果以及最终结果。

高校体育教学的目标制定是根据国家的教学方针与策略，现代社会对于学生体育方面的要求，以及学生个人的性格、特点等去进行的。为确保有效地实现学习目标，可将学习目标分为阶段性成果和最终性成果。阶段性成果是体育教师根据体育教学的总体目标，为保证高校体育教学效果而设定的阶段目标。阶段性任务成果之间相互结合就是高校体育教育教学的总目标。

2. 高校体育教学目标、教学任务和教学目的三者之间的关系

高校体育教学目标、教学任务、教学目的三者并不是独立存在的，而是相互依托的，三者之间的关系如下：

首先，整合各个阶段的体育教学目标是高校体育教学的最终目标。高校体育教学是一项复杂的工作，因此体育教学的目标也相对复杂。所以有必要根据学习阶段划分体育教学目标，以确保体育教学目标的有效实施。

其次，上文中我们简述了高校体育教学目标的相关概念。体育运动教学目标的确定是高校体育活动的预期结果。因此，体育运动教学目标是实现高校体育运动教学目的的象征。

最后，体育运动教学任务是保证高校体育教学目标实现的主要手段之一，也是实现体育教学目的和目标的实际工作和责任。

有部分学者通过研究，认为高校体育教学的目标与体育学科所具有的功能和价值密切相关，有时被定义为体育价值和功能的总和。这是由于对高校体育教学目标的概念认识不足。为了帮助读者更好地理解高校体育教学目标、体育学科功能和体育学科价值之间的关系，探讨了这三个方向的概念和关系。

3. 体育学科功能与体育学科价值的含义

（1）体育学科功能。根据教育工作者和社会学家对学科功能的定义，学科功能取决于其本身的性质和特征。因此，体育学科的功能也取决于体育学科本身的性质和特点。由于体育是一种来自不同领域的文化，它是一项长期积累和总结的跨学科活动，涉及人们生活的方方面面。因此，体育学科具有不同文化领域的功能，每一种功能都源于构成体育学科的多元文化矩阵的性质和特殊性。

（2）体育学科价值。任何一门学科的价值主要取决于其功能，而体育学科的价值也取决于该学科的内容和功能。体育教学的特点是功能多样，因此体育的价值也是不同的。体育学科的功能与体育学科的价值密切相关，但两者之间存在差异。体育教学的功能是与从事体育运动相关的技能或知识所起的作用，体育学科的价值是学生学习这些技能的结果。学生对体育学科的定位有助于学生在体育运动中形成主观能动性，实现不同的体育价值观。

（三）高校体育教学目标的功能

1. 激励功能

高校体育教学的目标是汇集体育教学的目的和价值观，在学校组织开展体育教育教学活动时，期望学生们可以达到目标制定的目的和效果。体育教学目标的设定可以激发学生的运动兴趣，其作用和效果可以增强教师的教学动机，激发他们科学地从事高校体育教学工作，确保教学目标可以顺利实施并完成。从社会角度出发，体育教育可以使新时期的社会主义接班人顺应时代的要求，这一目标鼓励学生、教师和体育教育学者重视体育运动与高校体育教学。

2. 定向功能

高校体育教学的目标，实质上是体育教育教学过程中应当遵循的方向。高校体育教学的目标是体现体育教学的目的，其目的是在体育教学中取得成果和导向。举例来说，学校开办体育课，目的是改善学生的身体状况，促进他们的身心健康，使他们适应社会发展的需要。因此，体育教师在教学时会朝这个方向努力。因此，体育教育的教学目标是以完成高校体育教学任务为导向的。

3. 评价功能

任何一个学科的学习过程都需要制定一个学习目标，既能作为教学的激励和指导，又能作为教学评价的标准。举例来说，学校篮球课程的主要目的，是让学生掌握与篮球有关的技巧和知识，这亦是教师在教学过程中的指引。如果教师达到了这个目标，那么就是一名合格的体育教师，如果教师不能达到这个教学目标，那么就没有完成他的教学任务。因此，高校体育教学目标具有评价功能。

4. 规范功能

与其他学科相比，高校体育教学有其自身的特殊性和复杂性。高校体育教学的目标是使教师在教学过程中有规范性，规范教师在教学过程中的行为和教学内容，使教师在开展体育教学过程中可以根据科学的方法进行相关工作，进而促进教学质量的提高。

二、高校体育教学目标的划分及其之间的关系

（一）对高校体育教学目标进行划分的意义

高校体育教学的目标可分为知识、技能、体能、情感和意志五大类。传统的体育运动教学目标将这五类教学目标结合起来，也给高校体育教学带来一定的困难和挑战。在任何学科的学习过程中，目标内容由情感态度、知识和核心能力等要素构成。如果将传统的、较一般的高校体育教学目标按不同的领域分组，将大大方便高校体育教学的工作和实现教学目标。

（二）高校体育教学目标的四种类型

1. 知识目标

贯穿高校体育教学过程并作为体育教学基础的知识目标，包括对健康的认识，运动目标的概念和原则，以及体育教学规则的教学要求，如对体育锻炼对身体的影响的认识和理解，了解体育运动对学生心理健康的影响，论体育教育在现代教育学和社会中的地位和意义。这种教学目标可使教师在教学过程中自觉地向学生传授体育的基本知识，丰富学生对体育的理解，提高学生对体育运动的兴趣。

2. 体能目标

体能目标主要表现在身体健康方面，目的是提高学生的身体素质，满足现代社会学生的身体需求。例如，通过各种田径赛项目，提高学生的跑步速度；通过跳水、跳高等提高学生无有氧运动能力；通过篮球、足球等运动提高学生的反应速度和敏感度。体育活动目标可以让教师提高体育意识，并有针对性地为学生制订并实施体育锻炼计划。

3. 技能目标

技能发展的目标是在高校体育教学过程中，向学生传授在某一特定活动中的理论技巧和实践技巧等相关知识，使学生了解和掌握理论技巧和实践技巧并付诸于体育运动中。例如，在篮球课上，学生学习掌握和运用篮球中的战术，学习体操或舞蹈中的动作要领和动作技巧，掌握几种基本的田径技巧和方法。技能目标是确定教学领域和教学内容，从而提高教学质量。

4. 情意目标

情意目标分散在高校体育教学目标的各个领域，主要表现在学生的心理健康和适应方面。它们是社会发展的目标，涉及学生的价值观、道德和情感品质、精神品质、社会价值观等范畴。举例来说，学生经常参加一些体育训练活动，可提高学生的沟通能力，而学生在参加一些比赛时，亦可提高学生的心理素质水平。情意目标在教师教学和学生学习过程中很容易被忽视，所以在教学过程中关注学生的心理健康问题很有必要。

因此，将高校体育教学目标细分，可使体育教师在教学过程中产生良好的教学逻辑和思路，清楚了解达到不同目标的方法和教学特点，降低在教学过程中遇到的教学困难。例如，在教学过程中，如果教学是以知识为本，那么可以选择与教学目标密切相关的元素。同时，大家也知道在教学生体育运动时，应采用何种学习手段，应创造何种学习环境，以协助学生掌握学习内容，以及需要多少时间才能确保达到这个目标。教学目标的细分有助于体育教师确定体育教学目标的性质和特点，确立教学目标和选择教学方法。

（三）高校体育教学目标的划分依据

1. 高校体育教学目标的层次

（1）学段教学目标。在我国传统的体育教学中，教学目标主要是基于学校教育的不同层次而设置的。对教学阶段进行划分，可以更好地帮助学生提高身体素质，提升学生心理健康水平，使高校体育教学具有科学性和合理性。

（2）学年教学目标。学年教学目标的制定，要依据学段教学目标进行。它分解了每个高校一定时期内体育教学活动的目标。这是学生在学年结束时必须完成的任务。学年目标的制定有助于评估体育教师的教学效果。

（3）单元教学目标。单元教学目标需要将学年教学目标作为基础进行制定与实施，在学年中，教学单元目标被划分为"每个学科中相对完整的单元，反映课程结构的整体概念、课程作者和开发人员的理解以及在此基础上对某些教学内容的要求。"每一位学习本课程的教师都应按照单元目标来组织开展教学活动。

（4）课时教学目标。开展教育活动时最基础的时间单位就是课时，课时教学目标的确立需要在单元教学目标的基础上完成。学校的课时教学目标一般是由教师自己制定的，具有高度的灵活性。学校的课时目标是上述其他目标的重要组成部分，课时目标对于实现高校体育教学总目标起到了最关键的基础作用。

2. 各层次体育教学目标的功能与工作

（1）各层次教学目标的主要功能。在实践中，高校体育教育的目标功能是确定高校体育教学目标在各个学习阶段的作用和特点。除非体育教师清楚界定各级教学目标在教学过程中的角色和作用，否则，这一级的目标便会与其他层面的目标混为一谈，还可能会对教师的教学过程造成一定的干扰。因此，我们可以简单地把各级体育教学的目标理解为体育教学各个阶段的界定和确定目标。例如，实施课时教学任务的前提就是明确教学任务和实现教学目标所需的教学方法。

（2）制定各层次教学目标的主要工作。每个层次的高校体育教学目标都有着自己需要解决的问题和重点。每个层次的教学目标应以帮助教师更好地理解课程的重点和方向为目标。换言之，就是帮助教师了解在现阶段要达到该教学目标需要做些什么，完成学年目标需要做些什么，完成课时目标需要做些什么。因此，将高校体育教学进行层次划分，有助于教师完善和理解体育课的内容，从而确保教学质量，促进教学目标的实现。

（3）各层次教学目标的搭载文件。搭载文件指的是教师在制定高校体育教学目标时所要依据、参考的文献资料等。为了实现不同层次体育教学目标，对于搭载文件中的文献资料选择也各不相同。例如，包含高等教育目标和部门目标以及学年教育目标的文件不会包含年级目标和班级目标的文字，也不会包含在指定的课堂目标和目标文件中。因此，各层次的体育教学文件的存在也为明确高校体育教学目标提供了依据。

（四）划分后各层次体育教学目标之间的关系

1. 相互促进的关系

各层次的教学目标的制定都是有计划进行的。举例来说，课时教学目标是为了让每一节体育课可以顺利进行而制定的；单元教学目标是为了完成某一个单元教学任务而制定的；学校的学段教学目标则强调体育和运动教学的全过程。事实上，这是随着学生学习过程的转变而发生的，在课时教学任务完成的基础上，才能实现单元教学目标、学年目标和学段目标的完成。因此，每个层次的体育教育的目标是相辅相成的。

2. 包含与被包含的关系

高校体育教学目标层次的划分是根据教学过程制定的，主要是按照教学过程的先后顺序来进行制定目标的相关工作。因此，每个层级的教学目标之间存在着联系。例如，一个单元的学习内容包含若干个课时，其学习目标也包括该单元计划的学习时数目标。以此类推，学年教学目标是由若干个单元教学目标组成的。因此，各级学习目标之间的相互关系是包含与被包含的关系。

（五）高校体育教学目标的其他分类

1. 布鲁姆的体育教学目标分类

鉴于体育对不同领域学生的影响，布鲁姆将体育教学目标划分为三个领域的目标，分别为认知领域、情感领域和动作技术领域。认知领域的体育教学目标，其主要是让学生了解并掌握体育的相关理论与知识，了解发展运动相关技能所需的内容，掌握基本的运动技能。情感领域的教学目标是对运动表现出一定的态度，例如理解运动的价值，培养学生对运动产生浓厚兴趣。动作技术领域的教学目标是对学生进行身体和心理教育，帮助他们了解运动战术和技巧。

2.加涅的体育教学目标分类

加涅通过对体育教育深入的研究，认为高校体育教学应根据教师在开展教学体育过程中对学生的学习情况进行分类。有鉴于此，他将体育教学目标分为智力技能目标、认知策略目标、言语信息目标、动作技能目标和态度目标五大类。简言之，所谓智力技能目标，是指学生在学习运动或观看比赛时，可以指出哪些行为是不符合规定的。认知策略目标是让学生了解和理解运动学科，他们可以总结有氧运动在控制体重方面的作用。而言语信息目标是指自由地陈述任何旨在获得技能和技巧的运动活动的目的。动作技能指通过练习获得的、按一定规则协调自身肌肉运动的能力。态度目标指习得的对人、对事、对物、对己的反应倾向，表现为影响着个体对人、对物或对某件事物的选择倾向。

这五个目标之间的关系实际上是对新知识、技能的情感和行为感知顺序的改变。这是一种通过逐步改进实现最终目标的方法，每一个目标都与其他目标密不可分。

三、高校体育教学原则概述

体育课程和其他课程相比，具有非常强的实践性。此外，它还涉及广泛和多样的领域与内容。如果不坚持高校体育教学的相关原则，就不可能使体育教学过程正规化。我们的体育课也需要有一定的规则和标准来规范，这就是体育教学的原则。

高校体育教学原则是每位体育教师和其他相关工作者必须遵守和理解的基本内容。它也是高校体育教学的重要组成部分，在教学工作中起着极其重要的作用。只有遵守高校体育教学原则才可以更好地为体育教育服务。

（一）高校体育教学原则的概念和含义

教学原则是每一个学科都必须具备的，教学原则可以保证教学活动的规范化科学化进行，因此，高校体育教学原则在开展高校体育教学过程中起着至关重要的作用。

1.高校体育教学原则的概念

体育运动教学原则是实施高校体育教学的基本要求之一，也是保证高校体育运动教学不偏离教学目标的最重要的内容之一。在教学内容和方法的选择上，高校体育教学方法也受到高校体育教学原则的制约。同时高校体育教学原则为高校体育教学方法和内容提供科学实践依据。

2.高校体育教学原则的形成

（1）高校体育教学原则是体育教学实践经验的概括和总结。目前，高校体育教学作为学校教育不可获取的重要组成部分，体育教师及相关教学工作者一直在思考如何更好地完成教学的目标，同时也致力于研究如何提高高校体育教学的质量。为了规范高校体育教学，体育教师及相关工作者在长期的高校体育教学实践中总结分析以往的经验和成果，探讨体育高校教学的规律和要求。在经过长期积累以及相关概念不断更新的过程中，高校体育教学的原则终于有了新的定义。

（2）高校体育教学原则是体育客观规律的反映。高校体育教学原则可以客观地反映出高校体育教学开展过程中的各项工作要求。高校体育教学在开展过程中会存在一些共同规律与特点，这些规律和特点不受任何环境和情况制约，都是一直客观存在的。体育教师和相关工作者在开展高校体育教学活动时都会根据这些客观规律来开展教学活动和教学实践。

（3）高校体育教学原则在不断发展和完善。由于高校体育教学的原则的制定是基于高校体育教学的复杂性和特殊性，可以说其制定与体育教师和相关工作者的认知水平有着千丝万缕的联系，并受到其认知水平的制约。随着体育教师及相关工作者对高校体育教学知识和实践的不断深入研究，高校体育教育的原则将随着教育工作者的认知水平不断提高，进而发展和完善。因此，我们必须做到与时俱进地学习高校体育教学的原则等内容。

（二）高校体育教学特点与体育教学原则

高校体育教学原则是体育教师及相关工作者根据高校体育教学的特点为基础进行制定的，由此可以看出，高校体育教学的原则与高校体育教学其自身的特殊性之间有着密不可分的关系。研究这两方面之间的关系有助于提高对体育的认识和高校体育教学水平。

1. 一般教学原则与体育教学原则

毫无疑问，每个学科都有自己独特的教学原则。每个学科都有与该学科相关的一般和独特的教学原则。一般教学原则是指不同学科的整体教学环境中必须遵循的基本教学原则，它是所有学科开展教育教学活动的指导原则。在高校体育教学方面，高校体育教学的原则的制定是以一般教学原则为基础而进行设计的。不过，由于高校体育教学具有其他学科不具备的实践性、开放性、互动性等特点，所以在开展体育教学过程中，一般教学原则不能作为高校体育教学的原则。而是根据高校体育教学的特点，在此原则基础上予以加强。

2. 高校体育教学特点

任何形式的教育教学活动都不能脱离"教"和"学"这两个基本概念。它是一项有计划、有针对性和有组织的，需要教师指导的活动。但由于每个学科在开展教育教学过程中所需要的内容和要求不同，因此每个学科在开展教学过程中都有自身的特点与特征。高校体育教学与其他学科的教学活动相比，主要有以下三个特点：

（1）教学活动主要是靠身体的运动进行。在开展高校体育教学活动中让学生们掌握体育运动的相关理论知识和实践技能，是开展体育教学活动的根本目的。高校体育教学在开展过程中注重的是学生可以学会相关体育理论并付诸实践，因此在开展体育教学活动时学生们要通过大量的身体活动和训练来提高自身的体能技能。

（2）高校体育教学具有锻炼学生身体的目的性。增强学生的身体素质，促进学生的身体健康，是开展体育教学活动的目的，同时也是体育教学最重要的功能之一。体育教学活动不同于其他学科的教学目的，它可以通过让学生参加一些体育活动和体育锻炼来达到教学目的。

（3）教学经常在相对自由的集体活动中展开。高校体育教学在开展过程中，一般以培养学生运动技能为主要目标。学生们在练习这些运动技能时，需要一个相对开阔的空间以及一个合适的体育环境。还有一部分体育项目是需要小组配合才能完成，这些因素体现了体育教学活动的自由性。

（4）教学组织更加复杂。高校体育教学与其他学科的主要区别在于，高校体育教学是以学生的实际活动为中心，教学地点一般在操场或者专用体育空间进行，很少在教室展开活动。学习环境相对开放，开展教学活动时需要很大的空间。许多难以控制的因素使教学活动的组织与安排更加复杂化，因此，对于体育教师及相关工作者来说，只有对体育教学的特点有深入的研究理解并掌握其内容，才能制定合理的体育教学原则。

（三）高校体育教学原则的作用

高校体育教学原则的重要性在前文已经有所介绍，此外，体育教师以及相关工作者应了解体育教学原则在体育教学中的作用。现将高校体育教学原则的作用简述如下：

1. 使高校体育教学要求更加明确

高校体育教学的原则是开展高校体育教学的基本要求，同时也体现了高校体育教学的规律性。在高校体育教学原则基础上制定的教学方式要更加科学、准确、生动，使学生接受相关知识更加有利。因此，高校体育教学的原则使得高校体育教学的要求更加明确。在体育教育过程中，有关的教育机构或体育团体可根据体育教育的原则，向体育教师提出具体要求。高校体育教学原则是体育教学的规范，是体育教学过程中行为改变的基础，根据高校体育运动教学原则，要不断完善和完善体育运动教学的相关方法和目标。因此，高校体育运动教学的原则是所有体育教学需求中最重要的内容之一。

2. 梳理教师进行教学的思路

高校体育教学是一个涉及许多内容与知识的复杂教学过程，比如，如何根据教学目标选择和安排教学内容、教学方法的选择和应用、学生兴趣的培养和管理、教学环境的准备和优化、班级的组织和规划、研究和制定学生计划，这些因素可能会使学习复杂化。但是，如果教师坚持体育教学的原则，那么就能保证教学工作是正确的、科学的，同时也会保障教学质量。因此，教学原则有助于教师理解教学理念，保证教学的科学性。

3. 作为观察体育教学的视角

由于高校体育教学原则反映了体育教育的基本要求，高校体育教学的原则只有在教学过程中得到遵守，体育教育的要求才能得到满足。相反，在开展体育教学活动时不坚持体育教育的原则，就不能保证教学目标的顺利实现，也不能保障教学过程的科学性。因此，在教学过程中，可以从体育教学原则的角度来评价教学的外部特征及其效果，从而判断出开展体育教学的过程是否合理。

4. 作为评价高校体育教学效果的标准

当人们对教学活动进行评价时，可能会带有主观性，这样会对教学活动的评价效果带来很大干扰。如果将高校体育教学作为对体育教学效果的评价标准，可以实现教学效果的科学化和标准化。

5. 能够保证高校体育教学的科学性

高校体育教学原则是按照高校体育教学的特点和开展高校体育教学的相关要求这两项重要因素来制定的。体育教学原则以高校体育教学为基础，同时也是高校体育教学过程中的制约因素。因此，体育教学原则中的科学性可以确保高校体育教学不脱离教学实践，能够帮助体育教师及相关工作者实现教学目标。

6. 能够保证高校体育教学内容的合理性

高校体育教学原则是保证体育教学内容合理性的基础，因为内容的选择必须按照高校体育教学原则的要求进行。如果有一部分运动项目不符合体育和运动教学原则的要求，就应当将这些运动项目排除在外。比如，拳击等运动项目具有暴力倾向，违反了体育教学原则中的安全训练的原则，就不能将这项运动作为教学内容向学生们传授。

（四）高校体育教学原则的因素与要求

1. 政治因素与要求

政治因素和要求是由国家教育部门根据当前的政治特点和需要来确定的，制约着高校体育教学原则。这些政治因素和要求是制定教学原则的基本方针，也是开展教学活动的根本要求。任何一项体育项目和体育活动的开展与实践都必须在这一背景下进行，高校体育教学如果脱离了国家规定的政治轨道，教学可能会偏离既定目标，教学质量更是难以保证。例如，开展体育活动是为了让学生德智体美劳全面发展，国家提出这种要求是因为虽然当今社会生活水平越来越好，但是人们的身体素质却在不断下降，高校体育教育是保证学生在学校教育中全面发展的主要手段之一。因此，学生在体育运动中全面发展的原则是"政治因素和要求"作用的结果。

2. 学科体系因素与要求

虽然体育与其他学科相比有很大不同，但各学科在开展教学过程中必须遵循学科一般教学原则，这是开展和实施教学活动的重要前提和必然要求。如果每个学科在开展教育教学的过程中不能遵循"学科体系因素与要求"，那么教学过程和教学效果就会失去科学依据，从而使体育教学走向错误的道路和方向。同时，这也会导致学生的学习过程混乱，使学习缺乏针对性，难以实现学习目标。

3. 学生发展因素与要求

学生在学习过程中的成长环境和心理状况存在一定的差异，在开展教学活动时有必要研究和分析每个学生的特点，以促进教师有针对性地实施教学活动，确保教学质量和教学效果。另外，教师在教学过程中还要坚持一些原则，例如灵感和创造力的原则、因材施教原则、启发诱导原则、动机原则、积极主动性原则等。

四、我国高校体育教学原则的发展历史和方向

教学原则的概念自从在教学研究领域引入以来，一直是教学的重要组成部分，是不同时代教师关注和研究的对象。教学原则随着人们的教学经验、知识的积累、深化而发展，但其范围却因教学的特殊性并不是一成不变的，因为它们是教学经验和知识的积累。因此，教学原则随着体育意识的提高而发展。

高校体育教学原则是体育教师及相关工作者在长期的教学实践中根据教学经验和教学效果总结概括出来的。高校体育教学原则充分反映了开展高校体育教学的客观规律，同时也是体育教师及相关工作者在开展体育教学活动时必须遵守的行为准则。因此，体育教师及相关工作者必须熟练掌握和运用高校体育教学中的原则及教学规律，才可以促进高校体育教学的进一步发展，进而提高教学效果和教学质量。

（一）我国近代体育教学原则的发展历史

1. 引证借鉴与经验总结时期

20 世纪 20 年代美国教育家、心理学家和体育界学者提出的"自然适应性"

和"实用主义教学观"是影响体育教育存在和发展的主要因素。根据体育教育的原则，体育教学必须适应学生的年龄、学校环境和社会发展条件。因此，体育教育早期的原则制定在很大程度上取决于自然环境和外部环境。

1944 年由体育教学专家王学政撰写的《体育概论》是推动我国体育教育原则发展与进步的重要文献，《体育概论》借助美国心理学家、教育学家桑代克的关于"准备律—练习律—效果律"的思想对我国的体育教学原则进行了分析和阐述。王学政《体育概论》一书指出，体育教学的原则包括：一是准备律，即培养和激发学生的学习动机与积极性，激发学生在体育教学活动中呈现主观动态，而不是被动接受；二是练习律，即强调体育教学中训练和实践的规律性，要保持体育训练和实践的连续性，不能因为其他客观因素中断这一过程，在训练和实践过程中不能夸大教学效果；三是效果律，即体育教师和相关工作者在开展体育教学活动中，要积极促进学习目标和教学效果的达成，进而保证体育教学的教学质量。

从 20 世纪 30 年代到 40 年代，我国体育教学的专家和研究者借鉴当时的自然科学和心理学领域中的部分理论，论证了我国的体育教学的原则。这些论证促进了我国体育教学原则的发展与进步。

2. 学习借鉴与引进时期

我国在 20 世纪 50 年代编写的《体育理论》教材中的体育教学原则的制订，就是受到了苏联体育教学原则的影响。《体育理论》教材中的教学原则具体如下：一是从教学所要面对的学生群体的身体条件和状况为出发点的原则。提倡学生积极参加各项体育活动和锻炼，但是体育教师及相关工作者必须关注和照顾学生的身体状况，这是教学的保障。二是直观与思维相结合的原则。体育教学是一门复杂的学科，涉及多个领域的内容和知识，因此，在教学过程中必须坚持直观与思维相结合，保证开展体育教学活动的综合性和全面性。三是身体全面训练的原则。体育教学是通过学生参加各项体育活动与锻炼进行的，教学效果就是身体运动的结果。四是系统性原则。与其他学科一样，体育教学在知识和技能方面是存在高度系统性的。因此，在教学过程中，必须确保教学的系统性，以利于学生学习和接受体育教学活动。五是合理运用运动量的原则。运动量这一名词是专门用于体育运动教学中的专业术语，是体育教学的重要内容之一。在开展体育教育活动时只有确保体育锻炼合理，才能充分发挥体育教育的功能。六是训练的长期性和周期性原则。体育教育旨在提高学生的身体素质和心理健康情况，只有坚持长期的体育教育活动才能达到该目的。

这些体育运动教学原则在内容上有了很大的进步与发展，我国的体育教育在这一阶段开始重视学生参加体育教学活动的积极性、运动技能及相关技能的培养，这一时期提出的体育教学原则在体育教学中发挥了主导作用。但这一时期体育教学的原则并不全面，没有准确地反映出体育教学的规律性。

3. 停滞和发展断裂时期

1966—1978 年，体育教学的教育事业发展受阻，甚至处于停滞的状态，因而形成了体育教学发展史上的断裂。

4. 改革开放与探索发展时期

我国体育界理论在改革开放以后进入了一个全新的探索阶段，开始致力于探索出具有中国特色，符合我国基本国情和教育特点的体育教学原则，主要有以下几种观点：

第一，全国体育学院编写的《体育理论》教材于 1988 年正式发行，该教材中将体育教学原则体系进行了总结与阐述，其中包含六项基本原则：自觉积极性原则、直观性原则、从实际出发原则、循序渐进原则、身体全面发展原则、巩固提高原则。

第二，1987 年由金钦昌编写的《学校体育理论》一书中，对体育教学原则有不同看法，他认为体育教学的主要原则有以下几个：自觉性积极性原则、从实际出发原则、身体全面发展原则、合理安排体育运动量原则、直观性原则、循序渐进原则、巩固与提高相结合原则。

通过以上两种对体育教学原则体系的论述，我们可以发现我国高校体育教学的原则在经过长期的发展和经验的积累之后，体育教师和相关工作者已经对高校体育教学原则有了新的认识，这促进了我国高校体育教学原则内容的研究与制定，此外，我国高校体育教学原则在内容上还作了更为详细的细化，使高校体育教育原则体系的建立成为学科教学的基础，但还没有形成一套符合体育教学实际需要的体育教育原则体系。

5. 逐渐稳定时期

随着 20 世纪 90 年代我国体育教学的发展，我国的体育教学的体系与原则越来越完善，人们对体育教学的重视程度也在日益提高，制订体育教学原则的理念也变得更加多样和具体。心理学、生物学等与体育教学密切相关的新兴学科的不断产生与完善，有利于体育教学目的的形成与发展，也有利于体育教学原则体系与内容不断更新与完善。

这一时期最具有代表性的文献是 1998 年出版的《素质教育的若干体育教学原则探析》，该文献对体育教学原则进行了整体性和科学性的阐述与总结，其主要包含五条原则：主体性原则、发展性原则、全面性原则、因材施教性原则和创造性原则。给我国体育教学原则制定带来了新的思路和方法，使我国体育教学原则朝着规范性和科学性发展。

在这一时期，我国体育教育的原则体系发生了剧烈的演变，呈现出良好的发展局面。体育教学正逐渐从过去过分强调学生技能培养的传统理念转变为注重减轻学生心理负担、提升学生身体素质的新观念。同时，终身教育的概念也在体育教学原则中有所呈现。我国体育教学原则在这一时期变得更为成熟和完善，体育教师和相关工作者在开展体育教学活动时也变得更为合理。

6.课程改革与创新时期

21 世纪以来，我国民众对体育教学的认识和重视程度达到了一个新的高度，社会各界对中国的体育事业的发展提出了更高的要求。随着"以人为本""终身体育"等一系列先进的体育教学理念的完善和体育教育原则体系的建立，学生的心理健康和终身教育理念的培养也受到重视，这更符合现代化建设的要求。

例如，毛振明在《体育教学论》一书中提出的体育教学原则是根据现代社会发展对体育教学的基本要求而形成的，同时也是体育教学在发展过程中的必然要求。例如，保证体育教学合理化的基础——体育活动量的逻辑安排原则和注重体育娱乐体验的原则，注重培养学生的教育兴趣，迎接现代体育教学理念中"快乐体育"的挑战，促进学生技能的不断提高。这是体育教学的目的，也是保证体育教学质量的目的。集体活动中的集体教育原则是体育教学中充分发挥寓教于乐精神的体现。因材施教的原则主要是由学生在发展过程中表现出的差异决定的。因此，为了保证教学质量，教师应该根据学生的特点采取适当的教学方法。

通过对以上体育教学原则体系内容的梳理，我们可以看出，我国体育教学原则经过长期发展和经验积累已经趋于完善，体育教学原则中所包含的内容和方向充分反映了现代社会对体育教育的需求，也体现了我国的体育教学原则的合理性和科学性。

（二）我国高校体育教学原则的发展方向

随着时代的不断发展，公众对于高校体育教学的认识也在不断提高，高校体育教学原则在时代发展中呈现出动态变化。

1. 人文精神将得到改观

人文精神在体育教学原则的研究中得到提升，这种教学理念的形成主要是由于教学方向和观念发生了变化。一是重视和突出教学主体的发展，这类研究主要针对学生的学习动机和主观能动性方面，确保高校体育教学活动的开展能不断激发学生参与体育锻炼的积极性，增加学生的学习兴趣，增强学生的学习动力，这就需要体育教师和相关工作者在开展高校体育教学活动的过程中主动培养学生对参加体育活动的自主性，平等对待每一位学生。二是注重在开展高校体育教学活动中对学生的审美、情感和艺术方面的培养。高校体育教育学科开设的主要目的就是提升学生身体素质，提高学生心理健康情况，进而保证学生德智体美劳全面素质的发展与提升。

2. 重视学生整体素质的全面发展

现如今，素质教育在我国各项教育事业中已经全面普及，强调培养学生综合素质已成为现代教育的主题。根据体育教育体制改革的标准，学校体育教学要超越以往知识型教学原则体系，强调培养学生自主学习体育知识的能力，注重学生个人品质的培养，促进学生全面发展已成为体育教学研究的趋势。当前我国素质教育有了新的时代需求，学校体育教育事业为了满足这一需求，提出了"身心全面发展的原则""多元化评价的原则"等。这些体育教学原则的确立，旨在促进学生全面发展。

3. 重视教与学的统一

随着时代的发展，人们对体育教学原则的认识在不断提高，同时高校体育教学的原则也在逐渐完善，体育教师及相关工作者在教学实践中逐渐认识到传统体育教学原则给开展教学活动带来一定的局限性。在开展传统教学过程中，教师只重视自己的教学过程，不重视学生学习的结果。因此，高校体育教师及相关工作者在制定教学原则时，应当以实现学生身心素质的全面发展为宗旨，明确为学而教的思想，注重教与学两者的统一。

4. 构建全新的现代化体育教学原则体系

教学原则体系的制定应当符合时代的发展变化，同时也要随着人们对体育教学认识的提高而不断完善。要保证体育教学质量，迫切需要建立新的现代体育教学体系，这既是研究高校体育教育基础的根本目标，也是体育教师及相关工作者根据时代发展迫切需要解决的问题。体育教师及相关工作者要借鉴前人先进优秀的理念与经验构建体育教学原则体系，制定出的体育教学原则体系要符合现代教学需求，同时还要保证教学原则既有概括性又有教学个性，构建的体育教学原则体系要具有完整性和全面性，旨在新时代下要着力提高学生素质，发展学生个性，体现教学规律，实现教学目标。

五、当前我国基本的高校体育教学原则

（一）合理安排身体活动量的原则

高校体育教师及相关工作者在开展教学时要保证其科学性，而科学性的前提和基础就是合理安排身体活动量。身体活动量的安排要根据素质教育的基本要求去制定，如果体育教师在开展教学活动时安排的运动量过小，就无法满足学生的身体发展需求，无法进一步提高学生身体素质，反之，如果安排的运动量过大，则会使学生身体感到不适，甚至会损伤学生身体健康。

1. 合理安排身体活动量原则的含义和依据

合理安排身体活动量的原则，是指体育教师及相关工作者在开展体育教学活动时，学生接受的活动量应根据学生的身体状况和运动特点在其可以接受的范围内适当安排，同时在安排身体活动量时要充分考虑学生掌握体育知识和技能的需要，满足学生的身体发展以及心理健康需求。

我国根据高校体育教学的特殊性和学生进行体育锻炼时所承担的运动负荷规律，制定出了该项体育教学原则。

科学的体育训练是学生进行体育锻炼和掌握基本运动技能的过程，也是实现体育锻炼目标的过程。因此，在高校体育运动教学过程中，必须保证学生体育锻

炼的合理性。科学地开展身体运动是学生锻炼身体的基础，是学生掌握基本运动技能和实现教学目标的必要过程。因此，体育教师及相关工作者在开展体育教学时，必须遵循合理安排身体活动量的原则。

2. 贯彻合理安排身体活动量的基本要求

（1）活动量的安排要服从体育教学的目标。体育教师在开展高校体育教学活动过程中合理安排身体活动量，是为了保障高校体育教学活动可以科学进行，可以充分发挥高校体育教学的优势，有利于实现高校体育教学目标。如体育教师及相关工作者在开展教学活动时，安排的运动量超过了学生运动负荷能力，不仅与"促进学生身心健康"这一教学目标背道而驰，同时会使学生感到身体不适，甚至会造成学生机体的损害。

（2）活动量的安排要符合学生的身体发展状况和身体发展需要。合理安排身体运动量体现了体育教学的科学性，可以在开展高校体育教学活动时促进学生身体素质提高。体育教师及相关工作者要根据学生的身体发展状况和需求，合理、科学地安排高校体育教学中学生的身体运动量，这样才能保证体育教学的效果。

（3）要通过科学的教程、教材和教法的设计合理安排身体活动量。体育运动具有复杂性、挑战性等特点，体育运动中包含的项目有许多，运动量的要求也不一致。我们必须考虑到学生参加人数和学生身体负荷等问题，以此为基础制定课程、教材和教学方法等。

教学过程就是达到体育教学目标的过程。由于每个教学阶段的教学任务和内容都不尽相同，因此需要在考虑到每个教学阶段的内容和特点的情况下，根据学生的身体状况合理安排身运动量，以达到教学效果。

教学方法不仅是体育教学的呈现，也是调整学生身体运动量的主要手段。因此，在教学过程中，应不断调整体育锻炼的次数和强度，以保证教学过程的合理性和身体运动量的科学性。

（4）因人而异地考虑运动量。开展体育教学活动面对的主体是广大学生，体育教师及相关工作者应当根据学生的身体特点因材施教，合理地安排运动量，根据学生身体发展状况调整运动量的大小，根据学生身体素质情况完成体育教学活动。

（5）逐步提高学生控制运动量的能力。体育教师在开展高校体育教学的过程中，要向学生传授判断和调整运动量的知识，让学生们学习到科学、合理控制身体运动量的方法和技巧，进而培养学生参加体育运动的自主性和积极性。

（二）注重体验运动乐趣的原则

1. 注重体验运动乐趣原则的含义

注重体验运动乐趣的原则是指体育教师及相关工作者在开展高校体育教学活动时，不但要注重传授学生与体育运动相关的知识和技能，还要注重学生能够感受到参加高校体育教学活动的乐趣。在该原则下开展教学活动不仅可以让学生喜爱参加各项体育锻炼，还能培养学生参加高校体育教学活动的积极性。

注重体验运动乐趣原则的制定是高校体育教育工作者以体育教学的特点为基础制定的，同时在提出该原则时还结合了学生在体育运动中情感的变化。了解和体验体育运动给人带来的乐趣是参加体育和体育比赛的重要目标。科学的进步与发展促使人们生活节奏越来越快，这种快节奏的生活方式使人们的身体与心理状况出现了不同程度的下降，体育锻炼可以帮助人们提高身体素质，提升心理健康水平，因此体育运动逐渐成为人们生活中不可或缺的重要组成部分。

2. 贯彻体验运动乐趣原则的基本要求

（1）正确理解和对待体育运动中的乐趣。每项体育运动项目都有其固有的运动乐趣，这是由这些运动的特点决定的。高校体育教师及相关工作者要充分掌握和利用体育运动中的乐趣来实现制定的教学目标，首先必须正确认识和对待体育运动中的乐趣，既不能忽略它们客观性的存在，也不能为了完成教学目标而盲目挖掘它们。要想让学生们深刻地理解体育教学中所存在的乐趣，必须结合其他方面，比如体育教学目标、运动的特点、学生的情感倾向等方面。

（2）注重从学生的立场理解教材。教师作为体育教学活动中知识传授者，学生作为高校体育教学活动中的知识接受者，是教学活动的重要组成部分。教师和学生因所处的立场不同，对理解高校体育教学中使用的教材的角度也不相同，教师在理解教材时一般会以教学过程和教学目的这两个方面为出发点，学生在理解教材时一般会从乐趣和挑战这两个方面作为基础。但学生是教学活动的参与者、教学方法的使用者和教学目标的体现者。因此，高校体育教师及相关工作者必须注意从学生的角度来看待体育运动所带来的乐趣和挑战。

（3）让每一个学生都能不断获得成功的体验。当高校开展集体体育教学活动或者其他集体训练活动时，一些身体不好的学生在学习体育运动的过程中很容易感到自身身体状况的不足。因此，为了确保学生在学习过程中都得到应有的锻炼，我们必须优化学习过程和教学方法，使学生不断感受到成功的喜悦和自信。

（4）处理好运动乐趣与运动技能之间的关系。有一些体育运动项目具有趣味性和技能性，但是有一些体育运动项目只偏重该项目的技能性，只有将体育运动项目中的技能性和兴趣性进行统一与融合，才能促进在高校体育教学过程中实现教学目标。因此，体育教师在开展教学活动时，教学的侧重点应该放在趣味性和技能性较强体育运动项目上，同时将侧重技能性的体育运动项目挖掘出其潜在的趣味性，进而提升教学效果和学生参与体育教学的积极性。

（三）促进技能不断提高的原则

1.促进技能不断提高原则的含义

促进技能不断提高的原则是指体育教师及相关工作者在开展高校体育教学活动的过程中运用不同的教学方法，达到提高学生运动技能和运动成绩的目的，进而提升高校体育教学活动的教学效果和教学质量。

促进高校体育教学技能不断提高的原则是由高校体育教学的目标、社会的需求和肌体发展的需求三个因素决定的，同时也是实现体育教学终身化的基本前提和条件。

在高校体育教学活动中掌握体育技能是提高学生体育运动能力、提升学生身体素质、培养学生体育技能的有效途径。这也是学生体验体育乐趣、提高体育教学质量的前提。它还为确定体育教学目标是否达到提供了一个判定标准，并测试教师的教学能力。

2.贯彻促进运动技能不断提高原则的基本要求

在制定这一教学原则的时候，应该做到以下几点：

（1）正确认识运动技能在体育学习中的重要意义。通过前文我们可以了解到，开展体育教学活动时让学生了解并掌握运动技能是体育教师教学的主要目的。因此，体育教师及相关工作者在开展高校体育教学活动的过程中，应该把教学中的侧重点放在提高学生的运动技能方面。

（2）明确运动技能学习的目的，有层次地掌握运动技能。学生了解并掌握运动技能是高校体育教学的目标和要求，因此在开展以"运动技能的提高"为主要目的的高校体育教学活动时，体育教师和相关工作者要树立"健康第一"的教学理念，并结合"终身体育"的教学思想将高校体育教学目标进行划分，根据教学任务、教学层次和教学大纲的要求，让学生了解并掌握相关的运动技能。

（3）要钻研"学理"和"教学"，提高教学质量。教学效果和教学质量要想得到提高，需要高校体育教育工作者在开展教学活动时做到"知己知彼"。体育教师及相关工作者必须详细了解教学环境中的各项运动技能的特点，同时还要熟知各项运动技能的发展规律，才能在教学活动中游刃有余，才可以让学生了解并掌握各项体育运动技能。高校体育教学在开展教学过程中时间一般较短，给学生留出充分的时间开展实践练习。为了保证高校体育教学的效果和质量，体育教师及相关工作者必须提高体育教学技能，研究体育教学技能的规律。

（四）提高运动认知、传承运动文化原则

1. 提高运动认知、传承运动文化原则的含义

提高运动认知、传承运动文化原则是指高校在开展体育教学活动时，学生们不仅可以学习到相关的体育知识和运动技能，同时还可以加强学生对体育运动和体育文化的认识与理解，使学生在体育教学中感受、吸收体育文化，并将体育文化传承下去。

体育运动是根据各种运动的经验形成的一种特殊的运动方式。提高体育意识不仅有利于身心健康，还有利于体育文化的传承和发展，同时考虑到体育在人们生活中的价值和社会发展趋势，体育文化已经成为我国文化的重要组成部分。

高校体育教育的作用之一是提高学生的运动认知能力，促进学生身心全面发展。因此，在体育运动教学过程中，应坚持提高运动认知、传承运动文化的原则。

2. 贯彻提高运动认知、传承运动文化原则的基本要求

（1）重视体育教学中的认知因素。重视体育教学中的认知因素指的是高校在开展体育教学活动的过程中，要注重培养学生运动技能的掌握，提高学生对体育运动文化的认知水平。提高学生的运动技能意识，有助于他们在未来的工作和

生活中运用该运动技能，使体育文化融入社会。

（2）注意开发有助于学生认知的教学方法和手段。使用科学、合理的教学方法与手段是实现教学目标的基础，在开展体育教学活动的过程中，体育教师及相关工作者必须采取科学合理的教学方法与教学手段，这样才有助于学生提高运动认知和运动技能。体育教育工作者在选择教学方法时，既要创新教学方法，又要开发层层深入的教学模式，使体育教学可以寓教于乐。

（五）在集体活动中进行集体教育原则

1. 在集体活动中进行集体教育原则的含义

集体活动中的集体教育原则是指学生在开展集体学习活动时，应注意培养集体荣誉感、团结意识、增强集体凝聚力等优秀的品质，向学生灌输正确的集体意识，培养良好的集体行为习惯。

体育教学活动的特点是协同、竞争、表现，这些特点主要是在集体活动形式中得到体现。再加上体育教学侧重于室外教学，受到场地、教学活动范围和教学方式的影响，体育室外教学的开展一般以小组为单位，这使得体育教学具有集体性，因此在教学过程中也要注重对学生进行集体教育的原则。

2. 贯彻在集体活动中进行集体教育原则的基本要求

（1）分析、研究和挖掘体育教学中的集体要素。高校体育教学中有着协同、竞争、表现等许多集体性要素，高校体育教育工作要在开展体育教学的过程中，分析、挖掘出团队的意识、共同的目标、互帮互助的活动形式等这些具有集体含义的要素，同时将这些集体含义的要素灌输给每个学生，进而培养学生的团结意识，增强学生的集体荣誉感。

（2）善于设立集体运动的场景。高校开展体育教学活动的过程中，如何衡量高校体育教学活动是否具有集体性，其主要标准和依据是检测该集体是否具有共同的目标，该集体是否有共同的学习平台，集体运动的集体性就是通过共同的目标和学习平台表现出来的。

共同的学习目标是每个学生学习的动机和欲望，共同的学习平台是体现集体归属感的学习场所和必要条件。共同的学习平台和目标可以促进学生之间相互帮助，共同努力。因此，体育教育工作者在开展高校体育教学活动的过程中必须贯彻集体教育原则，为学生设立和创造集体运动的场景和条件，比如打篮球、拔河比赛等集体活动。

（3）善于开发有助于集体学习的方法。体育教育工作者为了在集体活动中合理地贯彻集体教育的原则，必须建立和发展有利于集体学习的方法。比如在开展体育教学活动时组织学生在课堂谈论自己喜欢的体育运动，再比如以分组的方式让学生参与体育运动技能的比赛。

（六）安全运动与安全教育的原则

1. 安全运动与安全教育原则的含义

安全运动与安全教育原则是指在开展体育教学活动的过程中，不但要保证体育教育活动的安全，还要培养学生的安全意识，教育学生要安全运动。

安全运动与安全教育的原则是建立在"体育运动中的特点"的基础上的，同时还结合了"加强学生体育教学的目的"方面的要求构建出来的原则。体育运动是一种危险系数较高的活动，如剧烈的身体活动、野外活动、集体活动、器械运动等都具有较高的危险性。体育运动都是以一些身体上的运动为主要方式，对于刚刚接触体育运动的初学者或者体质较弱的学生来说，学习和参加体育运动时存在一定的风险。体育教育工作者只有科学、严格设计高校体育教学活动，才能有效地规避这种风险。

2. 贯彻安全运动与安全教育原则的基本要求

（1）教师必须周到地预想所有存在安全隐患的因素。通过研究以往的教学活动和长期的教学经验，可以发现在开展高校体育教学活动中有许多安全隐患的因素是可以被排除和规避的。比如在上课前了解学生的身体状况，提前检查器械的性能，查看要使用的场地是否合适，观看天气预报等，都可以将这些不安全因素排除和规避，因此，高校体育教育工作者在开展教学活动之前要根据这些不安全因素进行排查并进行合理规划，进而保证高校体育教学活动可以安全科学地进行。

（2）时刻对学生进行安全运动教育。体育教育工作者在开展高校体育教学活动的过程中，要始终贯彻安全运动与安全教育的原则，在教学过程中将安全教育知识传授给学生，这样才能保证学生在学习体育知识与技巧时将安全意识放在首位。

（3）建立运动中的安全制度。制度可以约束学生的不良行为，也是学校权威性的象征，建立运动中的安全制度，有利于学生在教学过程中规范自己的行为，遵守安全规定，避免学生出现危险运动或不安全行为。

第二节　高校体育教学的过程与控制

一、高校体育教学的过程

（一）高校体育教学过程的含义

作者通过阅读其他有关高校体育教学的书籍了解到，目前学术界对高校体育教学含义的认识表现在三个方面，将其进行梳理如下：

第一，高校体育教学过程被视为实现体育教学目标的途径和过程，因为高校体育教学的目的是通过开展体育活动来实现的。

第二，高校体育教学过程是一个有组织、有计划的过程，因为高校体育教学过程是按照体育教学大纲进行的。

第三，高校体育教育的过程是让学生获得各种体育知识、运动技能以及相关体育运动知识的过程。高校体育教学过程既包括教师授课，也包括学生学习，这是知识和技能的转移过程。

根据对上述三种高校体育教学过程含义的理解，可以将教学过程定义为：有计划地组织和实施体育活动，以达到体育教学的目的。在这个过程中，学生获得与体育有关的知识和技能。

（二）高校体育教学过程的性质

高校体育教学过程是体育教学活动的体现，同时也是高校体育教学的重要组成和必经之路，体育教学过程这一环节既包含教师教授知识的过程，也包括学生学习的过程，因此高校体育教育工作者都应当重视体育教学过程。

1.高校体育教学过程是学生掌握运动技能的过程

教师在向学生教授知识和技能时，必须保证教学过程严谨有序，同时具有相对应的意义。知识类学科的教学过程更注重发展学生的智力，通过让学生识记概念，运用判断、推理等思维方式来开展教学过程，帮助学生在该教学过程中获得学科所需要的知识。高校体育学科的教学过程注重促进学生身体健康发展，通过不断引导学生练习体育动作、进行身体训练等方式，来帮助学生在教学过程中学习到体育知识和运动技能。

2. 高校体育教学过程是学习知识和形成运动认知的过程

高校体育教学既包含了人文学科的知识，又涵盖了自然学科的内容，是一门内容广泛且复杂的学科，高校体育教学不仅使学生了解并掌握运动技能，提升运动认知水平，还会在教学过程中使学生学习到其他知识。

在体育运动项目中，有一些项目可以让学生的反应能力得到提升，高校体育教学通过让学生对动作进行反复练习来提高学生的体能和智力。通过研究表明，经常进行体育锻炼的人往往具有更高的智力发展，而没有进行体育锻炼的人，在智力发展上与前者相比存在一定的差距，因此，教师应当重视高校体育教学过程中学生学习知识以及学生形成运动认知的重要作用。

3. 高校体育教学过程是集体学习和集体思考的过程

由于体育这门学科的特殊性，大多数高校体育教学活动采用的是集体教学的教学形式，或是由集体方式完成，或是由小组形式完成。高校体育教学活动借助集体这一平台可以让学生获得体育运动的知识与技能，甚至可以提高学生的体育运动素养。集体教学活动有助于学生与学生之间、学生与教师之间、教师与教师之间产生良好的互动与交流，而高校体育集体教学活动可以培养学生集体主义精神和集体荣誉感，有助于学生提升自身的社交能力。

4. 高校体育教学过程是体验运动乐趣的过程

从生物学的角度出发来看体育运动，可以发现体育运动与学生的身体素质密切相关，从本质上讲学生参与体育运动的过程，就是学生的身体正在接受生物学改造的转化过程，同时也是身体和心理这两方面体验体育运动给人所带来的乐趣的过程。体育运动给人带来的乐趣是体育运动特有的属性，是学习体育课程和培养学生终身体育意识的基础条件。在其他文化课的教学过程中，学生会受到许多的限制，比如空间窄小，不能发挥肢体语言，不能和同学之间产生交流等，但是在体育教学过程中就不会受到类似的限制，学生在高校体育教学过程中可以体验与同学自由交流的乐趣、空间放大的满足感、获得运动技能的成就感等。

（三）高校体育教学过程中相关概念辨析

1. 高校体育教学过程与体育教学原则

高校体育教学过程的原则与很多著作中的体育教学原则是有共同之处的，高校体育教学原则和高校体育教学过程之间的联系主要表现在以下几个方面：

第一，高校体育教学原则是体育教学过程的基本要求。比如体育教学原则体系中"因材施教原则"，这一原则要求高校体育教育工作者根据学生的特点和个性开展高校体育教学活动，在开展高校体育教学的过程中制定合适的方法。

第二，高校体育教学原则是优化高校体育教学过程的基本内容。高校体育教育工作者要严格按照高校体育教学原则规范体育教学过程，在开展高校体育教学过程中不断进行优化工作。

第三，高校体育教学原则贯穿于体育教学各个层次的教学活动之中。高校体育教学原则具有整体性，要覆盖体育教学过程的所有阶段，不管是哪个学段（小学、初中、高中、大学）的体育教学活动，都要始终将高校体育教学原则贯彻于高校体育教学过程中的每个层次与阶段。

高校体育教学原则与高校体育教学过程原则也存在一定的区别，具体表现如下：

第一，高校体育教学过程的组成单位是时间，高校体育教学原则是一些整体性的理论要求。

第二，高校体育教学过程是由不同的教学层次组成的，每一个教学层次的内容都有所不同，但是高校体育教学原则是贯穿于整个教学过程的。

2. 高校体育教学过程与高校体育教学模式

从本质上讲，高校体育教学模式是以高校体育教学过程的单元和课时为基础进行构建的，是根据某种体育教学思想设计的教学过程。高校体育教学模式与高校体育教学过程之间的区别在于，高校体育教学模式是抽象的，只能借助于某个教学概念才能体现出来，而高校体育教学过程是具体的，是能够独立体现出来的。

3. 高校体育教学过程与高校体育教学设计

开展高校体育教学过程的前提条件就是高校体育教学设计。从本质上讲，高校体育教学设计是高校体育教育工作者在开展体育高校教学活动之前，对教学过程进行科学的构想和合理的安排。高校体育教育工作者在开展高校体育教学过程时，是根据自己的体育教学设计开展教学工作的，由此可以看出，高校体育教学设计是教学过程的重要组成部分，是体育教育工作者实施教学过程的计划。

高校体育教学过程中涉及的相关概念非常多，如教学方法、教学内容、教学步骤、教学元素等，这些概念既是教学过程的"参与者"，也是高校体育教学过程的必要条件和组成部分。高校体育教学工作者通过对相关概念进行研究，为高校体育教学过程提供了坚实的理论基础和实践依据。

二、高校体育教学的控制

随着高校体育教学改革的不断深入，我国对高等院校体育教学的重视程度也在不断提高，开展体育教学活动是帮助高校完成体育教学任务的重要途径和手段，高等院校要不断加强对体育教学过程的控制，进而使高校体育教学逐渐向程序化、规范化、制度化转变。

（一）高校体育教学过程控制的基本环节

1. 计划——高校体育教学过程控制的起始环节

第一，高等院校的学年体育教学工作计划是高校体育教育工作者根据国家规定的体育教学大纲为基础，综合本校教学场地、教学任务、学生特点等实际情况制订的体育教学文件之一。学年体育教学工作计划的主要功能是为学期体育教学工作计划、体育教学单元计划和体育教学课时计划的制定提供了科学依据。学年体育教学工作计划的主要任务是根据体育教学大纲中国家规定的教学内容和课时数量，合理地分配到该学年的第一学期和第二学期中去，并根据学校的实际情况安排考核项目和标准。

第二，高等院校的学期体育教学工作计划的编制是以学年体育教学工作计划为基础，一般为第一学期和第二学期的体育教学文件。学期体育教学工作计划的主要功能是为体育教学单元计划、体育教学课时计划的编制提供依据。

第三，高等院校的体育教学单元计划是以学期教学工作计划为基础进行编制的，是高等院校分项体育教学文件之一。体育教学单元计划的主要功能是为体育教育工作者在编制体育教学课时计划时提供直接依据。体育教学单元计划的主要任务是将学期体育教学工作计划中规定的教学内容按次序编制出要求。

第四，体育教学课时计划，也成为体育课教案。高等院校的体育教学课时计划是根据学期体育工作计划、体育单元工作计划、体育教学的内容以及体育课时时间表制订的课程教学方案。体育教学课时制订的基本要求是体育教育工作者要明确教学任务和内容，使教学要求具体可行，根据教学实践选择教材，有针对性地开展教学活动，形成良好的学科结构，确保教法科学多样，有足够的运动负荷，有切实可行的思想教育和安全措施，有充足的设备。课程结束时，应明确练习密度、心率曲线、动作等方面的教学效果，并在课后及时对教学效果进行评估。

总之，学年体育教学工作计划、学期体育教学工作计划、体育教学单元计划、体育教学课时计划这四种教学工作计划，对于高等院校来说是一个整体性计划，体育教育工作者在制订这四种体育教学计划时，应当结合体育教学规律、学生的认识规律以及本校的实际情况进行，并保证制订的教学工作计划具有可持续性的特点。

2. 实施——高校体育教学过程控制的中心环节

实施是指在体育教学过程控制中控制者以体育教学工作计划为基础，组织高等院校的教师和学生按照体育教学工作计划开展体育教学活动，根据有关质量工作标准完成学校教学计划中规定的任务、内容与课时数，进而完成国家规定的高等院校体育教学目标。在高校体育教学过程的控制方面，实施是最耗时、最费力的，覆盖范围最广，与控制成功和教育成果直接相关。这样，要建立计划实施的运行机制，领导首先要到基层指导工作。其次要统筹努力，着力提高教学质量，实现控制目标明确、理解统一、步调一致、指挥统一，协调各部门矛盾和不平衡现象，实现团结互助，形成"三个教育"教学整体效益。最后，必须加强体育教师的思想政治工作，坚持相互尊重、理解、关心的原则，注重物质和精神激励，使他们发挥工作价值和创造能力，并形成人与人之间学习合作的内在动力。帮助教师提高教学技能，拓展教学改革思路，充分发挥教师融合的整体作用，提高教学质量。总之，指导、协调、教育、激励是一个相互作用、相互联系、相互交叉的有机整体。它是控制体育教学过程的中心环节。

3. 检查——高校体育教学过程控制的中介环节

检查高校体育教学过程控制的方法非常广泛。根据时间的不同，可分为定期检查和不定期检查。根据内容标准，可分为专项检查和综合检查。根据检查人员的身份，可分为领导检查、自我检查和互相检查。这些方法往往是结合使用的，但检查不应经常进行，各类检查方法也不应同时进行，否则会扰乱正常的教学秩序，影响正常的高校体育教学任务与工作。检查工作还应遵循以下原则。检查必须客观，通常以高校体育教学工作计划为基础，其他标准不得任意制定。检查者要收集详细的事实和数据，对于检查情况要给出客观公正的评价，实事求是。检查工作必须立足群众，在领导、教师和学生的参与下，共同论证结果并展示结果，分析原因，制定有助于监督评估和协调控制的措施，根据高校体育教学目标，将研究与评价相结合，对体育教学过程中的因素进行科学评价，从而保证高校体育教学质量的科学性、选择性和指导性。

4. 总结——高校体育教学过程控制的终结环节

高校体育教学过程控制的总结有许多种类型和方法。总结常用的类型有：专题总结、全面总结、阶段性总结、期末总结和年终总结。总结常用的方法有：自上而下的方法、自下而上的方法、上下结合的方法等。总结要做好需要遵循以下几个基本要求：

第一，总结的指导思想要以国家的教育方针为准绳，以学校的教育目标为基础，高等院校的体育教育工作者要树立正确的教学质量价值观，只有这样才能发现体育教学过程中存在的问题，并按照实际需求将问题进行分析和研究，以提高教学效果。

第二，总结要根据高等院校制订的体育教学计划，对教学计划中的目标进行分析，客观公正地对体育教师的教学质量进行评价，同时对学生的学习成果作出科学、合理的评估和结论。

第三，要在大量与可靠的教学工作信息基础上进行分析与归纳、概括。

第四，总结需要根据体育教学过程中有代表性的质量数据进行，统计后的数据通过计算和分析，可以客观反映出体育教学的效果和质量。总结还要参考典型材料，典型材料中的事例可以从定性的角度充分反映体育教学的效果和质量。

（二）加强师资队伍的建设是高校体育教学过程控制的重要内容

体育教师是高等院校体育教育工作的执行者，同时也是高校体育教学的组织者。高等院校的各项体育教学工作都是需要体育教师的积极参与才能顺利完成。体育教师们的工作质量直接关系到是否可以完成高等院校的体育教学目标。因此高等院校需要明确体育教师的工作职责，提高体育教师的教学素质与学科素养。

第一，制定体育教师队伍建设规划，进行预测规划的控制。高等院校体育教师队伍建设不是一朝一夕就能完成的，是一项长期性的工作。在建设体育教师队伍时，必须对该项工作做出全面、科学的规划，这些规划包括长期和短期规划。在分析和科学预测教师队伍现状的基础上，结合学校发展的任务和规模，确定体育教师队伍建设的任务，并提出了发展和提高的具体措施。同时要注意体育教师队伍结构的合理性，比如性别、年龄、特长、学历、职称等方面要进行充分的考量，进而建设一支高水平的体育师资队伍。

第二，高等院校应当用其所学、用其所长、量才使用的原则进行体育教师队伍的建设工作，并根据学校体育教学任务的需要，充分组织、分配和支持体育教师的教学工作，让每个体育教师可以在该工作岗位上最大限度地发挥自己的才能。高等院校应当重视对中年骨干教师的控制工作。中年骨干教师是教学团队的主力军，在教学、培训和科研中发挥着重要作用，提高中年骨干教师的教学水平和学科素养，有助于提高本校教学团队的整体实力。在对中年教师进行整体培训和进修的基础上，高等院校要注重新的学术人才的选拔培养工作，对于这些人才除了从事教学、科研、培训等基础性工作，高等院校还可以采取多种形式以促进新的学术人才尽快成长，比如出国进修、培训、考察、参加国内外重大比赛与学术会议等方式。

第三，高等院校要做好体育教师考核的控制，同时制定出科学的晋升制度。高等院校的对于体育教师的考核标准要根据《高等学校教师职务试行条例》进行制定，严格贯彻落实该规定中各级教师职务岗位职责和学校与教师签订的聘约或任命书的任务与要求，要从政治思想、业务能力和工作成绩这三个方面为出发点，对体育教师进行全方位的考核。一是政治思想，主要考核的内容是体育教师的政治思想觉悟，比如是否具有良好的职业道德和专业思想，在日常的教学工作中是否具有事业心和责任感。二是业务能力，主要考核的内容是体育教师的业务水平，比如在教学训练工作中是否具有一定的科研能力，是否可以组织学生参加一些课外体育活动与竞赛。三是工作成绩，主要考核的内容是体育教师所取得的成绩，比如是否提高了学生的体育成绩，在体育教学、课外体育工作中是否做出了贡献等。

高等院校在实行全面考核的基础上，还要做好体育教师职务评审与晋升工作，要严格贯彻和落实《高等学校教师职务试行条例》中关于体育教师晋升的规定。体育教师的资格评定必须坚持"坚持标准、保证质量、全面考核、择优晋升"的原则。高等院校的职称评价工作是一项政治性强，同时覆盖范围比较广泛的工作，在进行该项工作时必须以思想政治工作为主，广泛听取教师和学生们的意见，采取民主投票等方式进行评审工作。

（三）教学质量评估是高校体育教学过程控制的有力措施

1.高校体育教学质量评估的功能

（1）导向功能。评估的标准是根据人们对活动期望达到的效果为基础进行制定的，在评估标准中都有自身的侧重点和忽略点，这些都会影响活动的发展方向。

（2）调控功能。活动的过程就是为了不断接近期望目标，教学评估可以使教师发现和解决教学中的问题并及时进行调控和规范。

（3）检测功能。教学是否达到目标，可通过评估加以测定。

2.高校体育教学质量评估的原则

（1）客观性原则。教学评估必须要基于正确的信息和资料对教学结果进行判断，评估结果不能带有主观性，应该具有客观性。

（2）全面性原则。在评估教学效果时，必须采取一种全面的方法，确保可以了解和把握整个教学的发展过程，从全局的角度了解教学的整体情况，对于发现的问题，应站在全局的立场上进行解决。

（3）指导性原则。指教学评估要坚持指导实践，教学评价应遵循认真分析评价结果的做法，从不同角度找出因果关系，找出产生问题的原因，及时向有关部门提交评估结果和原因分析，并向体育教师及相关工作者提供反馈，使他们在今后的教学工作中可以查漏补缺，提升教学效果。

（4）可行性原则。对指标体系应力求简化，切忌烦琐，努力做到简易可行。

3. 高校体育教学质量评估的指标体系

体育教学质量评价指标体系是评估体育教师教学工作的依据和出发点，是反映体育教学目标实现过程中各方面相互依存关系的若干指标，评估工作通常按类别和级别确定一组评级指标，系统、客观地反映评级对象的整体情况。分值分配是指根据指标在指标体系中的位置和功能分配提供不同的数值，以达到评估教学质量的目的。

4. 高校体育教学质量评估的方法

评估体育教学质量的方法有许多，在高等院校中一般采用听、访、看、查方法来完成评估工作。听指的是倾听教师和学生对体育教学活动的反映以及给出的意见建议；访指的是拜访学校的有关领导、体育教师以及其他了解体育教学情况的人；看指的是观看体育课的上课情况，比如课堂纪律，教学内容等；查指的是查阅体育教师制定的教学计划，学生体育成绩，学生的身体素质情况。

第三节　高校体育教学评价

一、高校体育教学评价的理论基础

（一）人本管理理论

人本管理理论认为，组织中个人的价值，包括个人的动机、个人发展和自我实现，以及尊重和自我实现的需要，都是满足个人需求的持续驱动力。当成年人的需求和兴趣得到尊重时，成年人可以积极参与激发教育和发展动机的活动。作为一名高校体育教育工作者，尊重和自我实现是每一位教师的基本需求。他们希望通过评估发现自己在组织目标范围内的优势和劣势，充分挖掘自己的潜力，了解发展的方向和未来，确定并落实自己的发展需求，不断创造和改进。因此，教师评价应侧重于支持其发展，课程评价标准的内容应包括教师发展。

（二）行为目标模式评价理论

泰勒的教育评价模式被称为"泰勒模型"，也被称为"行为目标模式"，该评价模式是西方现代教育评价史上第一个比较完整的理论模式，在教育界有一定的影响力。20世纪30年代至60年代，泰勒的教育评价模式在评价实践中处于领先地位，也一直是西方其他教育评价学说所抨击和争论的对象。

泰勒模式是一种面向目标的评价模型。它把教育方案、计划的目标用学生的特殊成就来表示，并将其作为学习过程和教育评估的基础。在这种模式下，教育评估是一个评估目标是否在实践中实现的过程。因此，泰勒模型将目标、教育过程和评估视为一个循环。目标定义学习过程，并为测量偏差提供评估，帮助教师根据反馈实现目标。泰勒提出的教育目标概念非常广泛和具体，其中许多与具体课程有关。泰勒要求教师设定具体的教育目标，并在课后对其进行评估，以调整教学过程并确保实现设定的目标。

泰勒模型的基础是评估目标的实现程度，将预期结果与实际结果进行比较，根据教师认为学生应该学习的一些教育目标、态度、行为和方法来评估学习效果，并根据评估来验证学习效果。如：学生的行为在多大程度上达到了他们的目标。泰勒认为，教育评估是决定教育活动在多大程度上实际实现了设定的教育目标的过程。它的基础是根据学生行为的具体和可实现的目标、学习和教育成果的测量和计数进行评估的内容划分。

二、高校体育教学评价的目的与对象

（一）高校体育教学评价的目的

评价目的是系统分析的主要依据，也是评价活动的出发点。评价目的是人们认识的反映和价值观念的体现，评价目的会随着社会的发展，随着人们认识的进步和价值观念的变化而发生变化。评价目的的选择和分析是高校体育教学评价系统分析的至关重要的一步。体育教学评价体系是一个多对象、多因素的复杂系统，对于不同的被评价对象有不同的评价目的。评价目的是要说明为什么进行评价，因而必须有明确具体准确的表述。由评价目的决定评价的内容、评价指标、采取的评价方法、使用的评价工具以及处理和反馈评价信息的方法。高校体育教学评价的目的主要体现的五个方面可以对教学效果作定期检查，诊断并改进教学。高校体育教学评价的最主要目的是诊断教学效果并改进教学，无论是处于哪个环节的教学评价，还是对教师还是对学生的评价，评价的主要作用在于对诊断和改进教学，以提高教学质量为目的。对教学效果作定期检查，可以了解学生的体育学习情况与表现，以及达到学习目标的程度，可以了解教师教学设计用于教学过程中存在的问题，以便寻找适宜改进教学的方法。验证教学计划的制定是否符合学生、社会和学科教学的需求。

（二）高校体育教学评价的对象

如何构建高校体育教学评价的内容，既是当前高校体育教学评价理论探讨与研究的重点问题，也是高校体育教学评价实践工作中迫切需要解决的首要问题。因为教学要反映时代的精神与时代的要求，所以教学评价内容的构建也离不开这个时代的要求。新世纪所要造就的人是具有全面知识技能、品德优良、心理素质完美、社会适应力强的劳动者，亦即我国学者所倡导的素质教育。因此，在建构教学评价内容时，应以素质教育的结构作为划分的依据。

从当代素质教育对教学的需求出发，本书拟将高校体育教学评价的内容划分为教师评价和学生评价两个维度，每一维度根据素质教育的要求划分出不同的层面。因在不同的教育阶段，其素质教育的内容与要求各有不同。

三、高校体育教学评价的原则与方法

（一）高校体育教学评价的原则

1.系统性原则

系统性原则指的是高等院校在建立体育教学评价体系时，保证评价指标体系具有整体性、联系性和层次性，整体性指的是在进行体育教学评价过程中，要收集评价对象全面的信息和资料，并对其进行全面的考核。举个例子，在对学生进行评价时，不能只评价学生体育运动技能的了解和掌握情况，同时也要评价学生的身体素质，综合能力全面发展等情况。联系性是指当评价对象处在一个大的系统中时，应该强调的是与评价对象相关的因素产生联系，无论是纵向的还是横向的，都与其系统中的因素相关。例如，学校系统的评估将考虑学生的基本水平、家庭环境等因素。层次性是指体育教学评价在面对评价对象时，应根据评价对象的类型制订相应的评价指标和标准，比如，高等院校所处区域不同而产生的地域差，高等院校科研经费的投入等。

2. 可测性原则

高校体育教学评价的可测性原则是指在设计高校体育教学评价指标时，各项指标必须具有可测性，即在设计高校体育教学评价指标时，所有的指标可以通过测量方法，并借助使用测量工具获得一个准确的测量结果。抽象目标也必须形成直接可测量的数值。例如，在评估体育教学效果时，评估者可以用秒表来衡量学生的 100 米成绩，而在篮球比赛中，评估者可以用数学中的计数方式计算出学生的投篮命中率，以此来衡量体育教学的效果。

3. 可接受性原则

高校体育教学评价的可接受性原则是指高校体育教学评价指标的制订应基于客观实际，而非主观思维，每个指标应根据相关标准制订。具体来说，高校体育教学评价的可接受性原则包括高校体育教学评价体系的五个方面，这就要求有足够可靠的信息来源。根据学生身心发展规律，构建高校体育教学评价指标体系，确保评价对象的可接受性。高校体育教育评价指标体系在设计时必须充分考虑高等院校的实际条件，比如高等院校的人力、财力、物力、时间、空间等情况。由于高校体育教学评价的特殊性，有必要对高校体育教学评价中发生的具体问题进行分析。高校体育教学指标的评价体系应该不同于指标体系，它应该反映积极和消极的评价结果。高校体育教学评价指标体系要在实际运用中需不断改进，追求简单高效的操作方法。

（二）高校体育教学评价的方法

1. 分解目标，形成目标层次系统

高校体育教学评价指标的制订应根据高校体育教学的总体目标、高校体育教学评价的具体目标和评价对象的具体情况进行分析。在充分了解评价对象的基础上，合理划分评价目标，确定衡量指标。使高校体育教学评价指标可以充分反映评价对象的本质特征，客观评价各个评价因素之间的内在联系，建立一个完整、科学、合理的体育教学指标评价系统。

2. 通过归类合并，进行指标筛选

对高校体育教学评价目标的分析表明，一些初步拟定出来的测量方法和评价指标可以客观反映评价对象的基本特征，有可能达到评价高校体育教学效果的目

的。同时，被评价对象的部分指标的实际情况并不能客观地反映出来。因此，我们可以通过对最初设计的指标进行分组和选择，简化具体的评价指标，提高其质量。这不仅方便了评价的实施，还保证了高校体育教学评价体系实施的有效性，监督了指标体系的制定。在选择指标时，通常使用以下三种方法：一是经验法，该方法是依据高校体育教学指标设计者的实际工作经验，同时参考被评价对象的实际情况而设定的评价体系，综合分析初步拟定的测量方法和评价指标，将各项类别进行合并，将评价指标体系简单化。二是理论方法，理论方法是以哲学、教育学、心理学、管理学、社会学、评价学等相关学科理论为基础进行设计的评价体系。例如，在评估学生的智力发展水平时，必须对学生的注意力、想象力、观察能力、记忆力、思维能力等方面进行考量，将这些要素整合到指标框架中。三是专家评判法。这种方法要求指标的制定者在制定初步指标后，期望获得该领域专家对指标制定的意见，通常采用和专家面对面沟通、专家填写调查问卷、邀请专家参加座谈会等方式来征询专家的意见建议。

3. 明确各指标的内涵和外延

当设计者完成上述两个阶段的任务后，应确定教学评分指标，并明确相应的评分内容。为了便于教学评价的实际应用，有必要明确评价内容的范围。此外，通过简要的陈述、公式和标准，进一步明确各种高校体育教学模式指标的内容和覆盖范围，对指标体系的制定也具有重要意义。评价指标内涵是指该高校体育教学评价是对评价对象的哪些内容进行评价，可以理解成被评价对象的本质问题是哪些，进而体现出评价指标系统的多维度和多层次。评价指标的外延是指对高校体育教学评价体系中的指标项进行范围界定，可以明确界定体育教学评价工作的定义区域，可以控制高校体育教学评价体系中各指标项的外延范围过于宽泛或者过于狭窄的问题。

4. 用初拟评价体系预评试验

高等院校在初步确定体育教学评价的评价指标体系后，评估者可以对体育教学评价进行初步的预评工作。在初步评估过程中，可以选择少量的评估对象作为初步评估的实验，从而确保标准评估体系和权重体系保持一致，确定体育教学评价系统的有效性，以及各指标项得出的结果是否科学。

通过对评价所得信息的分析，找出指标体系存在的实际问题，对指标体系进行修改，使指标体系更加合理完善。对于试评后得出的各项信息和测评结果，设计者要进行科学分析，进而找出该体育教学评价系统的漏洞和问题，并对评价体系中的各指标项目进行修改。

四、高校体育教学评价中学生评价指标体系

（一）高校体育教学评价中学生评价指标体系构成

进入 21 世纪之后，我国体育教育改革不断推进，对教育评价体系的研究也在不断深化。从对学生体育成绩的评价到对学生全面发展的综合评价，体育教学评价形成了一种共识，即体育教学评价不仅要关注学生在体育教学中的学习成绩，而且要多方面培养学生的潜能，了解学生身心发展的需求，帮助学生实现自我，建立自信。如何科学地评价学生的体育教学，使其成为学生更有效、更积极地参与体育活动的有效手段，是体育教学改革的迫切课题。因此，本书以专家以往确定的学生体育教学评价指标体系为基础，允许从事体育教学的学生和教师对评价体系的权重进行评价，然后将一个特殊指标体系的权重与实际教学效果进行比较，根据书籍和结果对体育锻炼的重要性进行了指标体系的调整。特别是在回答体育学习效果问题的基础上，设计问卷，使其成为学生学习效果问题的可变答案。从人际关系、社会规范和角色、承受失败和应用技术技能的能力、技术知识的质量、技术技能等方面来看，它有助于提高个人能力。每个问题都被视为一个变量。基于具有足够代表性的样本，建立数据库，然后分析需要分析的因素，以确定主要因素，即它们是否具有足够的代表性。其他问题根据变量对总体系数的贡献确定了几个二级指标。本书在分析文献和著作的基础上，作为体育教学评价的一部分，试图从社会适应、情感态度、身体健康、知识和技术技能五个方面对学生的体育教学进行评价。

（二）高校体育教学评价中学生评价指标内容分析

与其他类型的课程教学相比，高校体育教学最重要的是在体育教学实践中注意体育锻炼。体育的学习属于一种技能的学习，不同于其他特定领域的逻辑知识。体育教学是实现身体机能的重要手段，对学生的身体发展和心理健康尤为重要。在学生参加体育教学课程的时候，高校体育教育工作者安排的体育锻炼必须

适应学生的身体负荷，高校体育教学过程必须符合人的自然发展规律。高等院校的体育教学不仅是一个认知过程，还对一个人的情感、意志、态度和价值观有着更深刻的影响，对提高学生的智力有着特殊的作用。学校体育课的另一个特点是具有"情意性"的性质。与任何其他学科相比，高校体育教育具有改变环境、学生角色多样性和获取信息的重要因素，为学生的沟通和组织能力创造了额外的条件。

因此，高校体育教学中的"人文性"也是高等院校体育实践课程中的特点之一。如上所述，学校的体育课程和学科应该是技术性的，但作为一门"技术"学科，更充分地说明它的科学是基于实践的，它结合了自然、情感和人性三个方面。

因此，可以对学校体育专业进行划分，以确定学生体育教学的评价指标。首先，体育教学是体育活动的主要手段。其次，体育教学必须符合人体的发展规律，要让学生的身体承担一定的运动负荷，这样才能促进其身体素质的提高。最后，体育在智力因素开发中具有特殊的作用。体育学习在提高学生社会适应能力方面发挥着特殊的作用。通过对上述体育特点的全面分析，可以确定学生体育评价的总体概念和基本依据。本书包含五个第一级指标：社会适应、情绪态度、知识水平、身体健康和技术技能。

1. 对社会适应评价指标的分析

体育运动是一种有意识有组织的社会活动，核心是体育锻炼，目的是改善公众的身体状况，促进学生群体的全面发展，丰富社会文化生活并促进社会文明进步。学生在高等院校组织的一些体育教学活动或竞赛中，通过这些活动进行交流和竞争，并遵守这些活动的体育规则，进而培养学生的服从意识。可以说，体育教学就是一个小的社会全景。体育教学在提高学生健康水平的同时，可以加强学生之间的交流互动，培养学生与教师之间的人际关系，为学生提供社会规范和角色定位，以及培养学生对失败的适应能力。体育教学在培养学生的社会角色方面起着重要的激励作用，从而有助于培养社会适应性。

2. 对情感态度评价指标的分析

高校体育教学评价指标体系中的情感态度的内容是包罗万象的。比如运动参与、学习兴趣、情绪调节、合作与交往等都属于该范畴。体育专业学生的学习过程总是伴随着一定的情感体验的。学习过程中的情感体验往往会影响学生的态度，导致不同的学习结果，进而给学生带来不同的情感感受，从而影响学习过程。

3.对体质健康评价指标的分析

体质就是指人体本身的身体质量。它具有形态结构、生理功能和心理因素的一种复杂而相对稳定的性质，体质一般表现在遗传学和获得性的基础上。人们拥有一个健康的体质是非常重要的，是人们正常生活、学习、工作的基础，健康体质就是指人具有良好的生理功能、运动能力和适应性能力，身体状况相对稳定，这是人类先天遗传和后天努力得到的结果。健康是生命的基础，身体是工作的直接载体。只有健康的身体才能使生命发挥出自身的光芒，健康的身体来自多方面的因素。运动和体育锻炼是许多功能因素中最重要的。人体在形成和发展过程中具有明显的个体差异和阶段性。因此，在人类发展的不同阶段，身体状态不断发展变化，既有共同的特点，又有不同年龄段等特点。在评估对象的体质情况时，要充分考虑其自身的身体特点和其他影响因素。

身体机能是指身体功能，是身体的代谢功能和各种器官的工作能力，身体机能水平主要包括人的心率、血压、肺活量等方面。身体机能评估可以了解一个人的体质状态和身体机能水平，同时也可以反映出这个人参加体育锻炼和体育运动的效果和作用。通过对体育教学的实践结果研究，可以发现体育教学可以在很大程度上影响学生的身体机能。

身体形态指标包含的内容主要有身高、体重、胸围、腰围等几个主要方面，在选择这些指标时，要考虑到各级学校的体育教育环境和测量工具的易用性。其中学生的身高、体重和胸围方面的形态指标可以充分反映学生的发育情况。

五、高校体育教学评价中教师评价指标体系

（一）高校体育教学评价中教师评价指标体系构成

教师教学评价指标体系应能充分反映教师教学的全过程，即围绕其教学活动，建立"教学设计、课程准备、课堂实施、指令定义与反馈、教学设计修改与改进"的评价指标体系。因此，本书在以往专家建立的教师教育评价指标的基础上，允许从事体育教学第一线的体育专业人员和教师对评价体系的权重进行评价，然后比较专家指标体系的权重与实际教学结果的权重差，并根据本书研究结果中体育

教学现状，对指标体系的权重进行了修改和构建。该方法是根据对体育学习成果的回答设计一份问卷，并通过回答体育学习效果问题将其设置为变量。从教学理念、学生水平分析、教学文件、条件和设施到锻炼习惯的培养、健康改善、体育技术和知识的知识、对教学的满意度等科目，每个项目都应视为一个变量，并在有足够的代表性样本的基础上建立数据库。随后，对数据中的因素进行了分析，并提出了主要因素，即公共因素。在此基础上，根据每个变量对公共因子得分中每个公共因子的贡献，确定了不同的子指标。根据上述观点，教师教育评价应包括对其课前准备、教学条件、课程规划、实施过程和训练后反思的分析，以及对体育学习目标实现情况的监测。这些因素是教师教育评价体系的组成部分，是基于众多专家和科学家的研究成果，特别是《教师素质评价指数》和《课程与巴班斯基学习评价指数》，应设计教师指标体系的指标。首先提出了教学评价的七项内容，即教学主体的设计、教学内容的选择、教学组织、基本教学技能、教学方法、教学效果和教学效果。随后，对前七个指标进行了检验和分类，最后将教师教育评价指标体系定义为四个一级指标：教学准备、教学过程、教学评价和教学结果。

（二）高校体育教学评价中教师评价指标内容分析

1. 教学准备指标分析

教学准备是指教师在开展课堂教学活动之前，将开展教学活动所需要的内容和问题进行处理。对于高等院校的体育教学来说，教学准备阶段是开展体育教学活动最重要的起始环节，科学的教学准备可以保证教学活动的成功实施，体育教育工作者在教学准备过程中需要做的工作主要有：学习和研究体育教学的大纲和课程标准，明确体育教学目的中的相关要求，熟悉教材中的体育理论和教学内容，了解学生的身体和心理状况，根据学生的特点设计教学任务等。教学准备的过程对于体育教育工作者来说，不但是教学工作的准备工程，还是自身教学心理的准备过程。

首先，体育教师在制定教学方案时，教师必须为高校体育教学设定具体的目标。教学目标一旦确定，就应该时刻印在教师的脑海中，成为体育教师在开展高校体育教学活动时所追求教学目标。因此，教师从一开始就要对体育教学过程中要达到什么目标以及如何做好心理准备。

其次，体育教师设计的教学方案要考虑到整个体育教学过程中的所有环节，比如开展教学活动时要使用什么样的教学手段或教学方法，学生的学习活动怎样组织才能更加科学，体育教师自己要做到心里有底，才能更好地开展高校体育教学活动，才能保证教学目标可以顺利完成。

2.教学过程指标分析

教学过程是需要教师和学生作为主体共同参与的，是一种系统运行的过程。体育教学的过程的主要环节包括确定教学目标，激发学生的动机，让学生理解教学内容，并对教学过程进行反馈和调控，评价教学效果等。体育教学的实施阶段在体育教学过程中起着关键性的作用，在体育教学的实施阶段中，教师根据教学大纲、教材内容和学生的学习需求，向学生讲解体育知识和运动技能。学生在教师的讲解和指导下，对体育知识和运动技能有了全面的感知和自身的理解。从表面上看，体育教学实施阶段只是让教师和学生这两大教学主体产生了相互联系，发生了相互作用。从实际作用看，体育教学过程中其他各构成要素都在体育教学实施阶段产生了制约的作用。

3.教学评价指标分析

高等院校的体育教学评价要始终贯穿在体育教学中的各个环节，比如教学目标确定、内容选择、组织实施等环节都要有所涉及。体育教学评价的主要目的就是及时修正体育教师在设定体育教学目标时不明确的部分，发现并解决开展体育教学活动中出现的种种问题，同时解决了高等院校体育教学资源配置不合理、组合不科学的问题，进而让体育教学活动可以达到预定目标和最佳教学效果。

体育教学目标从本质上讲，主要是从体育教学效果和体育教学影响两个方面为出发点，对高校体育教学活动的价值进行评定，并引导高校体育教学活动朝着预定的目标发展。高校体育教学评价必须在一定的客观标准下进行判定，通过收集的各项资料和数据，对高校体育教学活动认真地进行测量，得出一个最具有合理性、科学性的客观结论。通过体育教学的评价，体育教师可以及时发现教学方案中的问题，进而制定出科学的教学方案，修正自己在教学过程中的不恰当行为。

4.教学效果指标分析

高校体育教学效果具体体现在如下方面：一是要满足国家教育方针的要求，使学生掌握相应的体育知识、体育技能；二是通过体育教学使学生在健康水平和情感、态度、自信心等方面有所提高，社会需求和学生个体需求得到满足；三是通过教学培养学生体育锻炼的习惯，使终身体育成为可能。

第四节　高校体育教学资源的开发利用

一、高校体育教师的素质现状及改进建议

（一）高校体育教师素质现状分析

1. 学历偏低

根据有关调查显示，当前我国高校体育教师在学历结构上存在着不合理现象，大部分教师都是本科学历，硕士研究生学历的教师数量极少，拥有博士学历的教师更是凤毛麟角。从职称结构上来说，具有高级职称的体育教师数量并不多，并且集中在某些特定的单位和部门。尽管高校通过多种途径鼓励体育教师在职进修或者再教育，但是和其他学科教师相比，无论是从学历上还是从职称上，体育教师还是处于相对落后状态的。

2. 知识结构不够合理

多数体育教师有着丰富的专业知识，能够在体育课堂上向学生展示规范的技术动作，但是他们的体育理论知识相对薄弱，这是他们的短板，特别是对于诸如教育学、心理学等知识的掌握就更加的贫乏了，对于边缘学科的运用能力亟待加强。为此高校体育教师要不断更新知识结构，极力改善知识结构单一的现象。

3. 教学及科研能力不强

高校的体育课面向的是全校学生，一般设置成公共课。这就让部分体育教师产生了错觉，即自己只是公共课的教学老师，只需要在上课时向学生传授好体育知识就可以了，并不需要像其他专业课教师那样承担学术任务。为此很多教师不愿意接受新的体育知识和教学理论，存在着知识体系陈旧、教学方式落后等问题。他们忽视科研，没有意识到科学研究对于教学质量的提升有着积极的意义，也没有养成科研的习惯与素养，由此导致高质量的科研成果的产出数量是极其稀少的。我国当前对于教师的职称评审是有着科研要求的，部分到了职称评审年限的体育

教师往往会东拼西凑几篇低质量的文章，这种现象在初中级职称评审中尤为明显。高级职称的评审，由于对于科研有了更高的要求，为了达到评审条件，有些体育教师会采取非常规的手段，如买卖文章或者剽窃他人作品等。这种现象必须得到重视，否则长此以往将会玷污本学科的声誉和发展。

（二）高校体育教师需具备的基本素质

1. 文化素质

影响体育教师教学水平和教学质量的因素是多方面的，主要的因素就是体育教师文化素质的高低。目前在高校任职的体育教师大多数毕业于专业体育院校，不仅掌握着丰富的专业知识和专业技能，对于相关学科的知识也有一定的了解。但面对日新月异的新科技，高校体育教师要不断学习新知识，充实、发展自己的能力。此外，面对教学中的新问题、新情况，教师要转变思想，不断开展教学研究，提高自身的文化素养，积极探索新的教学方法，开展个性化教学，提升综合教学能力。

2. 身体素质

身体素质指的是人体在运动过程中所表现出来的速度、力量、耐力、柔韧、平衡等身体基本状态和功能能力。体育是讲究技能的课程，它要求教师在教学中为学生做出良好的示范动作，因为只有教师的示范动作标准且漂亮才能给学生留下深刻的印象，才能让学生领悟运动的魅力，从而获得艺术上的享受。这就意味着高校体育教师必须有着良好的身体素质，能够准确理解动作的概念，掌握动作的要领。身体素质是思想素质和文化素质的物质基础。毛泽东同志曾用唯物主义观点阐明了"体者，载知识之车而寓道德之舍也"。良好的身体素质和健康的体魄便是我们在飞速发展的信息时代占有一席之地的物质保障。

3. 业务素质

教学能力是一个相对复杂的概念，它受知识数量的影响，但是学识的多少与教学能力的强弱之间并不是呈正相关。知识渊博的人并不一定是优秀的教师。捷克教育家夸美纽斯说过："教师的职责是用自己的榜样教育学生。"其他专业课的教师大多是在课堂组织教学，在课外并不会与学生有太多的联系。体育老师则相反，由于大多数的体育课都是在室外开设的，体育教师不仅要讲解动作的要领与做法，还要参与到学生活动中，纠正学生不规范的动作。在与学生接触的过程中，体育教师的品德修养、教学态度、价值观念等都会影响学生，这就要求体育教师具有爱岗敬业的奉献精神，不断地提高自己的职业道德修养。

4.心理素质

体育教师的心理素质对于学生也有着一定程度的影响。拥有健康、坚强心理素质的体育教师教育出的学生在面临困境时也可能拥有百折不挠的勇气。不同于其他专业的教师只需要运用语言就可以将知识传授给学生，绝大多数高校的体育教师一般是在室外场地上运用语言和动作示范两种方式将体育知识传授给学生。伴随着社会的急剧变迁，信息时代对于人才有了更高程度的要求，其中拥有高超的专业知识和良好的心理素质的复合型人才成为人力市场中的宠儿。体育课程教学过程中，教师与学生是面对面直接接触，教师的心理素质通过其神态和动作直观地展现在学生面前，拥有良好心理素质的教师可以对学生产生潜移默化的正面引导作用，有助于培养学生积极乐观的生活态度，反之，如果教师的心理素质较为脆弱，也会间接地影响学生，导致学生在学习中出现畏惧情绪，从而影响教学质量。高校体育教师只有具备良好的心理素质，才能担当起教书育人的重任。

（三）提高高校体育教师素质的几点建议

第一，针对高校体育教师普遍学历偏低的现状，高校要加强体育教师入职后的再教育工作，如鼓励教师在职读研或者网络学习，对于文化程度不高的退役运动员开设针对性的辅导班，加强同其他院校老师间的交流合作。

第二，针对教师知识结构单一的现状，高校要树立终身学习的理念，注重丰富教师的知识和能力结构，引导体育教师主动学习。当前一些高校在体育教育中存在着过度重视专业技术的问题，他们认为体育教师的标准就是能够向学生示范体育动作，体育课堂中不出现安全事故，至于体育教师的理论知识是否扎实，是否掌握了相关教育理论以及是否能够在课堂上恰当地应用理论则被忽视。这种观点是狭隘且片面的，因为理论具有指导实践的作用，所以高校要鼓励体育教师加强专业基础理论和相关教育理论的学习。知识结构的更新是一个长期的自我提高的过程，高校体育教师只有不断地培训、进修，保持良好的学习习惯，坚持把学习当成人生的课题，才能形成合理的知识结构，提高自身的业务素质，从而适应当前社会的发展和高校教育改革。

第三，当前高校大量扩招，相较于激增的学生数量，体育教师的数量增长幅度并不是很大，体育教师的课时工作量出现了持续加大的趋势。特别是为了提升学生的体质，高校开展了丰富多彩的课外体育活动和竞赛活动，使得本就超额工作的体育教师的工作量更是成倍增加，体育教师的身心负荷更大了。良好的身体素质是体育教师圆满完成工作的身体保障。如果教师的身体素质欠佳就无法向学生展示标准优美的动作示范，也就无法完成学校下达的各项任务。过硬的身体素质及旺盛的精力是体育教师能奋斗在教学第一线的基本条件。有关研究表明，学生最喜欢的体育教师要满足如下条件：良好的身体素质、娴熟的专业技能以及一专多能的业务能力。只有具备这些条件的教师才能在教学过程中树立起形象和威信。为此高校体育教师应该加强身体素质，不断延续自己的运动寿命，加强师德师风建设，将强烈的使命感融入教学过程中，不断夯实自己专业基础，开拓视野，培养创新精神，积极探索新的教学方式，树立既教书又育人的思想，尊重学生，平等地对待每一位学生，注意培养学生良好的思想品德，促进学生全面、健康发展。

二、高校体育场馆无形资产的开发与利用

随着市场经济体制的不断深化，教育领域也不可避免地卷入到了市场经济的浪潮中，实施产业化发展成为高校扩大社会影响力的必由之路。高校体育场馆作为高校资产的重要部分，也逐步向产业化方向发展。

有关研究表明，当前我国大部分高校体育场地基本上是不创收的，大部分处于持平状态，甚至还有部分体育场馆出现了亏损状态，只有极少数的体育场馆呈盈利状态，经济效益较好。

调查发现，高校体育场馆具有以下特点：

第一，高校规模与场地数量基本上成正比，也就是说学生数量越多的高校，其所拥有的体育场地（馆）的数量也就越多。

第二，高校体育馆大多是露天场地，因管理不便，多采用无偿使用的方式，对于那些封闭型场地（馆）及其相邻场地，实施的是有偿开放的模式。

第三，体育场馆的开放程度是由其造价决定的，造价较高的综合体育场地（馆）基本不对外开放，只在有正式比赛时临时租用。

由此可见，高校的体育场馆开放利用率低，而且开放形式单一，经营不善的

状况普遍存在。从产权上来看，普通高校的体育场馆大多数为国有、集体性质，在经营性质上为事业型，缺乏个体、外资、合资等产权性质及以营利为目的的商业性。从利用频率上来看，目前普通高校体育场馆面向大众利用率较低，其中使用率最高的为游泳池、羽毛球馆、田径场地和网球场，使用率最低为其他球类馆。

调查还发现，我国普通高等院校对于其体育场馆所拥有的无形资产如品牌的开发、竞赛表演市场的开发等处于空白状态，95%的高校存在着体育场馆开发明显不足的现象。这主要是因为场馆资源不足，高校体育场馆建设的最主要目的是满足全校师生体育教学的需要，对于师生渴望的课外体育活动则无法保证，更无法满足市民的体育锻炼需求。

现阶段的高校体育场馆存在以下几点问题：

第一，资金不足。现阶段高等院校的体育场地建设情况并不理想，体育经费的短缺，使得本应维修的体育设施因没有足够的维修基金而只能继续保留缺损，本应淘汰的器材也因资金的不足而继续使用。在扩招和建设新校区的高校中这种现象更为明显，由于学校经费有限，基础设施的建设已经耗费了高校所有预算，甚至有些高校还出现了负债累累的情况，在体育场馆建设投资上就显得更加捉襟见肘了。

第二，管理薄弱。高校体育场馆在组织管理上还比较薄弱，尚未形成产业化运作的态势。如高校对于如何有偿使用体育场馆的规章制度还不健全，配套设施也不完善，体育院系和其他部门之间的衔接还不到位。

第三，无形资产产业化开发不够。目前来看，虽然大部分高校意识到体育场馆这一无形资产的价值，开启了产业化开发的道路，但是在发展过程中存在着问题和不足。首先，政策还有待完善。我国出台了各种政策法规以保障高校体育事业的发展，对于高校体育场馆的规划与建设也有着明文规定，但是这些规定和政策只是为了保障高校开展体育教学活动时，建设的体育场馆以及配置的体育器材能够满足师生的需求，但却没有明确指出体育场馆内的无形资产是否应该利用，以及如何利用，体育场馆无形资产产业化开发过程中缺乏相应的法律保障。其次，高校开展产业化经营和有偿服务的面不宽，大部分高校的场馆只对校内学生开放，设施和器材也只是在教学和训练时才能让学生使用，基本上不对外开放。

（一）高校体育场馆产业化经营改进方向

1. 对高校体育场馆充分且合理的利用

现行高校体育场馆使用率不高，特别是学生放假期间，大多数高校的体育场馆都处于闲置状态，部分体育场馆的管理人员为谋取私利甚至有时会私自挪用或者变卖场馆的设施，导致高校资产流失，进而使得高校的经济蒙受了巨大的损失。体育场馆实施产业化经营不仅实现了资源的有效利用，还可以扭转了经营困境，促进了体育场馆健康可持续发展。

2. 完善管理结构和手段

目前我国高校的体育场馆产业化的经营管理尚停留在原始阶段，造成这一局面的原因是多方面的，其中经营管理人才的缺乏和管理手段的滞后是限制高校体育场馆产业化发展的最主要因素。让具有先进管理理念的优秀经营管理人才的加入，不仅能够提高体育场馆管理水平，而且可以最大限度地提升体育场馆的经济效益。

3. 高度重视体育场馆的安全

安全问题是体育场馆经营过程中所需要考虑的首要问题。当体育场馆举办大型竞赛活动时，热爱该项运动的群众就会汇集到体育场馆，体育媒体也会根据群众需求大肆宣传竞赛活动，使得体育场馆成为公众瞩目的焦点。而由于体育场馆管理方式不到位而引发的踩踏、流血甚至伤亡事件在新闻报道中可谓屡见不鲜。为了确保体育场馆运营过程中的安全，就必须采取切实有效的管理措施，针对有可能发生的突发事件做好充分的安全应急预案。

4. 以市场为导向，不断适应和满足市场的需求

市场经济条件下，经济效益是第一生产力。高校体育场馆产业化经营要以最大限度地追求经济效益为落脚点，必须以市场为导向，深入研究学生和市民的消费动机和消费心理，准确预测他们的消费行为，明确市场定位，针对市场的需求及时调整经营策略。

5. 突出品牌，兼顾综合经营

良好的品牌形象是企业提升产品竞争力，占据市场份额的重要手段。市场经济浪潮中的高校要想不断提升自身的综合实力，扩大社会知名度，也必须高度重视品牌的塑造工作。对于高等院校体育场馆来说，其开展经营管理的宗旨就是走产业化道路，创建自己的品牌。消费者的体育需求是多种多样的，为此经营者要不断开发新的体育产品服务，同时还应注重综合经营，尽量与其他市场热点产业开展合作，如体育场馆可以和娱乐产业合作，为演唱会提供场所，或者可以与人力资源部门合作，在体育场馆内开设人才招聘会和咨询会等，从而提高体育场馆的使用效率。

6. 经营计划的制订必须以市场调研和预测为前提

体育场馆健康的发展离不开科学的经营计划的指导。经营计划包括两方面，一个是短期目标，一个是长远目标。经营计划的制订必须以市场调研和市场预测为基础，不仅要了解高等院校内部全体师生的体育需求，而且要对外部周边环境进行深入细致地研究，明确周边消费群体的需求及体育消费行为，针对高校拥有的体育资源进行优化整合，认真分析体育场馆无形资产产业化经营的方向，在此基础上制订的场馆经营计划才具有前瞻性和可行性。

7. 坚决树立"效益第一"观念

高校的体育场馆是由国家拨款建设的，很多高校认为体育场馆只要能够让学生学习、锻炼就可以了，不需要创造经济价值，只讲投入、不计产出。在市场经济条件下，这种理念是不适宜的，对于场馆的长远发展也是有着消极影响的。高校体育产业是近年来新兴的产业，有较大的市场和广阔的发展前景，如果能将高校的无形资产纳入产业化的经营轨道中，不仅可以为高校创造可观的经济效益，而且可以为当地的经济的发展和品牌的建设做出不菲的贡献。

（二）影响高校体育场馆产业化经营效益的因素

1. 高校位置与规模对经营产业化经营效益的影响

有关研究表明，高校产业化经营效果与高校的规模及地理位置有着显著的关系。高校的规模越小，地理位置越差，其所取得的经营效益也就越差，相反，如果高校的规模较大，地理位置也比较优越，那么经营效益也就相对较好。这是因为规模大的院校会得到国家更多的财政支持，高校能用于学校体育的财政预算也会越多，其所建设的场馆的规模也会越大，所投入的体育设施和器材也会越健全，为场馆经营创造良好的硬件基础。

2. 经营思想对产业化经营效益的影响

当前我国高校体育场馆在经营管理上存在着亏损严重，体育设施利用率偏低的问题，造成这一局面的因素是多方面的，其中过于单一的行政管理手段是重要因素。为了扭转这种不利局面，提高体育设施的利用率，行政管理手段结合经济手段是最有效的途径。

（1）价格战略制定。目前高校体育场馆开放的价格一般有三种情况：一是不管是校内学生还是校外人士，在使用体育场馆时秉持着一视同仁的态度，采用统一的价格；二是制定校内和校外两种不同的价格方案，相比于校外人士，校内学生的价格更加的优惠；三是制定三种价格方案，划分为校内学生、校外个人以及社会团体三个档次，校内学生享受更优惠的待遇。调查表明，采用第三种价格方案的效益较好。

（2）经营手段运用。任何营销策略的成功都离不开适当宣传方式的支持，体育场馆要想取得好的营销结果势必要选择最合适的宣传方式，从而扩大影响，吸引更多的体育消费者。"市场营销观念的表现，最主要的是以顾客为中心，创造、产出和递送顾客所需要和认为有价值的产品，并且这些产品的条件和价格比竞争对手更具有吸引力"。

根据调查数据显示，营销手段是取得良好经济效益的重要举措，采用营销手段的高校比没有使用营销手段的高校产业化经营效益显著。

三、高校体育经费保障机制的研究

（一）我国高校体育经费保障机制存在的主要问题

（1）财政保障为主，资金缺口较大。当前我国高校体育经费保障机制尚不健全，存在着保障途径过于单一的弊端，国家财政承担了保障经费的主要责任。财政保障作为高校体育经费的来源具有稳定且稳定增长的优点，政府部门大力支持体育事业，每年有计划的统一的为高校提供体育资金，但是财政保障投入资金是有一定计划性的，教育的预算经费也是有限的，资金数目的多少受国家经济发展水平的制约，投入到体育事业当中的资金也是有限制的，各种基础设施建设都需要财政支持，国家不可能将所有的经费都投入到高校体育这一项工作中来。因此，在经费保障途径比较单一的情况下，就造成了资金缺口较大、工作陷入被动的局面。

（2）体育资源经营不善，经费难形成增量。当前国民对体育的需求越发地急切，希望寻求更多的健身场所。受社会经济发展的制约，我国健身场馆的建设还相对滞后，无法满足国民的需求。体育界的专家学者将目标投向了高校，提出了高校体育场馆作为居民健身的补充资源的观点。高校体育部门应该认真考虑利用高校丰富的体育资源筹集资金的可行性。按照公共产品的属性划分，高校体育资源属于准公共产品的范畴，它由国家投资建设，体现了其公益属性，但是高校体育场馆的使用群体只限于本校师生，无法创造更多的经济价值。市场经济条件下，企业化运作成为主流趋势，很多高校认为学校就是教书育人的地方，不应该和经济利益相挂钩，对于本应利用的体育资源也并未过多的重视，体育部门缺乏开展市场性经营的内在冲动，或者觉得这些体育资源即使开发所得到的经济效益也是微薄的，因而陷入消极经营的尴尬境地。当前我国高校体育资源的经营存在着被动现象，体育场馆很多时候处于闲置状态，开放形式较为单一，大多数是免费向校外人士开放，即使有社会单位要借用体育场馆和体育设施也只收取相对低廉的费用。这种被动等待的经营模式并未有效整合体育资源，无法激发起高校附近居民体育锻炼的积极性和主动性，也就不能够提高高校的经济效益，使经费形成增量。

（3）赛事未有效开发，获取经费甚微。体育赛事具有巨大的市场潜力，能够创造出极大的经济效益，这种论点得到了体育界学者的广泛认同。成功举办的体育赛事不仅可以解决赛事筹办过程中所需要的全部费用，而且对于该项目的发展能起到积极的宣传作用，成为以后举办该项目经费的重要来源。企业（含个人）参与市场投资活动的首要目的是获取相应的经济效益，消费者的消费需求是不断变化的，企业参与市场投资的活动也随着市场的变化而随之调整和转移。如果企业进行投资活动却无法获取相应的经济回报，就会极大地损伤企业参与投资的积极性，从而使投资的市场逐步萎缩。企业只有在参与投资活动后能够取得预期中的回报，才会增强对该投资活动的信心，从而加大投资数额，推动该领域的发展。企业进行体育竞赛活动的投资其根本目的也是要获取一定的经济回报，如果企业并未得到期望中的回报，之后再次参与体育竞赛活动的投资的可能性就会很小。市场投资活动的顺利实施离不开良好经营环境的物质支持，为了能够使企业获取到应得的体育竞赛活动的投资利润，管理部门要结合体育竞赛活动的特点，明确体育竞赛市场各方主体的责任，查找不适宜体育投资活动的短板，营造良好的经营环境。高质量的产品是企业赢得市场竞争力的最佳手段，举办高水平的体育赛事，满足体育群体的消费需求也是体育竞赛市场不断发展的最佳路径。现阶段大众对大学生体育竞赛并未投入过多的关注度，造成这种现象的原因是竞赛水平较低，观赏价值不高，导致大众认为花钱去观看大学生体育竞赛是不值得的。同时宣传力度不足也是大学生体育竞赛无法有效开发的重要原因，媒体对于竞赛的报道篇幅有限，大众对于体育竞赛的举办时间、地点以及有哪些运动项目并不了解，也就无法得到观看竞赛的机会，高校也就无法从门票和赞助中获取更多的经费。

（二）建立高校体育经费保障机制

当前我国高校体育事业的发展所需要的经费数量是较大的，单独依靠国家财政保障是无法完全满足体育事业健康发展的需要的，缺口部分需要高校体育部门自己解决。为此高校在完善体育经费财政保障增长机制的同时，还必须努力构建适合高校发展的体育经费自我补给保障机制。自我补给保障机制的构建过程要充分发挥高校的宏观调控政策和市场的基础性配置作用。

高校体育经费自我补给保障机制的建立是一项系统性的工程，它需要政府部门制定科学合理的政策进行规划和引导，需要高校自身建立完善的激励和竞争机制，协调好学校与社会间的关系，兼顾社会效益与经济效益。自我补给保障机制的运作对于高校提出了新的要求。高校要加大财政投入，经费预算要向体育事业倾斜，以财政保障为主带动市场自我补给保障，高校体育部门要积极探索新的自我补给渠道，拓展视野，更新观念，为自我补给活动创造良好的环境和条件，整合现有的资源，动员社会资源投入进来，逐步提高自我补给活动的市场化程度，增强经费的自我补给能力。

（1）充分利用体育资源优势，努力使经费形成增量。伴随着生活资料的日益丰盛，人们的生活质量也在稳步提升，参与型体育消费者群体呈日趋壮大的趋势，单纯依靠国家建设和发展体育事业已经不能满足广大人民群众对体育健身娱乐的需求。高校拥有设施完善的体育场馆，专业化的师资队伍，为此高校体育部门应积极参与到发展群众性体育事业中，充分发掘自身的潜力和优势，以富有内在吸引力的服务产品为市场新卖点，积极兴办各类经营性健身娱乐俱乐部，提高体育资源使用效率，提高体育资源的经营水平，承接企事业单位、社会团体的各种体育竞赛、文艺演出等活动，进而实现盘活存量体育场馆资源，提高经济效益的目的。

（2）科学开发赛事产品，有效获取更多经费。随着产品更新速度的不断提升，越来越多的可替代产品被生产出来。要想始终保持市场优势就必须要提供价值较高且无可替代的产品。高校体育场馆的经营管理也要遵循这样的原则，在满足全校师生体育锻炼需求和提高大学生竞技体育水平的前提下，能够根据市场消费特点，要选择大众接受度高的竞赛项目，积极开发大学生体育竞赛活动的系列产品，根据大众的需求科学合理的组织赛事，加大宣传力度，不断提高赛事的营销规划能力，提升赛事的产品质量，打造独特的体育赛事品牌，强化品牌形象，鼓励企业和个人参与到大学生体育赛事的融投资活动中，逐步拓展市场自我补给的规模。

（3）高校领导者要更新观念。以"健康第一"的思想作为体育教育的指导思想，加大对高校体育事业的支持力度，加大体育经费在学校预算中的比例，不断提升学校的办学能力和竞争能力。

（4）建立健全高校体育经费保障体制，使高校体育经费的保障有法可依。高校体育经费的主要来源是国家的财政投入，为了保障高校体育经费，国家要从宏观的角度制定相应的法律法规确保国家财政对高校教育的投入比例，从源头上保证高校办学经费的充足。从微观层面上来说，教育部门和高校也要高度重视体育事业，建立规范化的制度并严格执行约定的体育工作经费比例，切实保障经费的足额投入。

（5）改革传统的经费预算编制方式，给体育部门以独立的经费支配权。当前我国高校对于体育经费的分配方案存在着一定的弊端，体育部门对于划拨到本部门的经费只有使用权，没有管理权。高校要提高经费的预算等级，在财政预算中对体育经费的预算进行单独列项，根据高校体育战略编制科学合理的经费预算。同时将体育经费的管理权和分配权下放到体育部门，由体育部门针对发展需求对于经费进行合理的分配和管理，同时对经费的使用过程进行有效的监督，实现物尽其用。

（6）完善财政拨款制度。将定员定额核定方法应用到财政拨款中，逐步提高生均教育经费拨款标准，对于学生数量快速增长的高校相应地提高教育经费的拨款标准，实现高校保障生均体育经费的同比例增长。

（7）对高校现有的体育资源进行有效的开发。通过组织体育赛事等途径不断提升高校的体育影响力，结合国民的健身需求制定适宜的体育战略规划，加强同体育投资机构间的联系，不断获取富有创意的收益。

（8）建立激励和监督制度。高校体育教师是体育活动的直接执行者，他们业务能力和教学水平直接影响着学校体育事业的发展前景，也制约着体育经费的分配方向。如果体育教师教学水平有限，那么高校势必要将部分的体育经费投入到教师的培训工作上来。为此高校要改革分配制度，做好教师的福利分配工作，激发教师教学的积极性，引导教师正确处理教学、课外活动、群体训练、竞赛、科研等工作的关系，正确发挥经费的实质作用。

（9）要解决高校体育经费保障不足的问题，需要政府、高校和市场的共同努力。政府部门要建立财政保障持续稳定增长机制，运用宏观调控政策，引导高校体育部门积极开展自我补给活动，鼓励投融资机构参与高校体育事业，营造良好的投资环境，增强社会投资主体的信心。高校体育部门要以更积极的态势，主动加入到市场活动中，加强经费自我补给活动的研究，吸取国内外高校经费自我补给的成功经验，完善现有的经费自我补给渠道，多元化、多渠道、多形式广泛吸纳社会资金。

（三）加大高校体育经费投入

目前我国高校体育经费的来源大致有以下几种途径：一是高校财政拨款，二是与其他单位合作得到经费，三是自筹资金。高校的体育经费的绝大部分是通过国家财政拨款的方式得到的。国家对高校的财政拨款有着固定的比例和数额，国家扶持的重点院校或者是专门的体育院校获得的体育经费较普通高校要更多。高校得到体育经费后一般会用于两方面，一方面是保证正常体育教学和群众体育工作的开展，另一方面是组织开展课余体育训练。调查发现，大部分高校都存在着体育经费紧张的情况，经费保障途径的相对单一是造成这种局面的最主要原因。

1.观念和指导思想

21世纪"素质教育"理念得到了教育界的普遍认同，高校体育管理者也必须转变观念，将"健康第一"的思想作为教育工作的指导思想，以挖掘大学生潜力和全面提高大学生素质为教育工作的出发点。充足的体育经费是保障高校体育教育工作顺利开展的前提和基础。为此高校要提高认识，从投入产出的观点出发，加大体育资金投入，激发办学活力，完善教育功能，从而提高自身办学能力，逐步实现突出特色，打造品牌的办学目标。

2. 法规、制度与管理的保障功能

高校体育事业健康持续的发展需要规范化的制度来指引方向和提供保障。国家高度重视法律法规的限制性作用，制定并颁布实施了一系列高校体育法规和重要文件，明确规定了高校体育的发展方向和教育目标，并且以法律成文的形式界定了体育经费的投入比例，从而切实加强了经费的投入力度，为高校开展体育活动提供必要条件。

3. 财政拨款方式

保障体育经费投入的最有效的方式就是改革高校教育之间的资源分配方式，也就是说要对财政拨款方式进行改革。当前政府部门在实施财政拨款时采取的是单纯投资、不问效率的态度，这种拨款方式缺乏对体育经费投入状况的有效监督，不利于高校体育事业的长远发展。政府部门应引入竞争和激励机制，建立科学的评价体系，加强对体育经费投入状况的监督和评价工作，并将评价结果与高校的资源分配联系起来，使经费投入产出效率高的高校获得更多的教育拨款。

4. 多元化投融资模式

政府部门要承担起财政投融资主体职责，建立财政投入持续稳定增长机制，努力加强体育投资环境建设，建立规范化的投资环境考核评价指标，积极引入投融资专业服务机构，强化投资服务功能，进一步优化投资环境，增强社会投资主体的信心。高校要充分利用自身的优势和已有的资本积累，更新观念，以市场为导向，完善现有融资渠道，探索学生体育赛事营销的科学道路，开辟一种具有高校特色的市场运作模式，实现经费来源的多元化。

5. 激励和监督制度

经费投入情况关系着高校两大利益主体——教师和学生的利益。首先，学生是高校经费的直接监督者，这是因为学生需要向学校缴纳一定量的学费才可以进入学校参加学习，民众对于高校开支透明化的需求越发地迫切，要求学校提供与学生缴纳学费相当的教学服务。学生既然为教育缴纳了费用，理应有权对教育服务的质量进行监督。其次，教师对于经费的使用情况承担着相应的监督责任。高校体育事业发展的主要渠道是政府的财政拨款，教师可以说是财政拨款的受益者，政府向高校提供的体育经费越充足，体育部门就可以采购更加丰富的教学资料，可以为教师提供更加良好的工作环境及更为优越的工资和福利待遇，从而使教师的积极性和工作效率不断提高，可以将更多的时间投入到学术研究中，创造更多的研究成果。教师作为经费投入的间接得益者，自然也担负着体育经费投入是否充足的监督责任。

四、高校体育课程资源的开发与利用

（一）高校体育课程资源状况的调查

对高校的体育课程资源进行仔细的调查分析是有效开发高校体育资源的前提和基础。通过调查，学校领导、体育教师就可以对学校体育课程资源有清楚的认知，了解"我们学校都有哪些体育资源"以及体育资源的利用过程中出现了哪些问题。为了实现课程目标和推动学校体育的建设和发展，"我们还需要开发和利用哪些资源"，从而使高校体育课程资源的开发具有比较明确的方向。

（二）高校体育课程资源状况的分析研究

为了提高体育课程资源的开发利用效益，高校要从多个角度出发对校内外的体育资源进行全方位的研究和评估。常用的角度有：所要开发的体育课程资源是否反映了体育课程的改革目标；所要开发的课程资源是否对于学生的健康持续成长有促进作用；当前学校现有的财力、物力是否支持课程资源的开发力度；体育教师的专业能力和教学水平是否与体育课程资源开发的要求相适应等。根据评估的结果，高校可提出符合学校实际的体育课程资源开发的开发策略，来争取各方面的支持。

（三）高校体育课程资源的管理与规划

高校体育课程资源的开发的终极目的是通过对学校体育资源的优化整合，实现学校体育事业的良性发展。为此学校体育领导者和体育教师要在认真分析体育课程资源的基础上，将目前可以开发利用的体育课程资源纳入到学校体育教学范围内，对体育课程进行系统性的规划和管理。

（1）制度建设。高校要根据自身体育发展规划，对现有的体育课程制度进行梳理，明确体育课程资源的组织结构与职能，明晰体育课程资源管理人员的责任，建立体育课程资源规范化、标准化的管理制度。

（2）校内外体育课程资源的优化与整合。体育课程资源广泛地分布于校内外各处，尽管课程标准对于体育课程资源的概念及分类有了清晰的界定，但是体育资源课程的开发是一项长期的工作，单纯的文件规定并不能使资源的开发与利用落到实处。体育课程资源的管理工作并不是一项孤立的存在，它需要人力、物力、自然、信息等资源的支持。高校对于体育课程资源的规划要秉持着优先原则和适应原则，把能够提升学生素质和推动高校体育教学质量提升的各类资源列入重点开发的范围。人才作为体育课程资源开发中最重要且最具有活力的因素，在人力资源开发中处于首要位置，为此高校要充分发挥体育教师、家长、班主任、学生体育骨干的示范作用。

（3）逐步建立以校为本的体育课程资源开发与利用机制。当前在体育课程资源开发过程中出现了一些错误的观念，部分学校和体育教师对于体育课程资源了解得不够深入，对于当前的体育环境无法很好地理解和把握，过度地承担体育课程资源开发的责任，以为体育课程开发仅仅是体育教师自身的工作内容。实践证明，单一的教师力量是无法完成体育课程资源的开发建设这一庞大而艰巨的任务的。学校只有在深入了解我国当前体育环境的基础上，仔细研究本校体育教育工作的优势和不足，结合学校发展规划，整合校领导、体育教师、家长以及学生等各方面力量，积极引导社区、体育俱乐部等社会团体参与到学校体育事业中，才能使体育课程资源的开发更加有效率。

（四）高校体育课程资源的性质

1. 多样性

多样性指体育课程可以利用与开发的资源是多种多样的。按照地理资源的标准来划分，包括了空气、阳光、水、江、河、海等；按照社会资源的标准来划分，又可分为家庭体育活动、社区体育活动竞赛、体育俱乐部活动等；按照校内外的标准来看，又可分为校内的早操、课间操，校外的体育馆、健身馆等；按照人力标准来划分，可分为教师、学生、家长；按照物力标准来划分，又可分为体育场地、设施设备和器材；按照信息化程度来划分，可分为音像、影视作品等。

2. 具体性

由于体育课程资源在不同的地域，不同的文化，不同的学校中都有着显著的差异，因此体育课程资源又具有具体性的特点。以文化性差异为例，不同的地域，孕育出了不同的生活方式和文化体系，在这种文化体系下的民众的风俗习惯、宗教信仰以及价值观念和其他地区的居民是有着很大差别的，其所具有的体育课程资源也是独特的，具体表现在体育课程资源的构成形式和内容是大相径庭的。学校所属的性质不同，规模不同，地理位置不同所产生的体育课程资源也是不尽相同的，甚至同一区域，同一文化背景下，性质相同，规模相近的学校仅仅因为教师和学生的素质有所差异，其所开发和利用的体育课程资源也是有差别的。

3. 潜在价值性

体育课程资源的开发、利用蕴含着开发与利用这两方面的内容，要想实现对体育课程资源的利用就必须要先对现有的体育课程资源进行相应的整合和利用，可以说开发和利用二者是相辅相成的关系，开发是利用的前提和基础。客观存在的物质都有成为体育课程资源的可能，体育课程资源具有潜在价值性，也许在现阶段存在的某物根本不能被体育课程所利用，甚至都不属于体育课程资源的范畴，但是随着时代的变迁以及体育课程的发展，该资源某方面的优势可能与体育课程资源相切合，因此就有可能进入体育课程资源的范围内，从而被开发和利用。

（五）高校体育课程内容资源开发利用过程中应关注的问题

（1）尊重学生的主体性，面向学生的生活世界。学生是学习的主体，课堂是学生接受知识的主渠道，对于学生来说，课程内容设置得是否合理是影响他们能否发挥主体能动性的重要因素。如果学校开设的课程脱离学生实际，那么就无法激发学生对这门课程的学习兴趣，更不用说在学习的过程中习得该课程的知识与技能，提高他们的身体素质和培养他们的审美情感和社会能力了。相反，如果该门课程的设置符合学生的心理需求，那么他们就会产生强烈的学习内驱力，积极主动地学习该门课程，从而使他们的个性、情感与社会性得到提升和发展。因此在体育课程内容资源的开发过程中必须坚持以学生为本，从学生的视角出发，要具体分析不同地区、不同文化背景下的学生个性特征，充分考虑学生的身心发展特点。学生经验也是非常重要的体育课程内容资源，这是因为学生作为独立的个体有着自己独特的思维方式和生活体验，这些经验都是学生从真实的生活中获得的，有些内容资源甚至可以说是学生集体智慧的象征。因此在体育教学过程中要注重对学生经验这种资源的开发和利用。体育课程内容资源的开发过程是师生协同合作发展的过程，在这一过程中不仅需要教师发挥自己的聪明才智进行创作性的工作，同时也需要学生的积极参与，发挥学生的主体性作用。

（2）以运动技术教学与身体锻炼为载体，切实有效地促进学生身心健康。体育课程的教学目标不仅是向学生传授体育知识及运动技能，更重要的是帮助学生树立体育锻炼的观念，强健学生的体魄，培养学生坚强不屈的精神。同其他专业课程相比，体育课程具有技术性和运动实践性的特点，因此在体育课程内容资源开发的过程中要牢牢把握体育课程的特色。运动技术是体育教学过程中的出发点，是学生进行体育课程学习的根本目标。教师要根据学生的发展需求，设计有一定技术难度的运动技能，只有这样学生才会在学习的过程中感受到运动的乐趣和体育锻炼的魅力，从而获取丰富的情感体验。当前体育课程资源的开发就存在着教学内容过于简单，缺乏技术难度，如部分体育教师认为体育课是学生自由活动的课堂，不需要教授具有技术性的体育动作，学生只要开心、放松就可以了。在体育教学的过程中，有时会出现这样的场景：教师借鉴电影中的情节，启发学生将扫把想象成哈利·波特的魔法扫把，开展追逐比赛。这些观念和教学方式是不符合传统体育课程内容的性质和特点的。体育课程是全体学生必须学习的一门课程，在体育课程内容资源开发和利用的过程中要深入研究体育课程的特性，关注课程内容的技术性，教学过程的运动实践性、健身性。

（3）重视体育课程内容资源教育因素的开发、利用。学校教育的目的是培养德智体美全方位发展的人才，要在教育的过程中最大限度地挖掘学生的潜力，培养学生的社会适应能力，使学生在未来的社会建设中贡献自己的力量。学校体育教育承载着促进学生智力发展、培养审美情趣、丰富体育情感的重任。该功能的发挥需要以体育课程内容资源中所具备的教育因素为依托。体育课程内容资源的教育因素包含着两方面的含义，一方面体现在体育教学内容本身所具有的特点及内涵的价值上，另一方面则体现在该内容在学生体育运动过程中所能发挥的教育功能上。以武术这一体育项目为例，该项目是中国传统文化的象征，蕴含着中华民族丰富而深刻的文化要素，学生在学习武术的过程中，不仅能学习到专业的武术技能，而且了解了中国的传统文化，对于学生民族自尊心和自豪感的培养有着积极的意义。又如足球、篮球等需要团体协作的项目，不仅能够向学生传播体育文化，还有助于培养学生勇于拼搏的精神和团队合作的意识。注重体育课程内容资源中教育因素的开发与利用既是学生成长与发展的需要，又是教育发展的内在要求。

（4）重视隐性体育课程内容资源的开发、利用。体育课程内容包含两层含义，一是显性课程内容，一是隐性课程内容。所谓显性课程内容是指在教学过程中能够被学生感知到的体育知识、体育技术等，而隐性课程内容是指在教学过程中无法被学生直接感知的体育精神、体育情感、学生人格教育等。当前体育教育对于显性体育课程内容投入了更多的精力，侧重于对显性课程内容资源的开发、利用，如将学生是否熟练掌握运动技能作为体育考核的标准。隐性体育课程内容作为课程内容的重要组成部分，其开发、利用的程度直接影响着体育课程内容资源的开发前景。相比显性体育课程内容，隐性体育课程内容具有隐含性、不确定性和极强的教育价值等特点。隐性体育课程内容的实施对于增强学生的心理素质，培养学生的个性品质具有积极的作用。因此体育教师要高度重视对隐性体育课程内容资源的开发、利用，通过多样的教学实践活动，挖掘出隐性体育课程内容资源的价值。

第三章 高校体育教学的理念与思想

本章主要内容为高校体育教学的理念与思想，共分为五节，分别是高校体育教学的理念、高校体育教学理念的创新、高校体育教学思想的演变、现代体育教学思想的发展、高校体育课程思政教学理念。

第一节 高校体育教学的理念

一、"以人为本"教学理念

（一）"以人为本"教学理念概述

1."以人为本"的理论基础

"以人为本"教学理念的提出是在现代人本主义教育思想的基础上发展起来的。人本主义教育思想的产生，源于对现代科学发展中人对科学产品的使用和在智能化时代发展过程中的人的价值的丧失的思考。

教育教学中的"以人为本"教学理念旨在将教学活动参与者从传统教学中的非人性化的状态中解脱出来，恢复人的教学主体地位，强调了"人"的重要性。在教学中，真正关注教师、学生的自我的健康、可持续发展。

"人本主义"理论具有以下几个基本观点：①学习者是学习的主体，应受到尊重。②学习是丰富人性的过程，根本目的是人的"自我实现"。强调教育应促进教学参与者（尤其是学生）人格的完整，促进人的认知与情感的丰富、提高。③人际关系是最有效的学习条件。④"意义学习"是最有效的学习。

2."以人为本"的教学观点

（1）教育的目的是促进师生自我实现。在体育教学中，学生的自我实现是要促进学生的身体、心理、社会性等全方面的自我发展，让每一个学生都能通过体育教学有所进步。体育具有多元教育价值，通过体育教学能促进学生的各种素质的综合发展。在"以人为本"的理论支持下，体育教育强调了在体育教学中不仅要重视健康知识和运动技能的学习，还要通过科学的体育教学环境创设和教学过程安排来促进学生的心理、情感、智慧、社会性发展，使学生情感和智力有机结合。教育学家卡尔·罗杰斯认为，体育教育的一个重要教学任务就是在体育教学中促进学生的认知与情感的共同进步与发展，并通过体育教学，发掘和发挥每一个学生的学习潜能，培养学生在各个方面的创造性，最终所培养出来的学生应具有创新、创造意识与能力，这样的人才才是社会真正所需要的。

（2）课程安排应尊重学生的自由发展。在人本教育理念产生之前，传统的教育侧重社会价值和工具价值，人本的思想和观念使得人们认识到了传统工具化教育是对其本质属性的违背，人是教育的出发点，人本教育将教育的重点落实到人身上，关注人的健康成长，发挥人的价值。

体育教学所面对的教学对象是人，每一个人都与其他人存在个体差异，教育不是为了"批量生产人才"，而是旨在促进每一个人健康全面发展基础上的个性化发展，因此，体育教学应在统一要求的基础上做到因材施教，教师必须要尽可能实现多种多样、侧重点不同的教学课程设计，使每一个学生都能在体育教学中有所进步与成长，通过科学体育教学活动组织与正确的引导来培养个性化的人才。

（二）"以人为本"教学理念的高校体育教学指导

1. 重新定位体育教育价值

传统体育教学在对"育人"的认识上存在不少误区。长期以来，人们总是在理解体育科学化的基础上，采用生物学的观点来对学校体育的价值作出判断，并且过多地关注学校体育"增强体质"的功能。此外，在对体育运动的本质理解上，一些教师存在一定的偏差。以足球运动教学为例，我国体育教材普遍将体育运动确定为"是以脚支配球为主，两个队在同一场地内进行攻守的体育运动项目"。针对此概念，有教师认为，"球"是活动争夺的目标，自然应该处于主体地位，因此也就忽视了"球"要受制于人，"人"才是整个体育活动中的活动主体。

在现代高校体育教学中，"以人为本"教学理念是符合当前时代的发展要求的。当前社会，人的发展在社会的各个领域受到了重视，即使是在智能时代，很多机器生产代替了人工生产，但是发明机器、操控机器的还是人，人在人类社会的发展中是起着关键的作用，任何时候都不能忽视人的作用。

人本主义教学理念与思想指导下的体育教学，就是要求教育者在体育教学活动开展过程中关注作为教学对象的学生这一因素。教师的教学活动开展需要学生的参与、配合，如果没有学生的参与，那么教学活动就没有开展的意义了。

2. 体育教学目标的重构

在我国，传统的学校体育教学目标为增强学生体质、掌握"三基"和发展德育，体育教学过于功利化，过于追求竞技成绩和金牌数量，这些都严重忽视了学生的健康发展，不利于学生的健康可持续发展，也不利于整个教学的可持续发展。

新时期，"以人为本"教育理念在学校不同学科的教学中广泛应用并渗透，也有越来越多的学者认识到传统的体育教育体制不再适合当前的体育教育教学，不能单纯地追求学生的外在技能水平，应该重视学生的全面、健康、可持续发展。新时期的体育教学的重点应转移到"以人为主"上，在体育教学中，教师必须认识到，人是运动的参与者，应是运动的主体，体育运动的教学和训练也必须以促进人的全面发展为根本目标。

3. 体育课程内容的优选

传统体育教学对学生的全面健康发展关注不够，体育教学课程内容主要是竞技体育运动技能，体育教学课通常被体能训练课、技能训练课代替。新时期的"以人为本"教学理念重视学生的全面、健康、个性化发展，在体育教学内容的选择上，也更加科学。

在"以人为本"教学理念指导下，我国的体育教学有了很大的进步与发展，为了进一步促进我国体育教学的改革，教育部门先后修订各级学校体育教学大纲，强调在体育教学中要不断丰富体育教学内容，通过多样化教学内容促进学生的身心健康与全面发展。在高校体育教学中，教学活动开展也建立在落实"健康第一"的教学理念的基础上，通过丰富的体育教学内容来吸引学生参与体育锻炼，通过体育教学促进学生身心健康发展，而非传统体育教学中只关注竞技能力提高。在传统体育教学中，有时为了达到这"竞技力提高的目的"甚至安排一些不合理教学内容，超负荷的揠苗助长可能对学生身心健康造成损害，这种行为是"健康第一"教学理念坚决禁止的。

二、"健康第一"教学理念

（一）"健康第一"教学理念概述

1. "健康第一"的理论依据

（1）世界范围内对人类健康发展的重视。随着世界范围内大众关于健康交流的问题日益增多，各国和地区都非常重视本国和地区的大众健康发展，整个社会已对体育的功能、价值等方面形成了全新的认识。在教育领域，重视学生的健康发展，已成为各个国家和地区重视本国体育事业和教育事业发展的一个重中之重，体育健康教育对增强青少年体质健康水平、实现青少年进入社会成为社会体育人口和间接增进社会大众健康具有重要且深远的影响。

（2）社会发展对人才健康发展的客观要求。在当前和未来社会的发展过程中，健康问题始终是影响个人和社会发展的一个首要问题，社会的快速发展与激烈竞争要求现代人才不仅要有正确的政治思想，具备扎实的科学知识和能力，还必须具备强健的体魄，"身体健康是其他一切健康的基础""身体是革命的本钱"，身体健康是个体生活、学习、工作的基础，如果没有一个健康的身体，则很难在社会竞争中占据优势，拥有一个健康的体魄是非常重要的。

教育的最终目的是促进个人的健康发展、培养符合社会发展的合格人才。对学生群体的身体健康教育更是体育健康教育的重中之重。

2. "健康第一"的教育特点

（1）强调身体健康是健康的基础。"健康第一"中所提到的"健康"是全面的健康，是包括身体健康、心理健康、社会健康、生殖健康等在内的多维健康，健康的基础是身体健康。健康的体魄是人类发展的基本标志。教育应首先关注健康教育。

（2）强调多元健康发展的素质教育。"健康第一"作为现阶段的一个重要的先进教育理念，强调体育教育应重视学生的健康发展，指出学校教育教学的首要目标是促进学生的健康成长，学生的身心健康比"卷面分数"更为重要。

（3）强调健康教育的全面性。第一，学生身体健康教育。在"健康第一"教学思想的指导下，高校体育教学应时刻关注学生的各个方面健康的综合发展，通过体育教学，关注和促进学生的身体健康发展，也促进学生的心理性发展和社会性的发展，为学生奠定良好的身体基础、心理基础，并能在走出校园走进社会之后有良好的身心健康状态和水平应对生活、工作、再教育中的各种挑战。

第二，学生心理健康教育。现代社会竞争日益加剧，各种社会竞争要求社会生活中的每一个成员都应具备良好的心理素质，如此才能正确地看待生活中的各种问题。高校体育教育应关注大学生的心理健康发展，并通过体育教学活动开展，促进大学生心理健康发展。

第三，学生社会性发展教育。体育是一种独特的教育形式，学校体育教育可促进学生的社会性良好发展，应该在教学中有意识地培养学生的人际关系建立、竞争与合作能力。

（二）"健康第一"教学理念的高校体育教学指导

1. 树立体育教育新观念

"健康第一"教学理念对我国体育教育的最重要的影响就是教育重点和方向的转变。新时期，要想贯彻"健康第一"的教学理念，就必须转变体育教育观念，改变竞技化体育教育、关注学生身心健康发展。应该把教育的重心从单纯追求学生的外在技能水平向追求学生的全面协调发展转移。

2. 明确体育健康教学目标

在当前的体育教育教学实践中，"育人"是学校体育教学工作中最根本的目标，技术教育和体制教育并不能完全作为学校体育实践的重心，"健康第一"的教育理念为促进我国高校体育目标多样性、多层次的建构提出了新的要求。具体如下：

第一，高校体育教育应重视加强学生的体育文化知识教育，提高学生的体育文化素养。

第二，高校体育教育应充分融合健康、卫生、保健、美育等多种教育内容，通过内容全面的体育教育来培养学生健康的体育意识、健康的娱乐休闲习惯，远离可能影响个人身体健康的一切不良因素和事件。

第三，高校的体育教育工作的开展应紧密结合学生生长发育与生活实际，开展健康教育，使学生学会自我保护，预防疾病发生。

第四，高校体育教育应重视大学生青春期教育和心理健康教育，将其作为健康教育的重要内容来抓，为学生在特殊时期的健康成长提供科学指导。

3. 完善体育教学课程体系

在"健康第一"教育理念影响下，我国的高校体育教学课程现状发生了很大的改变。如体育课程内容的增加、教学方法的不断丰富、学校体育课内与课外活动的有机结合，体育选修课越来越考虑大学生的学习爱好与需要，体育课程与内容设置针对不同专业学生凸显出了专业特点等。

现阶段，要继续贯穿"健康第一"教学理念，建设更加完善的体育教学课程体系，应持续做好以下工作：

第一，在高校体育教学中，应始终坚持以学生为主体。将学生的身心健康发展放在首位，所有教学活动的开展都应围绕促进学生的健康发展服务。

第二，调整体育教学内容。充分了解学生的特点和需求，对体育教学大纲所规定的教学内容进行科学选择，对与本校实际教学情况不符和不适合本校学生的教学内容进行调整，使体育教学内容能更好地从理论落实到教学活动实践中。

第三，重视高校大学生课内体育教育与课外体育活动的有机结合。加强体育课对学生的教育意义，提高学生对体育课的兴趣，并使学生养成科学合理的作息习惯、健身习惯，在课余时间也能科学健身，保持健康的生活方式。

4. 重视体育教学方法优化

教学目标是否能实现，教学的效果是否良好很大程度上取决于教学方法的选择是否正确。教学方法是多种多样的，且各有特色，即使是同一种教学内容，体育教师也可通过多种教学方法来展现给学生。为了最大限度地提高教学质量，体育教师应该判断出哪一种教学方法是最合适的，这样可以促进教学方法应用的最优化，进而促进体育教学效果的最优化。重视体育教学方法优化，要求体育教师具有良好的体育教学能力，具备能科学选择合适教学方法、有效应用各种教学方法的能力。

三、"终身体育"教学理念

（一）"终身体育"教学理念概述

1. "终身体育"的基本内涵

我们可以从以下几方面来理解终身体育：①时间方面，贯穿于人的一生。②内容方面，项目丰富多样，选择性强。③人员方面，面向社会全体公民。④教育方面，旨在提高全民体质健康水平。

学校"终身体育"教学思想的树立和形成能有效促进我国体育教学的发展，是所有运动项目的体育教学都应该树立的一个正确观念。

要切实推动"终身体育"教育理念在高校的贯彻落实，教师在推动"终身体育"教育思想的落实方面具有非常重要的责任与作用。经过调查发现，在学生对于体育运动的参与方面，有很多学生受到教师的影响，特别是受到教师业务水平的影响，教师应提倡学生在教学中和课堂外都积极参与体育锻炼。

在体育课堂教学中，教师应关注学生终身体育意识和能力培养，不能只关注和过于重视技术、技能教学。

在体育课堂外，教师也可以组织学生开展各种体育活动、体育游戏。对高校大学生体育俱乐部活动的开展，教师应鼓励并给出指导性意见和建议。

2."终身体育"的思想特征

（1）体育锻炼时间的终身性。"终身体育"是一种先进的教育理念，其最为重要的一点就是它可以令个体一生受益。它强调体育教学应符合学生生长发育、心理健康发育的客观规律，注重培养学生对体育的爱好、兴趣，养成锻炼的习惯和能力，强调体育参与的终身参与、终身受益。

（2）体育锻炼群体的全民性。"终身体育"的体育对象指接受终身体育的所有人，每一个社会成员都应该积极参与，"终身体育"是面向全体社会成员的，从学生在学校体育教学中逐渐培养起体育锻炼意识到走出校门走进社会之后能持续参与体育锻炼，为以后的整个人生参与体育锻炼奠定良好的基础。从一种体育发展理念演变为一种体育教育理念，"终身体育"教育理念的教育对象是面向整个人类社会成员的，"终身体育"教育不仅仅局限于学生，也包括社会大众。

体育教育是一个需要长期坚持的系统工程，生存、健康是社会和时代发展的主流，健康是人们生存生活的重要基础，体育健身与生活是密不可分的。因此，无论个体的年龄、社会身份发生怎样的变化，都应该成为"终身体育"的教育对象。

（3）体育锻炼目的的实效性。"终身体育"是以适应个人发展和社会发展为根本着眼点的。因此，终身体育参与必须做到因地制宜，因人而异，不同的人应结合自己的实际情况去选择具体锻炼内容、方式、方法等。同时，应融入日常的生活、学习、工作中。在现代社会生活中，人们要根据自身的条件和兴趣爱好，选择合适的体育锻炼方式。

3. "终身体育"与学校体育教育

（1）"终身体育"与学校体育教育的相同点

第一，共同的体育目标——育人。体育具有多元教育价值，无论是终身体育参与还是体育教育的体育活动参与，其最终目标都是为了实现体育运动者的体育、智育、德育、美育等多元教育价值，更好地促进运动参与者的健康全面发展。

健康的身体是其他健康的前提条件。学校体育教学就是要培养学生的终身体育意识与能力，为其健康的一生更好地实现个人价值和社会价值奠定健康基础。

第二，共同的体育手段——健身。终身体育活动参与和体育教育都是通过体育运动健身参与来实现体育的教育价值的，最终的个体行为也都落实在体育健身活动上面，终身体育强调个体应养成终身参与体育锻炼的习惯，在人生的每一个阶段都积极参与体育健身锻炼。体育教育则以学生的身体练习为主要教学手段，通过身体活动促进身心、社会性全面发展。

第三，共同的体育任务——掌握体育知识，提高运动能力。个体的终身体育健康参与，离不开科学体育知识做指导，离不开体育健身锻炼实践活动参与。而同时，体育知识与体育技能的掌握，也是高校体育教学的重要任务，只有掌握这两方面的内容，才能更加科学地去从事体育健身实践活动，才能通过身体力行的体育活动参与实现运动者的身心健康全面发展。

（2）终身体育与学校体育有如下几点的区别：

第一，体育参与时限不同。终身体育贯穿人的一生，学校体育只负责学生在校期间的体育教育。

第二，体育教育对象不同。终身体育以全社会所有成员为教育对象，学校体育则以在校学生为教育对象。

（二）"终身体育"教学理念的高校体育教学指导

1. 转变传统体育教学思想

"终身体育"思想指导下的高校体育教学，应该在体育教学内容、体育教学方法、体育教学评价等各个方面都要做到以培养和提高学生的体育终身意识和能力为标准，通过与学生日常生活、学习、工作关系更密切、关联程度更大的体育项目教学，来培养学生的运动习惯，而不是仅仅关注学生的运动技能掌握情况。

在高校体育教育教学过程中，教师应将体育教学达标标准的制订从单纯和过度关注技能指标的思想观念中解放出来，关注学生的体育价值观、体育态度、体育意识、体育行为习惯。如此才能真正有针对性地开展体育教学、才能真正实现终身体育教育。

2. 重视学生终身体育意识的培养

终身体育活动参与对于个人的社会性发展具有重要的促进作用。大学生坚持体育健身锻炼，能有效增强身心适应能力，可以在毕业步入社会后更好地适应社会，提高自己抗击压力的能力。

在现代高校体育教学实践中，要培养学生的终身体育意识，要求教师应做好以下教育引导工作：

第一，引导学生树立正确的体育价值观。

第二，端正体育学习态度。

第三，将素质、技能、知识、能力等教育内容渗透到终身体育教育中。

第四，通过体育教学丰富学生的体育知识、体育技能，提高终身体育参与能力，为终身体育锻炼奠定基础。

3. 丰富终身体育教学内容的设置

"终身体育"教学理念指导下的体育教学内容丰富化教学工作要求如下：

第一，延伸与拓展学校体育课堂教育，使学校体育向终身体育延伸。

第二，不同教学内容的课程目标设置应在充分了解与分析学生现状的基础上进行，以体育课程终身体育教学目标为导向组织体育教学。

第三，选用体育课程内容时，应重视对休闲体育项目、时尚体育项目的引进，开展能够激发学生体育兴趣和潜能的体育活动。

第二节　高校体育教学理念的创新

一、高校体育教育理念改革发展的突破点

（一）结合体育教育理念的特点、规律和趋势来推动其改革与发展

随着我国高校体育教育改革的日益深入，越来越多的人逐渐认识到不能再单

纯地将教育结果、知识传授看作教育的一切，而开始将关注焦点转移到"人"身上。我们要提倡一种能够服务于人的全面发展的有价值的教育理念，而且该思想还应该关注社会上每个个体的发展。

"人本"教育理念不会将人分成不同的等级，不会歧视任何一个人，它对每个人都是尊重的，强调人的全面发展和自我实现。学生进行体育锻炼的目的不仅仅是提升个人的身体素质，它还包括磨炼自身意志，培养适应社会生活的能力。在体育教育的过程中要高度重视学生的自我体验，将提升学生能力作为教育的出发点和落脚点。人是社会性的动物，如果在教育过程中忽视人的社会属性，一味以传授知识为重点，那么教育也就失去了其价值和本质特征。

（二）根据体育教育理念的发展影响因素来促进其改革与发展

体育的发展受到各方面因素的影响，在体育文化现象发展基础之上的体育理念也受到这些因素的影响。首先，体育受政治因素的影响，在一定时期，由于政治的需要，政治制约着体育的发展。以竞技体育运动的发展为例，其作为塑造和再现民族形象的重要手段，能在很大程度上体现一个民族的威望，乃至一个国家的国际地位。其次，体育文化与社会经济的发展也具有密切的关系，并受社会经济发展的影响。在现代，经济比较落后的国家的运动员只能在简陋的条件下进行训练，其训练效果与经济发达国家的运动员相比有一定差距。最后，科学技术的发展也对体育的发展产生了极为重要的影响。从某种意义上说，现代体育尤其是竞技体育运动的发展，已经逐渐演变成为一场"科技战争"。体育运动发展过程中的每一次记录的产生，都包含诸多的科技要素。

在政治、经济、科技对体育产生重要影响的大背景下，必须要及时防止体育教育理念受到上述这些因素的不良影响，同时将这些影响因素中的有利因素充分利用起来，使其推动体育教育理念的发展。体育教育理念的发展会受到社会因素的影响，所以我们要不断对新的社会需求进行探索与分析，并据此来加强对教学思想的改善，同时进一步引导社会的健康发展。例如，颁布一些有意义的体育教学法规，科学贯彻落实体育教育理念。

二、高校体育教育理念改革发展的方向

（一）层次性和延续性方向发展

新时期，教育领域的专家学者对于教育的发展方向提出了各自的见解，这些教育理念和教学思想都对体育教学的发展起到了积极的推动作用，使得体育教学改革的目标更加明确，体育教学改革的步伐也在稳步提升，促进了体育教学质量的提高。

新的教育观点和新的教育方法的不断涌现为各种体育教学思想的出现提供了丰富的理论基础，学校体育教学也在不断探索着改革方向，改革的步伐也在不断地加快，体育教学质量也在不断提升。体育教学面对的是全校学生，他们的教育背景、认知结构、运动技能等方面都存在着差异，如果教学指导思想缺乏系统性和连贯性，教师在教学实践过程中就无法很好地把握教学目标，无法正确理解教材中的教学重点，对于教学方法的选择也会无所适从，在组织教学的过程中无法根据学生的具体特性开展针对性的教学，可能会出现混乱局面，对于学校体育教学改革造成极大的阻碍。因此体育教学指导思想的选择要从学生的实际出发，根据学生的生理、心理发展的特征选择指导思想，从而有助于控制和优化教学改革的进程，提高教学改革的质量。

（二）人文教育和科学发展观方向发展

我国的体育教学思想并不是一成不变的，它是随着社会的需求而不断发展的，最初单一的"生物体育观"在体育教学中处于主导地位，现阶段则是"三维体育观"成为主流，"三维体育观"包括生物、心理、社会这三个要素，充分发挥了体育在健身、娱乐、社会等方面的功能，具有增强学生体质，培养学生社会适应能力等重要意义。随着我国与世界间的联系越来越紧密，国外的体育思想也受到了欢迎，如休闲体育、快乐体育等，这促使我国体育教育理念得到了进一步发展。此外，在2008年北京奥运会成功举办后，人文奥运理念已深入人心，在一定程度上，奥林匹克运动也对我国学校体育的发展产生了重大的影响。未来学校体育会向着以人为本的方向迈进和发展，会更加重视学生的需要和全面发展，以"人文体育观"为核心的教学思想将会在体育教学中发挥更大的价值。

现代体育教育教学的发展离不开对人的关注，其重要的一点在于关注人的全面、可持续发展。

新时期的高校体育教育理念应将重点放在"重视学生综合素质教育"和"培养优质人才和促进人才的科学发展"两个方面。一方面，在现代学校体育教学改革发展形势下，体育教育只有改变以往的"知识型"人才的培养，转而走向"创造型"人才的培养的道路，树立全面育人的教育观念和意识，着重培养和提高学生的综合素质和能力，才能够最终实现素质教育的目标。另一方面，应不断强调教育的育人作用，通过体育教育促进现代人才的培养与科学可持续发展。使学生在校期间能接受正确的体育观念的教育，得到锻炼身体能力的培养，使他们对体育运动，对人体短期、长期的各种影响有一个深刻的认识，在观念上让学生把参与体育作为一种自觉的行为，作为成为现代社会人才的一种基本素质进行培养与提高。

（三）教育理念的综合化方向发展

随着素质教育的不断推进，迫切需要从其他相关理论中对"合理内核"加以汲取和吸收，以不断丰富和完善素质教育理论体系。体育是教育的重要组成部分，其服务于人的全面教育，所以在学校体育教学中，要顺应素质教育的潮流，确立"健康第一""终身体育"与"素质教育"相结合的体育教育理念，将其指导地位放在首位，这几个教育理念的作用和价值是不可轻易动摇的。只有充分认识到这一点，才能进一步深化素质教育改革。

素质教育是一个蕴含丰富内涵的词汇，它并不是一个固定的概念，伴随着社会经济的发展，素质教育的内涵和外延也在不断变化着。在经济全球化的背景下，素质教育需要不断吸取其他理论中的优秀成果，以丰盈"合理内核"。在体育教学过程中，人们不断尝试新方法、新理念，使素质教育取得了丰硕的成果。尽管所有理念都具备"合理内核"，但"健康第一"和"终身体育"在体育教学中的地位是不可动摇的。学校教育的目的是培养全面发展的人才，体育教育也要服从人的全面教育服务宗旨，确立"健康第一""终身体育"与"素质教育"相结合的体育教学思想。

总体来讲，素质教育离不开"健康第一""终身体育"，前者是后者的发展基础，后者是前者的发展要求。

三、高校体育教育理念的科学创新策略

（一）更新传统体育教育理念

近代以来，在我国的复杂社会背景下，我国的教育领域与政治意识形态之间有着较为亲密的关系。伴随着社会经济商业化进程的不断深入，实用主义成为当时社会的主流思潮，高校教育中也掀起了人文教育与科学教育的论战，科学主义占据了主导地位，高校体育教育坚持科学至上的理念，出现了体育教育政治化和意识形态化的特点，在教学过程中出现了人文性缺失的现象。

改革开放的落实使得我国进入到社会经济转型时期，素质教育被提上日程，体育教育教学迎来了新的发展机遇，人文精神开始兴起。在管理方面，高校也开始更关注学生自身的成长，人文关怀的思想蔓延到各个角落。传统的课程教学流程是教师先做动作示范，然后学生根据教师教授的动作要点来练习，为了能够熟练掌握动作，学生要不断地重复练习。枯燥的练习很容易让学生对学习失去兴趣。人本主义理念下的体育课程摆脱了这种刻板僵化的教学模式，将教学目标贯穿到游戏、比赛等活动中，营造出轻松愉悦的课堂氛围，使教学环境更加的生动，学生的体育学习和参与的积极性不断提高。

21世纪对于高校教育提出了更高的要求，体育教育理念也应随着社会的发展而不断调整。体育教育的目的不应局限在简单的体育动作的传授上，而应该引导学生树立终身体育的理念，要以更开放、更包容的心态来对待体育教育。在创新教育理念的指导下，应充分强调教育理念的时代性，要将创造性思维应用到体育教育中，深刻认识体育教育的本质特征，正确把握体育教育的规律，对体育教育的发展进行理性的思考，使体育教育理念与思想更具系统性、指导性、时代性和创新性。

（二）融合多元体育教育理念

在体育教育的发展过程中，诸多体育教育理念被先后提出，这些体育教育理念并非都是先进的教育理念，有些教育理念只在特定的历史时期对体育教育起到重要的推动作用。在经济全球化的时代，来自不同地区的思想文化不停地碰撞、交流、融合，教育领域中的思想观念也出现了融合、发展的趋势，特别是改革开

放的日益深化，体育教学思想的多元化发展趋势越发的明显。

从国外教育理念的发展来看，各种教育理念呈现出了融合的趋势。以科学主义教育思想与人本主义教育思想发展为例，随着教育理念的不断深入，人们越发意识到科学主义教育思想的价值，特别是在推动社会经济发展中发挥了重要作用。人本主义思想关注学生的健康全面发展，值得在新时期的高校体育教育改革与发展过程中进行思考与科学教育实践指导。伴随着教育价值多元性特征的日益显现，人本主义思想逐渐呈现出与科学主义教育思想相融合的趋势，这两种教育理念的融合正好反映了社会发展的主流思潮。

由于国内外教育理念在文化传统、教育背景等方面的不同，我国的体育教学思想与国外的体育教育思想间的差异是巨大的。正确的区别中外体育教学思想上的差异是实现两种教学思想融合的前提和基础。对于国外体育教育思想，要采取辩证的态度，吸收其中优秀的部分，摒弃不适合我国的；对于中国体育教学思想也要采取扬弃的态度，对于传统体育教学思想中优秀的思想进行总结并且发扬光大，对于不符合时代的思想内容则要放弃。中国文化背景和国外的文化背景有着很大的差异，在这种差异中产生的体育教学思想也是各有特色的，但是中外体育教学思想中还有共性存在，中外体育教学思想的整合就是求同存异的过程，就是在共性中寻找结合点，从差异性中寻觅不同的功能，从而促进我国高校体育教学的不断发展。

第三节　高校体育教学思想的演变

一、中华人民共和国成立初期的体育教学思想

中华人民共和国成立初期，多数教育单位体育教育的基本目标在于为社会主义事业的建设培养身体素质优秀的人才。这个时期的体育教育会进行军事理念和军事技能的教授，因此教学内容也更加充实、丰富、多样化。此外，与军事能力相关的体育教育内容能够在很大程度上改善教学环境的不足。总而言之，在中华人民共和国的成立初期，学校体育教育的重点主要集中在军事教育上。这一阶段的体育教育无论在教育观念还是教学内容的安排上都具有十分突出的时代特征，是在特定的社会发展条件以及教育领域状况下产生的结果。

二、竞技体育思想的形成

一直以来，不同层次和类别的教育单位总会将体育教学的重点集中在竞技体育内容上，这一点也体现在高校体育教学中，高校体育教学继承着中学体育的教学内容和教学理念，仍然可以体现出竞技体育的各种特征。在现实生活中，人们在听到"体育"这个词时，往往会即刻产生与竞技体育相关的联想，竞技体育在体育领域的重要地位由此可以得见。它全面深刻的影响也渗透到我国的普遍体育教育之中，并促进我国体育事业的国际影响力的提升，推动我国一步步在体育事业上发展前行，最终成为真正的体育大国，并继续为实现体育强国的伟大理想而不断奋斗。

三、改革开放初期体质健康思想的确立

我国各类公共事业在改革开放后迎来了多方面的革新和发展，这也体现在高等教育领域，教育界既获得了全新的发展机遇，也面临着诸多挑战。体育课程在学校教育整体格局中的定位及意义是由 1979 年颁布的《学校体育工作暂行规定》确立的，该规定明确了体育教育应作为学校教育之中必要的教学内容。

1983 年，"全国学校体育卫生工作"会议在西安召开，明确指出学校体育教学的指导思想要将提升学生的身体素质作为主要目标。1985 年，《中共中央关于教育体制改革的决定》下发，明确提出并要求全国教育系统对我国的现行教育体制展开全方位改革，以提升全民族身体素质、为社会主义建设培养全面型人才为目标导向，为我国作为社会主义国家的体育建设提供有力的政策保障。

体育教育相关文件和措施的出台是对我国体育教学内容和目标的极大拓展，我国的体育教学目标体系逐渐开始包含并重视推动身心健康、提高心理素质等内容，体现了体育教育的大幅度进步，也是对改革开放初期我国高等教育的变革与发展新要求的调整和适应。

四、深化改革阶段素质教育指导思想的形成

20 世纪 90 年代是我国社会各方面高速发展的时期，这一时期，社会中各领域的快速发展都离不开相关改革政策与发展政策的有力推动，同样地，改革的推

进也催生了学校体育教学的变革。从 20 世纪 90 年代的时代特点和教育环境可以看出，当时学校体育教学的改革处在一个不断深入的过程中，体育教学、课外体育活动、体育比赛多个领域都迎来了不同形式的模式改革，十分有力地推动了我国体育教学的发展前进。我国的高校体育教学在经过改革开放后多年持续的革新和发展努力之后，整体上确立了以素质教育为关键的重要目标，建立了涉及范围更加广泛的体育教学体系。

我国现阶段的体育教学理念和措施主要是实行素质教育，这是为了承接和发扬"德、智、体、美全面发展"的全新教育方针，素质教育理念在我国体育教育的理论和实践层面的改革与发展上都产生了深刻的影响。

21 世纪以来，根据社会学家和医学家的调查研究以及日常生活中的普遍观察，现代人得出结论：我国大学生的身体素质、健康状况令人担忧，并且还呈现出逐年变差的趋势，这种现象是对我国的高等学校体育教学提出了新的挑战：呼吁顺应当下环境和需求的改革以解决学生身体素质下降的问题。当下，被体育领域的学者和教师普遍认可和鼓励的教育指导观念是"健康第一"。教育部也为准确检验和判定学生身体素质及健康水平制定了《学生体质健康标准》，十分显著地促进了学生体质水平的改善和提升，同时也促进并推广了素质教育的实施。目前为止，现代体育教学指导思想已经囊括"终身体育""健康第一"的理念，并将其设置在高校体育教学工作纲领的核心地位上。

第四节　现代体育教学思想的发展

一、体育教学思想的整合与引领

外国先进教育思想在我国体育教学观念、内容和方式的形成与发展过程中具有十分深远的影响，如法国思想家卢梭的"自然教育"理论、捷克理论家夸美纽斯的"大教学论"理论、苏联教育理论家和实践家苏霍姆林斯基的"和谐全面发展"理论、英国社会学家斯宾塞的"科学教育"理论、美国教育家杜威的"儿童中心思想"和加德纳的"多元智力"理论等。此外，我国本土的教育思想也在我国的体育教学发展中发挥着举足轻重的作用，如康有为、梁启超、严复、蔡元培、蔡锷、陶行知、张伯苓等著名学者的思想。这一时期，我国的体育教学思想呈现出"百花齐放，百家争鸣"的局面，但如果对这些多样的理念观点的具体内涵进行深入分析，就会发现其中的很多思想并没有在整体上达成实际的统一，这也决定了我国体育教学思想的发展变化应当解决的关键任务是：整合和探讨不同的教育思想并使其融合和保持统一。

（一）整合中国教育思想对中国体育教学的影响

近代以来，中国诞生了许多教育思想家，他们提出了一系列深刻影响和改变我国学校体育教学方式和内容的观念，而这些思想家都在一定程度上接受过外国教育，从而提出了各种有机结合中外文化思想的学术理论。我国曾有过许多针对这些教育家体育教学思想的学术研究，但这些研究大都较为零散，缺乏将研究内容整合归纳的系统性，没有形成一套完整的中国式的体育教育思想体系，因此也就难以在我国的体育教育改革和教学实践中显现出应有的指导意义。如此一来，对这些学者的教育思想学说的结合研究、比较分析和整理归纳就成为当今体育教育进行深化改革的关键任务。

（二）整合国外体育教学思想对中国体育教学的影响

在探讨外来教育思想对中国体育学科建设的影响及作用时，我们可以发现，中国的体育教学领域对许多国外教育理论进行了吸纳和移植，实现了理论的本土化。因此，我们有必要对近代以来的国外先进教育思想进行归纳与反思，了解其影响和渗入中国体育教学理念的方式、传播路径、内在机制、涉及的范围与程度、具体传播和改变的内容，以及这些思想的实际贡献和时代局限，这类研究可以帮助当代人更加全面深刻地了解近百年来中国体育教学的现代化发展进程，并从中获得当代体育教学的改革和发展的理论基础、历史借鉴。

应当注意的是，国外教育理论在起到积极启发作用的同时也存在其自身的局限性，其中积极作用主要体现在先进理论对促进我国体育教育理论和实践的长足发展上，而局限性是不适合我国国情的需要。

综上所述，我国教育学者在探究体育教学理念发展历程的学术研究过程中，既不能完全抵制国外教育理论，也不可全盘照搬，要秉持"扬弃"原则，有选择性地采纳和利用外来体育教学观念，做到取其精华，去其糟粕。"精华"即科学有效的理论部分，"糟粕"即与我国的教育实情不相符的理论部分，这样才能让多种不同的教育思想在我国的体育教育发展过程和理论体系中充分发挥出其应有的积极作用。

（三）整合中外体育教学思想，构建我国体育教学指导思想

中外文化从背景到内涵都存在许多差异，中外的教育思想（包括体育教学思想）必定也有很多差异以及矛盾之处，因此，要对二者进行准确公正的对比评判乃至加以融合、选取并采用其中具有借鉴价值的部分并不容易。在进行"扬弃"的过程中，应当辨别和挑选出国外体育教学思想中合理的部分，对其中不符合我国实际的部分加以甄别和舍弃，整理、归纳并总结我国的优秀体育教学思想，分析比较中外体育教学思想的共通点和区别点，并借助两者的共性对不同的教育思想进行结合，具体分析差异的关键和各自在教育体系中的作用，对双方的体育教育观点进行有机整合，从而促进我国体育教学的改革事业、进一步发展体育教育和体育行业。

（四）"掌握知识与技能""发展身体与心理"之间的关系

在实际的体育教学过程中，教师所传授的技术知识和学生实际掌握的并不是一致的，二者之间会存在一定的矛盾。虽然一个人运动技能的形成是有其内在的特定规律，但体育教育中要求教师在理论层面传授的内容（如运动技巧等）仍然占有相当大的比例。所以教学实践中会自然而然地存在许多低水平的重复，甚至学生无法完全掌握教学内容的情况，这些问题的源头是由于教师在进行体育教学设计时对运动技能内在形成规律认知的缺乏，导致教学安排不符合学生实际能力的情况。针对不同年龄段学生的教材安排，具体教学过程中课时长短的分配，学习内容的难易程度，学习成果的考核标准等问题都没有得到细致的思量和准确的安排，这种情况可能会导致学生在十余年的体育学习过后并未实际掌握实用的运动技能。那些真正掌握了多方位体育运动技能的学生并非仅仅借助体育课上的学习来实现运动能力的提升，而是以自身对体育自发性的兴趣作为引导，对于运动技巧不断进行独立的探索研究、坚持日常身体锻炼，最终达到提升效果。在体育教学中，要使学生实实在在地掌握体育知识、把握其与运动技能之间的联系，不

仅要在教学实践上下功夫，还要深入准确地把握教学思想和教学理念。

另外，体育教学的过程中也涉及个人身心发展的矛盾。一直以来，哲学领域内部就身心发展观进行着一元论和二元论的争执，这个问题关乎个人的价值观、世界观。在体育教学的理论研究和课堂实践中，我们通常都会有一定的方向倾斜，比如，体质论学派就将体育教学过程中的重点放在持续定量的学生体质培养上，将身体发展论放在重要位置。到本书撰写为止，仍有相当一部分学者极度推崇体育教学的功效中的学生心理发展，过分强调体育教学对学生的心理成长和社会适应能力培养的具体效果，但这些观点与体育发展自然规律的理性要求并不符合。在普遍的体育教学中，身心发展是一个一元化的整体，在这一过程中师生的身心素质都需要获得全面长足的发展，而这一目标的实现需要借助运动技能的有效传授，这一点是教学实践中校方及每一位体育教师都有必要加以重视和坚持的理念，也是保持体育教学理论和相关实践研究科学性的需要。

二、现代体育教学思想的发展对策

（一）立足本国现实，积极吸收国外先进教育思想的理论、经验

从近代到当代，我国学校体育思想的发展历程和研究经验已经证实，要想实现学校体育观念的长足进步发展，必须充分借鉴外来的先进教育思想、学说和观念，这几个方面之间的联系是内在而深入的。从对现阶段学校体育特征的研究得知，体育教学已经不再是单单隶属于指定地区或国家的封闭式学校教育，而是一种国际化的教育行为。此外，当前全球范围内的国际化教育教学正在逐渐成为常例，这一进程伴随着各个国家民族性的日益凸显强化。愈发多样化、高频化的国际交往在根本上是各国教育中渗透的民族特色的交流，是各国实现民族性的途径之一。

综上所述，要发展学校体育教学的各个方面，应当从本国教育环境的实际情况出发，再自发学习他国教育事业的先进理论经验，面向世界、开拓自我，同时要坚守本土的优秀观念和传统。任何时候，学校体育思想要取得进步，都不可脱离我国教育发展的实际情况，要在重视和发掘本土优秀体育资源、维护民族和乡土体育内容的基础上，大胆借鉴外来的先进教育观念、理论、经验等，并在教学中合理引入不同的新兴体育项目，以充实学校体育教学的内容。

（二）进一步注重学校体育、社会体育、家庭体育的融合

21世纪，教育远远不再限定于学校的范围，它已经成为一项由学校、家庭、社会等多方合作来达成和促进的事业，在学生离开校园、步入社会之后，教育也没有结束。体育教育在体育逐渐生活化、大众化、终身化、社会化的背景下，正一步步地向家庭与社会等领域拓展，要使青少年真正培养出有规律的科学体育习惯和积极良好的体育运动态度，就必须借助家庭、学校和社会三方面的共同引导。我们认为，在学生的体育教育方面，家庭与社会都应当重视和承担相应的责任，构建以学校体育教学为主、家庭和社会教育为辅的体育教育体系。我国预计将在未来的体育教育中有机结合学校体育、家庭体育和社会体育三个体育教育方面，达成体育资源的多方共享，实现最为完美的体育教育效果，在学校体育、家庭体育和社会体育之间实现密不可分的联系，体现"终身体育"的理念。

（三）进一步加强基础理论研究，注重理论与实践的结合

从我国学校体育思想的发展进程中暴露的各种问题表明，我国在这一领域的基本理论水平相对薄弱，还需要进一步补充和完善学校体育思想的功效认识、目标确定等方面的知识，并进一步提升在理论探讨和实际操作两方面的学习、继承与创新能力，将这两者进行有机的结合。所以，深入研究学校体育的功效、目的等基础性理论会在未来成为我国学校体育理念的发展重点，以理论研究的成果对学校的体育教学实践进行指导也是其中的一个重点发展方面。

第五节　高校体育课程思政教学理念

在传统的体育教学模式中，人们往往只注重教学内容本身，而忽略了体育课程中囊括的思政知识。事实上，如果在体育教学中不重视与思想政治理论结合的现实意义，课程研究就会失去其本身的内涵。各种理论和实践证明，体育课程的思想政治知识越充足，在相关课程理论教学中优势便越明显，这一点尤其需要各教育单位的体育教师展开深入探讨和挖掘。体育教师如果在教学中能够准确地应用思想政治理论传递的方法，就能够以潜移默化的教学方式来提高学生的思想政治觉悟，并在日常课堂上使学生逐渐提升自身的爱国情怀、人文精神等思想品德

素质。将体育教学和思政理论教学进行有机结合是新课改背景下教育工作者的一大任务，这不仅是促进学生全方位发展的举措，更是体育教育和思政教育顺应新时代社会前进方向的需要。

一、在高校体育教学中引入思想政治教育的意义

（一）满足素质教育要求

素质教育在我国多年以来的教育模式，也是教育改革中一个始终为人们所关注和实践的理论方向。改革开放以来，全国各种形式和级别的教育机构都曾尝试过通过课程改革来实践素质教育理念，这其中一个重要的方面就是将教学中的基本课程内容同思想政治理论教学内容相融合，从而实现学生整体素质的提升。现阶段我国各大高校都制定了相关的素质教育规划，其中最突出的表现是将思想政治理论教育融合进各专业基础课程中，而这种基本的尝试也在实践中取得了一定的成效。但是，要想进一步实现素质教育的推广和深入，就应当在高校的教育工作中持续展开新教育方式的拓展，将思想政治理论教学的范畴持续扩大。由此，思想政治理论教育便逐渐成为了深入革新高校体育教学的新发展方向。

一般来说，体育课程教学的过程更加看重实践，相对忽视理论方面的教学内容。同时，理论教学本身的内容也大多是诸如运动技巧的操作性知识，缺乏教学情感的投入，这在一定程度上会使学生感到乏味枯燥。将理论教学与思想政治内容进行结合之后，不仅可以顺应我国的素质教育课程设置需要，还可以起到充实高校体育教学内容的作用，从而加深学生对体育运动的热爱，这一举措也提升了学生的团结协作精神和能力、加深了爱国主义情怀。举例说明，当学生了解并掌握民族传统体育项目的技巧时，可以更加深入地了解民族文化、提高自身人文情怀和素养，对本民族文化和传统的认知更上一个台阶。在现实生活中熟悉更多的民族习俗，会让我们对不同的民风民俗更加尊重，更好地达到民族团结的效果。总之，体育教育与思想政治教育的有机融合不仅是推动二者共同进步的需要，还是实现素质教育深入推进的教育需求。

（二）满足社会发展需求

在重视精神文明建设、构建文明社会的当下，高校学生的思想政治教育工作

是一项倾注心血的工程，这是为学生在校园时代能否树立科学的社会主义核心价值观打下基础。要想实现将思想政治理论深入学生的思想本质，使其成为学生的内在思想品质，就要在体育课程教学中结合不同类型的课程内容。其中最为关键的就是与思想政治理论的有机结合，它可以提高乃至升华学生作为未来社会主义建设者的核心素养。体育课程是高校课程当中实践性最强的一类，它能在实践层面上将思想政治理论恰到好处地融入实际生活中的学习和工作实践中，从而对学生的内在思想产生潜移默化的影响，改变学生的思维方式，调节学生的行为。"少年强则国强，少年进步则国进步"，在新时代背景下，青年是推动时代发展的主力军，青年学生的综合素质和核心素养关系着社会未来的前进方向和进步程度。在这一过程当中，体育教学和思政教学的有机结合发挥着重要的作用，它是现实层面行之有效的教育对策。

二、在高校体育教学中思想政治教育存在的问题

（一）教育先进性不足

新时代的新式教育理念促进着学校教育教学目标的变革，这对教师的教学思维和学生的思想情感都提出了不同的要求，我们要转变原有的教学思维。但是，这一点并未在我国当下的各个高校体育课程安排之中得到普遍实现，还有一部分高校教师的授课理念并未随着时代的发展而进步，仍然停留在较为保守封闭的阶段，仍将体育教学的目标局限于体育运动技巧的传递和学生身体体能的提升锻炼上。但是，参考当下社会的实际情况，我们能清楚地意识到人们对体育教育的要求随着生活水平的提高和思想观念的革新不断变化和提升，体育运动的目的已经不局限于单纯的保持身体健康的需要，而是更加倾向于缓解现代社会生活下的身心压力、改善心理状况、调节出更加理想的生活习惯与状态。不过，目前为止，还有一部分高校体育教师并未全面认识体育的深层次意义，因此这些教师就很难真正地在体育教学实践中发挥体育的先进性作用，从而使教学课程的广度和深度不足，不符合新时代要求。

（二）教学内容新颖性不足

我国以往体育教学的传统教学模式和内容都将教学实践放在最重要的位置，

而在思想政治教学上基本采用单一的理论层面的教学方式，在教学模式上体育教学的实践性和思政教学的理论性正好可以构成一种互补模式。如果能够有效地将两种课程模式进行有机结合，就可以在高校体育课程教学中加入理论知识作为补充，在灵活生动的教学实践基础上使课堂的整体氛围变得更加活跃，从而达到有效提升学生体育学习效率的效果。在当下，部分体育教师未能给予体育课程中的思政理论要素足够的重视和应用，并且采用刻板划一的教学方式，这就不利于在体育与思政理论有机结合的实践中体现出教育的新意。另外，还有部分教师没有充分掌握在体育教学中有效结合思想政治理论教学的方式，令体育教学实践失去趣味性和生动性。

三、在高校体育教学中引入思想政治教育的措施

（一）引入先进教育思想

要真正实现体育课程教学和思想政治理论课程教学的完全契合，教育者必须掌握充足且紧随时代的教育理念，从而充分结合这两方面教学内容的技巧，并且充分理解和运用的先进的教育理念。一方面在于体育教师自身的优秀完整人格素养、对于思政理论及其具体意义的合理充分认知、在教学实践当中的首当其冲的表率作用。另一方面在于体育教师在专业素养上的水平。教师在教职生涯中需要持续接纳和消化各种新颖和先进的教学理论成果，并将其注入教学实践当中，做到理论与实践相长，这也是人文精神在体育课堂教学中的体现形式，充实了体育教学的灵魂部分。体育教学过程当中的理论性内容是思想政治理论与课程原本内容有机融合的优势条件，可以使不同课程内容的结合显得更加自然顺畅，并在体育课堂上给予学生潜移默化性质的人文精神教育。此外，教师还应该在先进教学理论的指导下革新现有的教学手段，在教学当中体现个性化原则，对每一个学生的体能状况、心理健康都予以恰当的关注，尽可能用体育常识协助学生解决现实中的困难。举例说明：假如某学生正面对考试的压力，教师可以建议学生不用将全部精力集中在单调的复习上，要借助定时定量的体育锻炼（如跑步）来调节心情，缓解心理压力，改善精神状态，从而达到提升学习效率的效果。教师不仅要引导学生养成有规律的学习习惯，还要使学生理解体育锻炼在日常生活中的意义，

要培养学生坚持不懈、拼搏进取的精神，让学生学会如何理智、冷静地面对学习工作中遇到的挑战和挫折。比如，有些学生怕水，在练习水上活动时有畏难和恐惧心理，但是，游泳是十分基础的运动技能之一，也是一种很重要的自救能力，所以大学生掌握一定的游泳技巧是十分必要的。要解决类似问题，教师可以由浅入深、循序渐进地引导学生，先鼓励学生在浅水区进行较为简单的下水尝试，逐渐掌握最基本的技巧。在学生对泳池环境有一定的了解和熟悉之后，就有可能在一定程度上克服原先对于水环境的恐惧。这一过程可以说是学生在教师引导下挑战并解决困难的过程，培养了学生面对困难的勇气，能够激发其对于生活中的困境的积极挑战态度。总而言之，先进的教育思想和个性化理念指导下的教学形式是引导学生感受体育运动固有魅力和挑战精神的关键，能够在学生的学习生活中创造更多有价值的启示。

（二）充实教育内容

目前的体育课程已经具备了一定数目的思想政治理论教学素材，但这并不意味着全体体育教师都可以合理并熟练地对其进行运用。要改变这一现状，体育教师应当对现有的体育教育素材加深发掘力度，使教学过程和内容更加充实，在体育教学中注入充沛的生命力。举例说明：在讲解抛绣球这一传统体育项目时，教师若想令课堂吸引力更强，就可以在讲解时加入抛绣球在我国的起源等相关信息，展示其具体历史意义和演变经过，使学生通过课堂学习传统文化，充分熟悉运动项目的方方面面。在课堂上科普一些常识性的理论知识有助于学生更全面地了解所进行的运动，教师可以将与运动项目有关的实际故事作为引入点，一点点展开思想政治理论的传输，在教学中培养学生积极健康的学习和生活心态，提升学生的人格修养、道德品质。将相关的实例和故事作为对固有课堂内容的补充，不仅丰富了体育教学的内涵，还创造了思政理论教学的平台，在提高体育教学效率的同时做到体育教学和思政理论教学的有机结合。

（三）采取科学的教学方法

体育课程因为其具体内容和项目种类的复杂性，所以在实际教学中囊括了多种多样的教学形式。我们在尝试多样化教学方式的同时也不能失去体育教学固有的核心内涵。在这一点上，多样化教学原则就成了教师进行教学实践的理论基础，想要做到形式的多元化与流程的整齐性的统一，教师就要对体育项目的本质、理论和要领有深入的认知和准确全面的了解，并在教学中加入思想政治建设内容。在课堂上，教师应向学生传授基本的科学运动技巧，使学生能够掌握合理的运动方法，之后在能力巩固阶段突出并强化针对学生的评估、引导及练习。以排球教学为例，教师在课堂实践中首先要为学生讲解基本的规则和要领，并让学生熟悉现阶段排球的发展情况、发展历程与现状。将国家排球队的榜样作用在学生心中树立起来，用女排精神激励学生，从而培养学生的爱国主义精神和拼搏进取意识。之后，教师可以指导学生进行具体的运动实践教学，如发球、传球、接球等基本运动技能，组织学生通过配合来完成一次完整的排球比赛。赛后，教师要及时对学生的赛场表现进行点评和指导，指出学生的失误和不足，引导学生养成合理的运动习惯，在学生中间树立团结协作的理念。这样的教学方法兼具多样性、创新性和综合性，这不仅有助于学生在短时间内对课堂教授的系统性运动技巧进行掌握，还可以在体育课堂上充分感受体育运动所蕴含的爱国主义、集体主义、顽强不屈、积极进取等精神内涵。

综上所述，在高校的体育教育课程中结合一定的思想政治理论内容是一项很有意义的教育革新举措，是全面提升学生群体的人文素养、培养为未来的社会主义建设贡献力量的、拥有足够的社会主义核心价值观素养的新时代青年人才的需要。新时代的社会背景下，对高校所培养的人才的需求并不局限于单纯的技能型人才，而是具有全方位素质的全面型人才，高校体育课程与思想政治理论的结合在教学过程中的应用显得尤为重要，它能够协助高校教师达成素质教育的教学目标。体育教师应当充分发掘和利用体育运动中固有的人文精神元素，将其展示在课堂教学当中，达到在体育教学中提升学生人文素养的效果。

第四章　高校体育教学的模式与方法

本章主要介绍了高校体育教学的模式与方法，共分为四节，分别是高校体育教学的模式、高校体育教学的方法、高校体育课程思政育人模式、高校体育课程思政实施路径。

第一节　高校体育教学的模式

一、高校体育教学模式的概念

高校体育教学的理想模式是让师生同时在高校体育教学的过程当中营造和体会自然的教学气氛、良好的教学环境，双方之间进行顺畅平和的沟通。要营造这种理想的教学环境，就必须构建和推广合理的多样化的高校体育教学模式。在为进行高校体育教学活动搭建稳固的教学框架的同时，通过对教学内容和教学方式有序地规划安排来有效地传达不同的体育教学要素，并实现多样的教学课程目标，对高校体育教学的模式进行革新是新时期体育教学的一大需求。

当下的学术界对高校体育教学模式尚无统一的具体概念，我国学者在这一问题上的研究涉及多个不同角度，具体认知和理论根据学者个人理念的不同而存在差异，描述方式、侧重点都有所不同。用简单的语言概括，高校体育教学模式以特定的体育教学思想为指导，是一种稳定的教学程序，其目的是完成体育教学目标。①

---

① 刘清黎. 学校体育学 [M]. 北京：人民教育出版社，2007.

二、高校体育教学模式的分类

新课标对教学目标的描述由以前强调的"增强体质、掌握三基、思想品德教育"转变成了"运动参与、身体健康、运动技能、心理健康、社会适应能力的发展"五个方面，在叙述上有了较大的改变。因此，当下的高校体育教育工作重心应从具体的教学目标出发，采用适合学生发展的新颖体育教学模式。

三、高校体育教学模式的系统构成

高校体育教学模式在体育教学的完整系统中也属于一个极其重要的环节。在完整的教学系统中，体育教学模式可以被视作完善且相对独立的教学系统，但其仍与高校体育教学系统的整体以及另外的系统和系统环节保持着紧密的联系，如图 4-1 所示。

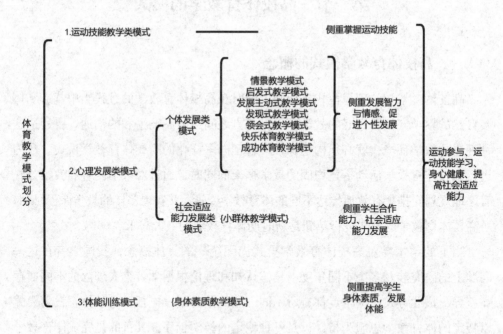

图 4-1　教学模式的分类及与其他系统的关系

可以看出，高校体育教学模式内部系统的关键在于组成其本身的各种要素的有机融合，这是高校体育教学模式在时代要求下的高校体育教学现状、高校体育教师的具体教学目标和学生的体育发展需要相适应的必要元素，是协助高校体育教学取得理想效果并确保其发挥全部效用的基础条件。对高校体育教学模式中的不同要素进行优化性质的组合是教学模式中必要的程序和规律。想要实现高校体育教学模式功能的充分发挥以及教学实践效果的提升，应当合理地安排高校体育教学模式中的不同要素，科学地设置其顺序、前提、结果等不同方面。

（一）高校体育教学思想

体育教学思想能够有效地指导体育教学模式的选择及应用，针对体育教学思想的不同需求，高校体育教学过程也呈现出不同的模式设计，这也体现出体育教学思想在体育教学模式的相关实际操作中的作用，如图 4-2 所示。

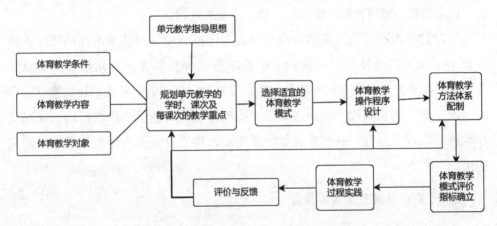

图 4-2 体育教学思想对体育教学模式的指导

高校体育教学指导思想在某种程度上可被认为是高校体育教学活动的核心，在高校体育教学活动之中贯彻始终，并为体育教学模式的安排提供重要的参考作用。此外，高校体育教学指导思想也在现代体育教学模式之中作为一种独特成分发挥着无可取代的作用，教育工作者往往借助其指导思想来规划高校体育教学模式。

体育教学模式在不同的时代呈现出对应的时代特点，从中也可以看出体育教学思想在塑造体育教学模式过程中的重要作用。高校体育教学思想在高校体育教学活动发展的各个时期都发挥着显著的指导作用。

（二）高校体育教学目标

体育教学模式是建立在清晰的教学目标上的，其选择和应用的目的都在于为与其对应的高校体育教学目标起到指导作用。

合理且完整的体育教学模式是高校体育教学实践中必不可少的一环，对科学高效的教学实践发挥着重要的参考作用。要树立完善的体育教学模式，就必须明确体育教学的目标，用体育教学目标的引导作用来指挥体育教学模式构建的骨架、内容、顺序、核心、体系构成等流程。

（三）高校体育教学程序

操作程序的主要意义在于体育教学的具体环节或步骤。在体育教学模式当中，这一概念的核心是体育教学模式内的要素活动的进行程序。

体育教学程序的设置在体育教学模式实际操作中发挥着关键性的作用，体育教学实践中的具体教学安排和实际教学方式种类多样，多元化特征十分显著。这就要求教师在设置高校体育教学过程之前对体育教学模式结构的特点进行深入地全面了解和掌握，从而达到妥善安排高校体育教学程序的目的，并充实和改进体育教学过程。高校体育教学程序的改良能有效促进体育教学模式的完整化。

（四）高校体育教学实现条件

物质基础对于高校体育教学模式的开展起到基本的支持作用，其作为一个基础性环节，必备性的教学条件的短缺会制约乃至停滞教学模式的开展。

（五）高校体育教学效果评价

教学模式的实际效果需要在实践当中进行评价，并在事后进行总结归纳，为接下来的体育教学模式规划和补充提供参考。我们可以认为，高校体育教学效果的评估过程便是对体育教学模式在实际的教学中发挥的作用的质量鉴定。应该强调，教学效果的评估是一个对所有教学活动都必不可少的总结提炼环节。

信息的收集与反馈是体育教学模式评估的重要措施，而体育教学模式的顺利开展与否，又关系着具体的体育教学效果，由此可见体育教学效果信息反馈在体育教学模式开展当中的重要作用，需要强调的是，通常情况下的体育教学效果反馈过程包含正负两种模式。顾名思义，正反馈是教学模式所得到的正面结果及反馈，传达和归纳的信息主要协助优化现有体育教学模式，起着提升教学质量的作用。反之，负反馈在于总结体育教学模式的失败和教训，促使体育教师发现、反思和改进自己教学过程中的缺陷和问题，在吸取教训的前提下对教学模式进行改良（或换用其他更加合适的体育教学模式）。此外，体育教学反馈信息收集的即时性，信息自身的全面性、真实性和客观性也需要得到保证。

四、高校体育教学模式的特点

（一）整体性

高校体育教学模式的整体性具体表现为以下几个方面：

（1）高校体育教学模式被视为一个完整的系统，具体包含教学理念、教学目标、实施程序、达成条件、教学评价五个方面，五个方面结合成为一个完整的教学体系。

（2）高校体育教学模式在体育教学实践的实施中产生的影响是一种整体效应，并不是教学模式系统所包含的某种指定的系统构成发挥的作用，高校体育教学模式的具体类型和实际作用因各种要素的结构和组织方式的不同而有所区别。

（3）高校教学模式的主要作用是达成体育教学要求的完整教学任务，但它并不能指向性地解决教学过程中的所有具体细节问题。要顺利开展高校体育教学活动，仍然要以宏观角度来决定高校体育教学的模式，从整体的角度来处理教学过程中的实际问题，切忌纠结于教学过程中的微观问题而采用不恰当的教学模式。

（二）简明性

高校体育教学模式是高校体育教学在开展中的大致框架，其有助于高校体育教学整体设计的有序安排。简单概括高校体育教学模式的这一作用，就是将其视为一种简易教学结构理论模型，在理论层面上对各种原本无序复杂的教学经验进行简单明了的系统性、理论性概括，起到简单易懂的教学模型的作用，并指导高校体育教学的纲领。

（三）稳定性

高校体育教学模式简洁明了地总结概括了高校体育教学的实践过程，这一点以及教学过程描述的固有要求是决定和维护高校体育教学模式稳定性的关键。

高校体育教学模式构建之后就应当维持一个相对稳定的构架，它对于许多高校体育教学思想、教学内容和教学对象的教育过程都适用，并且在不同的教学实践程序、教学目标的要求上都有所区别，因此对高校体育教学实践的适应性很强，可根据实际的教学情况来针对不同的体育教学问题提出解决方案。高校体育教学模式自产生到现如今的演变，已经发展出了若干经典体育教学模式，许多实用性的教学模式时至今日仍然得到广泛的应用，并且表现出在未来的相当一段时间内持续沿用的态势，这种情况就是高校体育教学模式稳定性的具体表现。

（四）针对性

高校体育教学模式在具体的选择和参考上体现出鲜明的针对性，在实际教学中，高校体育教学模式切不可随意决定，必须结合实际情况，通过科学的指导思想，选择有把握达成教学目标、符合教学对象的体育教学模式。

（1）高校体育教学模式因教学目标的不同而不同。如提升学生的自觉学习能力、开发学生的主动探索思维，应采用以探究方式为主的教学模式。

（2）高校体育教学模式因教学对象的不同而不同。如在教授运动基础较差或理解力不足的学生时，可以采用更为生动具体的情境教学模式，让学生在故事场景中进行体育教学活动。又比如在教授较为低龄和处在学习初级阶段的学生时，可采用快乐体育的教学模式，使讲解更加浅显易懂并富有趣味性。

（五）开放性

高校体育教学模式的开放性主要体现以下三个方面：

（1）高校体育教学模式有较为固定的结构，但其内部的系统要素是灵活多变的，具体的教学方法会根据不同的教学需要而在高校体育教学模式实际操作的过程中改变、丰富和拓展。

（2）高校体育教学模式的基本程序是固定且不能调整的，但是各类高校体育教学活动所用时间、具体活动的占比可以根据实际情况进行调整，包括扩展、融合和简略。

（3）高校体育教学的具体需求会根据实际情况而进行一定程度的调整，这也是高校体育教学模式开放性的体现，高校体育教学模式虽然不能改变本质属性，但可以通过宏观或微观的调整来更好地顺应体育教学的实际情况。

（六）操作性

所有高校体育教学模式都应具有能够应用于高校体育教学实践的操作性，不可仅停留在理论阶段。体育教师在高校体育教学模式的实际操作中可以理清具体教学内容的先后，为高校体育教学模式的开展塑造基本的教学环境，提供硬性条件，以保障高校体育教学模式的操作性。

五、高校体育教学模式的选用依据

（一）根据教学思想选用教学模式

体育教学思想能够有效地指导高校体育教学模式，包括合理选择和顺利应用，它是高校体育教学模式方向选择的关键。具体的体育教学思想如素质教育思想，这项观念是最早提出并应用于新时期高校体育教学的观念之一，为高校体育教学进行改革和进一步发展指明了新的方向，开拓了新的思路。提升体育素质是现代体育素质教育的基本目标，旨在维护学生健康的身心状态和促进学生的全面发展。另一项重要的体育教育思想是终身体育思想，这是一项从国外引入的观念，在我国正逐渐获得越来越高的重视，这一思想地位的不断上升意味着我国逐渐将教育重点转向受教育群体的身体素质和终身健康。

（二）根据教学目标选用教学模式

教学目标极大程度地影响着教学模式的选择和实施，所有的教学模式都应基于相应的教学目标来抉择。

在新课改的要求下，"增强体质、掌握三基、思想品德教育"的传统体育教学目标得到了补充和完善，革新后的教学目标拓展为"运动参与、身体健康、运动技能、心理健康、社会适应能力的发展"，因此，高校体育教学模式在具体实行中也应当以引导学生这几个方面的发展为目标和要领。

（三）根据教学内容选用教学模式

高校体育教学模式的采用和确立还要参考高校体育教学的具体内容，根据教学内容的不同采取不同的教学展示方式和学生的学习模式，教学内容的区别也能促生学生不同的学习素质，所以，教学模式的采用也应当具有一定的针对性，以期达到更好的教学效果。

教材内容性质的区分和全面分析是教师合理选择教学模式的重要依据。具体事例如下：

"多吃少餐"型教材及"一次吃饱"型教材属于概括性较强的精制教学型教材，主要协助学生培养体育意识、掌握运动技能。所对应的教学模式也要将学生的技能习得放在重要位置，并在教学过程中开展足够的探索，可采用程序教学模式、案例教学模式及领会式教学模式作为基本教学模式。

"少吃多餐"型教材及"一次品尝"型教材属于较为持久舒缓的介绍教学型教材，主要教学目的在于为学生树立体育意识、保持学生的良好身心状态。对应的教学模式应当以学生的情感体验为核心，如快乐体育模式、成功体育模式等。

（四）根据教学方法选用教学模式

在决定和构建高校体育教学模式时，设计者应当以科学的体育教学思想为指导，全面深入地分析体育教学模式所包含的不同要素，并仔细安排高校体育教学的程序，对课程教学单元以及具体内容进行细化，体育教学方法根据高校体育教学模式的不同而变化，随着教学模式而改变。

合理的高校体育教学方法的决定和实操是教学实践中发挥高校体育教学模式最优功效的关键。此外，高校体育教学方法的实际选用还要建立在同其他教学模式要素协调关系的基础上。体育教师要在合理安排体育课的教学步骤和课程内容的前提下，按照既定的教学内容采用符合教学实际的体育教学方法，用科学的手段处理体育教学方法，理清其与教学模式中的其他各项要素的关系。

（五）根据学生特点选用教学模式

学生作为高校体育教学的主体，其实际情况和身体素质应当成为高校体育教学模式选择的主要依据，这样才能使教学工作顺利开展。举例说明，在教学过程中，低年级学生往往体现出较为活跃的状态和较为广泛的兴趣，心理状态有更多感性的成分，因此适合这些学生的教学模式包括快乐体育模式、情境教学模式、成功体育模式；高年级阶段的学生知识和体能积累更加充足，体育思维更发达，启发式、发现式、运动技能类的教学模式对这类学生能起到更好的效果。总而言之，体育教学模式的选择要以学生的实际情况为依据，这样才能做到科学安排，使教学模式发挥作用。

（六）根据教师实际选用教学模式

高校体育教师的教育经验、课堂指导、管理水平与教学风格根据个人履历的不同而有所区别，同时高校体育教学模式的选择也会受到这些因素的影响。高校体育教师在实际采用体育教学模式时也应当考虑到自身的教学目标和教学水平，教学模式必须适合教师发挥个人风格和能力，这样才能真正体现它的作用。这就要求高校体育教师通过日常实践总结经验、提升技巧，才能在实际教学中做到有的放矢，提升教学效果。

（七）根据教学条件选用教学模式

高校体育教学条件（如器材、场地等硬件设施和多媒体工具等软件设施）是体育教学模式的支撑要素，如果短缺会阻碍高校体育教学模式的正常开展。不同的教学模式对教学条件也提出了不同的要求，教师应在多样化的现代设备中，根据实际的高校体育教学内容、目标等进行科学选择。

第二节　高校体育教学的方法

高校体育教学活动的开展对高校体育教学方法设计和教师的经验智慧提出了更高的要求，教师要设计和使用科学的教学方法，达到更优质的教学内容展现效果，从而培养和提高学生的学习积极性，促进高校体育教学效果的优化。高校体育教学方法随着现代体育教学的演变而拓展出了新的形式内容，并且已经投入了高校体育教学实践之中，也起到可观的高校体育教学效果。

一、高校体育教学方法的概念

（1）高校体育教学方法是体育教学系统中不可缺少的环节。

（2）高校体育教学方法和体育教学系统中的其他因素存在紧密联系，它为高校体育教学的目标和任务服务，并受到体育教学内容的制约。

（3）高校体育教学方法要促成师生的有效互动，实现"教"与"学"的一致。

（4）高校体育教学方法应当有科学的教学理论作为指导。

（5）高校体育学科教学方法较其他学科更加注重教学中的动作要素。

在我国相关研究中，普遍认为高校体育教学方法是以达成高校体育教学目的为宗旨应用的方式、手段、措施、途径等。

二、高校体育教学方法的分类

高校体育教学方法可以根据高校体育活动中的关系和主体，从"教"和"学"两个角度划分教法和学练法。

（一）教法

教师在高校体育教学过程中采用的教学方法，也可和教师的授课方法等同。

1.知识技能教法

（1）基本知识教法。基本知识即与体育运动基本理论相关的知识，基本知识教法所传授的就是这些理论知识，主要涉及的方面是基础学练内容相关的理论教学。

通常情况下，体育基础知识属于抽象知识，比直观具体的体育运动技术更难展示，要掌握这些理论对学生而言较为具有考验性。因此体育教师应在教学过程中全面熟悉学生的身体素质、理论基础、思维方式等能力，采用合适的、可操作性强的教学方法，并将体育实践和理论进行有机结合。

（2）运动技能教法。顾名思义，即为学生展示技术动作要领的教法，以促进学生准确快速理解运动技能的概念和要领，亦是学生掌握和提升运动技能的基础。这一方面的教学方法要考虑到运动技能的规律与特点，采用生动具体的方式呈现技术动作要领。

运动技能教法有如下特征：

第一，教师要谨慎合理地选择教学方法，协助学生更高效、更准确地把握不同的运动技巧。

第二，教学方法要与教学体系中的其他因素（如具体的教学内容）进行结合，采用与之相符的方法来达成教学目标。

第三，教学方法要根据实际的教学情况进行调整和改变，展现其灵活性，做到随机应变，并整合各种教学要素共同发挥作用。

2. 思想教育法

思想教育法的核心在于体现与体育思想相关的教学内容，教学方法要充分融入体育思想、体育道德等精神内容，对学生进行思想教育建设，优化学生的运动精神、体育道德、体育价值理念等品质，促进学生品质的发展升华。

思想教育法对学生的教育效果包括以下几个方面：①优秀道德品质的形成。②个性的彰显。③团结协作精神、集体主义精神的培养。④科学的价值观、审美观的形成。⑤创造能力的提升。

（二）学练法

1. 学法

学法以学生作为教学的主体，使学生充分熟悉并掌握与体育有关的技巧与知识，用科学合理的学法来协助学生充分汲取体育知识和技能。

学法在体育教学实践中要满足如下要求：

第一，保证学生对规定掌握的基础性知识技能的理解和掌握程度，在学生个人的素质和能力上有所发展。

第二，将体育知识、技能和学生自身的体能素质进行有机结合，定制与学生身心发展的规律和特点相符的教学方式。

2. 练法

练法是学生运动训练的方法，在体育教学目标的实现中发挥着重要作用，相关指导方法也是体育教学中最为本质的特征之一。

高校体育教学有显著的身体实践性，对学生的高校体育活动实践提出了很高的要求，因此学生要将具体的学习任务和自身的实际水平进行对比和结合，用合理的方式进行体育锻炼，在循序渐进的过程中持续提升自己的身体素质和精神意志，以及实现自身体育运动专项技能和心理素质的提升。

三、高校体育教学方法的特点

（一）实践操作性

体育学科比其他学科更加强调和要求学生的实际体能练习，所以高校体育教学实践的可操作性就是教师选择教学方法的主要依据，教学方法必须符合高校体育教学的客观条件，高校体育活动的开展要建立在足够的物质基础之上。

此外，高校体育活动的实践操作性也会受到活动形式等要素的制约，教师要在实际教学中结合具体情况调整教学方法，遵循灵活变通的原则，将教学方法从理论层面付诸教学实践，并与实际情况顺应和结合。

（二）多感官参与性

体育活动要求师生双方的共同参与，并在运动中调动人体各方面的肢体功能，使作为有机体的人体和各种器官、组织及系统参与到运动过程中。举例说明，学生在观看教师的演示过程中，不仅要借助视觉功能观察动作细节，还要通过听觉功能获取教师的讲解信息、用触觉功能感知动作的要领，所以我们认为，体育学习会充分调动学生的不同感官，使多项身体机能一起参与其锻炼过程。

高校体育教学取得理想教学效果的关键在于教师的教学方法选择应用是否能够有效调动学生的积极性，达成多项感官的活动和投入，从而实现与其身体相协调的教学效果。

学生的感官调动在体育课程中的表现有两个方面。

第一，学生借助视觉、听觉、触觉、动觉等感官能力，发挥自身的思维、感知、记忆和想象能力，体会运动动作的发力程度、力量方向和动作幅度等信息，从而纠正和稳定自身的动作习惯。

第二，基于正确的动作基础，学生要汇总和分析自身接收的教学信息，用大脑思维对身体器官的动作发出合理的指示，在重复的动作练习中逐渐改正不标准的动作，最终掌握动作要领。

（三）时空功效性

受到学生的学习能力、认知规律、动作习惯等因素的影响，体育教学方法的各个阶段，乃至教学本身，都呈现出时空性的特点。

在高校体育教学的起步阶段，教师主导着课堂走向，对学生进行指导、分析和纠正。而在教学期间，教学活动的主体由教师转向学生，学生借助主动性的理解、判定和练习来掌握体育知识与技能。在教学的收尾阶段，教师要对教学内容进行总结和分析，并评价学生的学习过程、学习效果，对下次教学的内容提前告知，达到课程间的衔接效果。

（四）师生互动性

要想使高校体育教学活动顺利开展，就应使教师和学生共同参与到体育活动当中，学生是活动的主体，教师则应当适时地观察和融入学生的锻炼、思考和探索活动中，并对学生进行即时性的纠正和指导。教学方法要考虑到师生的共同参与和有效的交流互动。

（五）继承发展性

教育工作者应当在新时期背景下秉持创新理念，革新和优化教学方法并将其应用，从而达到促进师生关系良性发展、优化课堂体验和教学效果的作用。

第三节　高校体育课程思政育人模式

一、"一核心"——引领体育课程思政教育顶层设计

在社会主义核心价值观的引导下，坚守"立德树人"的基础任务，注重学生的终身发展，通过改革创新提升教学效率，将学生作为教育的中心，着力优化课程的学习体验，塑造学科之间融会贯通、与学生的自然认知规律相符合的体育课程实施体系，要将教学理论科学地应用到教学实践中，致力于促进学生的全面、健康发展，如图4-3所示。

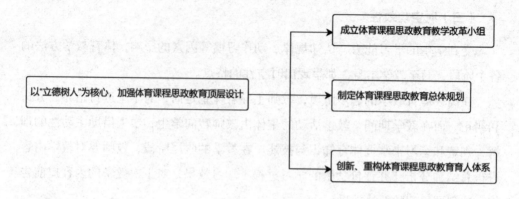

图4-3　高校体育课程思政教育顶层设计示意图

（1）推进体育课程思政建设工程，成立体育课程思政教育教学改革小组。在学校党委统筹、教学分管领导和教务处等职能部门的指导下，成立体育课程思政教育教学改革小组。以体育部党政领导为负责人，公共体育教研室、传统保健体育教研室、武术国际交流中心为主要执行部门，构建全网式组织架构，整体推进学校体育课程思政教育改革工作。

（2）以定位和目标为导向，制定体育课程思政教育总体规划。以习近平新时代中国特色社会主义思想为总引领，制定体育课程思政教育总体规划，建立体育课程思政建设团队，明确责任分工，充分发挥教研室主任及办公室的作用，构建由党政负责人统一领导、各教研室共同参管的工作构架。为体育课程的思政建设树立和完善具有多样性和全面性的成效考核与评价体系、监督激励机制，使体育课程思政建设的各项工作有章可循，有规可依。

（3）创新、重构体育课程思政教育育人体系。按照教育教学和人才培养规律，对体育课程中的思政元素进行全面深入地发掘，以"基因式"融入构建结合体育课程与思政教育、同向同行的教育格局。大力推进覆盖全方位的体育课程思政改革试点工程，为体育课程的思政教育制定科学的教学目标，修订教学大纲，编写体育课程思政教育教案，编写包含体育精神、体现价值引领、融入学校特色的"体育课程思政"特色教材，建立多层次互补的"体育课程思政"育人圈层。

二、"二融合"——打造体育课程思政教育特色品牌

（一）融合学校特色，形成传统体育育人特色品牌

学校作为全国思政教育改革的先行者，体育工作中非常注重传统体育文化和育人相结合，深入挖掘中华传统体育文化中的思政资源，提出以传统体育文化辅助学生体育练习，拓展民族传统体育等教学内容。基于优化学生体质为基础，紧密联系学校体育教学的内容，以振兴民族、服务国家为宗旨，有力地承载和带动核心价值观教育，使学生在教学过程中提升兴趣，并专注于体育课程学习，对于体育运动产生情感上的共鸣，构建具有学校特色的体育课程育人教育模式。

借助高校学生体育训练基地等平台，打造以为增加民族自豪感和认同感为核心的"传统体育育人特色品牌"。

（二）融合体育文化，形成校园体育文化育人特色品牌

深入挖掘学校文化和体育文化，积极推进体育文化传承创新，在策划学校内部的体育教学、体育社团、校级体育竞赛及观摩等体育教育活动时，为保证目的明确、计划清晰、组织到位，进而实现活动过程的有机统一，为高校体育教学活动提供科学有效的实施方案。

打造足球、篮球、排球、羽毛球、健美操、武术、健身功法等20余个校级体育社团，丰富学生业余生活，营造良好的学校体育氛围。并以学校学生运动会和传统保健体育运动会为主线，举办足球赛、篮球赛、羽毛球赛、武术比赛等系列品牌赛事，引导学生自我管理、自我组织，自觉参与体育竞赛活动，激发学生课外体育锻炼热情，提升学生综合素质，使学生充分感受体育锻炼的内在乐趣，并在快乐学习中锻炼体质、磨砺意志、提升人格。

三、"三模块"——形成体育课程思政教育立体格局

（一）构建"个性化"体育课程育人模块

学校的"个性化"课堂教学主要体现在"引导性"，由"体育第一课"与个性化体育课程构成。其中"体育第一课"以体育精神与人生价值解读为抓手，主

要解决新生对于体育内涵的认知，并介绍学校体育课程基本情况、大学生体质测试工作和课外体育锻炼的开展情况等相关事项，为初入学校的学生建立大学体育课程观，为体育教育的各项工作开展奠定良好的基础和开端。

个性化体育课是在"体育第一课"的基础上，由学生自主选择学习课程，向一年级学生传授以武术为主的各种传统体育项目，如武术拳操、太极拳等；向二年级学生传授具有娱乐及观赏性质的现代运动项目，如三大球、三小球、体育舞蹈等。这些举措都旨在满足学生的运动需求，并在一至三年级的学生群体当中形成了贯彻始终的、具有学校特色的体育课程体系，四年级的学习则以体育社团活动和课外活动作为补充，塑造课内外学习贯通的教学模式，采用以学生为主体的个性化体育教学模式，培养学生体育能力、创新能力、团队精神，提高他们身心健康素养，逐步形成终身体育的意识和习惯。经过4—6学期持续、系统的学习，达到掌握1—2项自己喜爱的运动项目的基本方法和技能，并能达到具备组织、欣赏比赛的能力。

（二）构建"自主式"体育教学育人模块

学校体育教学的特征之一是"自主性"，其主要培养学生的课外自主锻炼意识和能力。根据国家有关要求和学生身体素质的关键要素，学校体育课程根据项目特点确立了过程评价与目标评价相结合的考核标准，以课外体育锻炼、社团活动及项目训练为抓手，将早操、课外活动、项目训练、社团活动纳入成绩考核，并且不干扰学生的常规学习任务达成、不影响校园的正常教学秩序，将拥有一致兴趣爱好的同学集中在同一集体里，从而构建出贯通课堂内外的课程评价系统。

针对教学过程评价的侧重有利于促使学生在一定的时间内自觉参加特定的体育课堂教学和课外运动锻炼，在自主学习的过程中对运动项目的基本知识和技巧全面掌握，乃至具备独立开具运动处方和组织体育活动的能力，提高学生自主能力，并学会健康生活方式，养成终身体育锻炼习惯，培养知识、能力、素质协调发展，兼具创新意识和实践水平的新时代人才。

（三）构建"多元化"体育俱乐部教学育人模块

"多元化"俱乐部教学主要体现"综合性"。每个学期初，各俱乐部自主报名，按照学生的个人能力分为三个等级：初级会员，中级会员，高级会员；按照会员等级和水平的不同，分别采用分级式教学和菜单式教学。在对基础较为薄弱的初级会员进行教学时，采取"分级式"方法，教学内容以各类体育项目的基本技巧为主。而在对有一定体育基础的"中高级会员"进行教学时，则采用更有针对性的"菜单式"教学，如团队战术等提升学员更高层次的技巧。

体育俱乐部还为高水平的体育运动爱好者提供运动比赛平台，为学生提供体育竞赛需求保障。在一般体育活动中的各种身份，如运动员、教练员、裁判员，以及作为支援的组织者、志愿者等角色，都可以由学生来担当，这样既是对课堂学习的实践，也是对自身能力的全面锻炼。

四、"四结合"——架构体育课程思政教育育人体系

（一）体育课程和思政元素融合，挖掘育人深度

体育教育不仅可以提升身体素质，它还可以塑造参与者的精神和信念，改善和升华参与者的心理状态和道德品质，培育坚定积极的意志品质，提高责任感和荣誉感等。

学校通过深入挖掘体育课程蕴含的思政要素，推行"基因式"育人，将思政教育在体育教学的全部过程中推行和贯彻。以"习武先习德"的理念作为指导，在传统体育项目课堂上以传统武术礼来规范学生，让学生的一举一动彰显礼仪，并且在课堂学习中继承和发扬传统美德。

课堂中注重学生心理教育，运用心理暗示和鼓励表扬，潜移默化地帮助学生克服运动中的畏难、怕苦和紧张心理，通过转移学生的注意力，达到稳定情绪的目的，使学生充满信心地完成任务，磨炼意志品质。

（二）教书和育人结合，提升育人厚度

教师作为"教书育人"的主体和课堂教学的主要负责人，其职责主要是传递知识、树立观念和拓展能力，因此其品质培养的意识和自身能力都与学生未来的发展直接相关。

学校应当自始至终高度重视教师师德建设，树立教师正确的教育理念，努力引导教师的育人方向，凝聚教学过程中全员参与的共识，使教书与育人达到统一。

部门采取学校培养与自我提升相结合的方式，开展体育课程思政教学设计大赛，举行微格教学比赛，提高体育教师的育德意识，为体育课程思政工作的推进奠定良好的师资基础，对教师是否有体育教学思政教育生成性目标、教师对体育项目思政因素的挖掘、体育教学中思政教育时机把握、学生信息交流和反馈情况以及教师对学生产生的影响几方面进行评价，确保体育课程思政工作能发挥即时功效，提高教师的育德能力。

（三）课内外一体化育人结合，延伸育人宽度

通过搭建课内外一体化平台，大幅度地延伸体育教学空间，有利于增强学生体质、发展学生特长和潜能，丰富学生的体育文化生活，营造良好的体育锻炼氛围和育人环境，使学生的校园学习任务不再局限于课堂，在课堂外依然可以保留和伸展，促使学生养成终身体育的观念和习惯。课内外一体化的体育活动是对教育思想、健康观念、目标设置的统一，是一种课内外体育相互照应的整体结构效应。

（四）校内外体育竞赛育人结合，拓展育人广度

体育竞赛是对体育锻炼成果的检验，能极大地考验和提升学生的思维能力与反应能力，在竞赛过程中提升学生的积极性和信心，培养学生拼搏进取、坚定不移、挑战自我的理想精神。

校内学生体育竞赛不仅包含学生田径运动会、传统保健体育运动会及足、篮、排、乒、羽、网等传统体育竞赛项目，还包含了各种新兴体育项目，频次充足且有规律。校内学生体育竞赛不仅能够检验学生的学习成果，还锻炼学生的判断力、抉择力和执行力，提升学生的自我控制与调节能力。集体性运动项目则有助于培养学生的自我认知和集体配合能力，提升学生的责任和义务感、组织纪律性和团结一致的集体主义精神。

学校体育课程除教授体育常识和技能外，还要将"社会主义核心价值观""体育精神""中华优秀传统文化"等内容有机融入课程中，传播优秀社会观念的正能量，培养学生积极向上的生活态度。我们应当摆脱功利思维，将教学重点集中在培养学生的终身体育观念上和习惯上，维护学生的身心健康，使学生在体育运动中学会如何更好地适应社会，围绕"育体""育心""育人"这一主线，探索德

育元素与体育教学相结合，将德育元素"润物细无声"地融入体育教学，塑造身心健康、人格健全的卓越人才。

第四节　高校体育课程思政实施路径

一、高校体育教学的现状分析

（一）育人本质不足

目前，我国很多高校都存在教师和学生对于体育课程中引入思想政治理念理解不充分的情况，例如：体育课程教学的目标不够清晰，学生不能完整深入地了解和感知体育课程，而教师过于注重考试成绩和学分，不利于学生全面发展。此外，很多高校对学生提出了较为严格的要求，规定学生必须要修满 2 年高校体育课程学分，这导致很多学生在进行体育学习时，都急于选择分数高或者比较容易通过的项目，这样就使体育课程失去了原本的价值，不能充分发挥体育课程的作用。与此同时，在体育课程中，容易出现学生处在被动学习状态，难以提高学习的积极性和主动性，从而无法达到合理的体能指标和健康指标的情况。

（二）课程设置偏向

分析课程设置可以发现高校课程中隐性课程和显性课程设置不合理，不能平衡知识传授和价值取向。显性课程又称显性思想政治课程，在许多高校的思想政治理论课程中都有体现，隐性课程又称专业教育课程或综合素养课程，高校体育课程就属于隐性课程。目前，我国的体育教学尚未将这两者进行有机结合，导致思想政治教育比较表浅，不能充分发挥其教育作用，也不能在体育课程中将隐性课程和思想政治课程共同发展，严重影响体育课程教学效果。

（三）育人统筹不当

目前，我国高校体育教学虽然在不断改革，但是仍然存在较多问题，必须要采取有效措施进行解决。例如，体育课程与思想政治课程配合不够，难以解决许多高校思想政治教育的通病。此外，高校体育教学方法比较单一，创新意识不够，始终停留在教育摸索阶段。随着社会的不断发展，传统的教学方法已经无法适应学生的知识追求，更难以提高学生的身体素质，对学生的学习成果产生不利影响。在传统教学方法中，一部分体育教师往往过于注重体育技能的提升，教学计划脱离实际情况，还有的体育教师在教学中热衷于让学生参加比赛，严重忽视了学生的体育教育需求。

二、高校体育课程思想政治建设方向

（一）凸显体育课程思政建设的目标导向

高校体育教学是体育教学的主导，思政建设能够指明高校体育教学的方向，规定需要达到的教育效果，引导学生训练方向。在高校体育课程中落实思想政治建设，要求体育教师坚持以人文本、立德树人思想，突出思想政治教育价值，对学生进行价值观指引。美国著名教育心理学家布鲁姆将教学目标划分为认知领域、情感领域、技能领域三个方面。依据布鲁姆的理念，我国很多高校体育教育专家对教学目标进行了深入细致的研究，提出在体育教学过程中要以技能目标作为主要方向，同时兼顾认知和情感方面的教学，让学生可以全面发展。在高校体育教学中，要将德育情感培养作为先导，以技能培养作为主导，兼顾认知培养的体育教学模式，这样才能够满足学生的发展需求，它是一种全新的教学尝试，同时也是课程思政的育人要求。高校体育课程思想政治建设必须要从学生学情和身体素质出发，不能笼统地规定为培养学生道德品质和集体主义，要有具体能够落实的目标，为教师的教学和学生的学习提供明确方向。教师可以制定详细的规则，例如，爱护体育设施、及时归还体育器材、认真训练不怕苦、尊重对手、互相配合等课程思政目标，详细、明确的目标，不仅便于教师实施，还能够提高课程思政的可靠性和有效性。

（二）强化教学管理

高校体育课程教学，旨在使学生在教学过程中掌握更多体育知识，获取运动技能，增强学生意志，对学生精神进行锤炼。与此同时，体育课程的核心是锻炼学生身体素质，掌握体育知识，侧重培养学生体育精神和思想理念，总的来说，进行体育运动可以提高身体素养，改善自身的生活习惯。因此，高校体育教学可以将重点从学会体育技巧，培养体育技能逐渐过渡到培养学生体育品质和精神，让学生养成良好的锻炼习惯，增强体质，培育自强不息的精神，促进身心健康。例如，学生在体育教学中，思想道德水平得到提升，教师要予以高度表扬，使学生感觉到被尊重和欣赏，提高责任感，激发学习积极性和主观能动性。

高校体育课程和思想政治教育有相同的育人特点，但是要将体育课程和思政建设相结合，教育者自身就要不断总结思想政治建设的经验，大力促进高校体育教师和思想政治教师的沟通，促进学科融合和协同，发挥思想政治建设的长效机制。要想推动体育教学思想政治建设，必须要宣传课程思政，指引教师积极进行课程思政建设，使思政教育涉及乃至覆盖体育教学和管理活动的所有领域，号召更多的教师参与其中，进行教育革新。

（三）完善体育课程思政教学评价体系

高校体育教学评价作为高校体育教学的重要组成部分，其目的是使教师充分了解学生的学习状态，也可以让学生掌握自身学习情况，是对高校体育教学水平的评定，也是教学过程中验证教学效果的重要举措。高校教学管理部门在体育课程建设过程中要充分发挥引领和管理作用，不管是体育教学实施，还是教学评价体系构建，都要将思想政治建设作为重要的考核指标，注重体育课程思想政治教育作用的体现。在课程培育方案、教学大纲中判定知识教授、能力培养和价值导向的实现情况，可以通过学生互评、教师同行评价等方式对高校体育课程评价体系中人文内涵和思想政治教育效果进行评价，可以从源头设置教学目标，考察课程落实情况，全面、综合评价高校体育课程中思想政治建设情况。教师要对学生的体育学习成果进行评价，注重对思想品德、意志力、团结协作精神进行评价，观察学生行为，了解学生学习过程和情况，通过口头评价的方式对学生思想品德和行为进行反馈，让学生了解自身学习情况，不断进取，这种评价方式是最为直接、有效的方式，也是最科学合理的方式，能够让教师了解教学效果，便于随时调整教学方案，提高教学有效性。

（四）遵循言传身教的原则

人们经常说，"身教重于言教"，在高校体育教学中，教师应该意识到自己的言谈举止可能会深刻地影响学生的思想行为。可以说，体育教师在教学过程中发挥的作用日益突出。体育教师通过肢体动作示范，语言等为学生讲解正确动作，指导学生练习动作，并在训练中纠正学生错误动作。教师可以通过对学生进行心理暗示，让学生在比赛中遵循各种行为准则和道德规范，培养学生良好品德。例如教师可以为学生播放网球赛，讲解在比赛过程中，观众席上的人要尽量少走动，少说话，让选手有一个比较安静的比赛环境。教师在进行网球教学过程中，也可以常常使用礼貌用语，以个人行为引导和带动学生，培养学生良好品行的建立，彰显自身作为教师的模范带头作用。

（五）挖掘学生体育潜力

体育教师可以通过恰当的竞争来激发学生的体育潜能和团队意识，提升教学效果。在体育教学过程中，通过科学合理的竞争，为大学生助力，让学生更加积极地参与体育活动。教师可以先设定一个教学目标，当学生完成目标后，对学生进行语言肯定，让学生受到鼓励，营造积极向上的氛围。对于没有完成目标的学生，也不要苛责，避免学生出现消极情绪，要帮助学生分析原因，讲解改进方法。教师在设定教学目标过程中，在规则范围内适当进行竞争，激发学生的胜负欲，发掘潜能。

高校体育教学中的思想政治建设，要渗透到课程教学的全过程，以思政建设对人的塑造功能实现教育效果的改良，培养学生思想觉悟，激励学生积极进取，培养顽强的体育意志，养成大学生终身体育的观念。思想政治教育并非一朝一夕的工程，其影响力和体育教学一样对学生的影响力是一致的。高校体育教师要充分认识到思想政治建设的重要性，将思政建设进行有效渗透，让思政建设能够充分发挥作用，通过教学的群体性和实效性，让学生在无形中受到熏陶，促进学生全面发展。

（六）增加高校体育课程的表现形式

教师应在高校体育教学的过程中借助教学内容对学生合理地展开思想政治建设。传统的课堂教学方式在新时代背景下逐渐落后，已经难以达成学生的思想政治建设目标。因此，对体育课堂教学方式进行革新是高校体育教师目前的首要任务。教师可以利用慕课、微课、翻转课堂等科技含量更高的新式教育方法来展开课堂教学，迎合年轻学生需求，借助新媒体和新技术提高课堂教学效果，激发学生兴趣，提高学习积极性。与此同时，高校体育教师要提升思想政治建设效果，将思想政治建设内容和体育课堂教学内容相结合，增强思政建设表现形式，引导学生在进行体育锻炼提高体育技能的同时，加强对思想政治建设的认识，在我国"体育强国梦"的引领下，抓住学生思想政治教育的时代主题。

（七）加强高校体育教师课程思政建设的意识和能力

高校体育教师作为体育教学任务实施者，肩负高校体育教学的使命，在教学过程中要对我国思想文化进行渗透，提高学生身体素质，做学生思想的引路人。所以，高校体育教师达成育人目标的决定性条件之一在于自身充足的政治素养。体育教师必须要明确自身定位，为党和国家培养新社会建设者和接班人而不断奋斗，从而使课堂教学具备更多主动性和自觉性。高校要给予体育教师的思想政治建设以足够的重视程度，全面提高体育教师综合素质，让教师能够在体育教学过程中更好地渗透思政文化，提高课堂政治性。体育教师与其他学科教师不同，不仅要提高自身思想政治素养，同时要加强立德树人思想，将思想政治建设结合学生身心全面发展，充分发挥体育教学的育人作用。

高校体育教师肩负着"立德树人"的责任，在课堂上扮演着组织者和实施者的角色，因此其在高校体育课程思政中也要承担主力军的形象和职责。加强体育教师自身的思想政治理论学习，强化体育教师的育人意识、育人能力、育人方式。

构建各体育高校课程思政交流平台，分专业领域地开展课程思政的经验交流、教学视频的学习、教师教学培训等活动，利用现代信息网络手段，达到各高校间的资源共享。开展思想政治学习班，在教师培育过程中重视马克思主义毛泽东思想、习近平新时代中国特色社会主义思想、社会主义核心价值观的传递，开展体育技能和体育理论知识学习班，加强体育教师专业技能与知识的学习，协同培养教师体育课程意识与专业技能和知识深度融合的理念，使教师真正实现教书育人，用师风师德去影响学生的思想行为。

（八）明确高校体育课程思政建设目标要求和内容重点

学生思想理念的塑造是高校体育课程具体实施当中十分重要的一环，需要在实际教学中以潜移默化的方式向学生灌输，以加深学生的爱国主义信念，对学生的思想精神、道德修养予以升华，在学生心中树立起拼搏进取、不畏艰难的精神。

把"立德树人"作为课程思政的总目标，挖掘体育专业课程的课程思政的元素，促进思政课程内容在体育专业课中的融合，使"教学中的思想政治"和"思想政治教学"在对人的培养塑造上达成一致。

高校体育课程思政的关键方向在于对学生进行社会主义核心价值观教育，用习近平新时代中国特色社会主义思想作为学生的前进指引，增强学生对中华优秀传统文化的文化自信。

（九）建立科学的高校体育课程思政教学体系

体育课程思政不等于思政课程，教师不应在体育课程的各专业课中生硬地传授思政内容，应合理地运用本专业的课程思政元素去影响学生的思想道德行为。

高校要依据各专业的人才培养方案，构建科学的体育课程思政体系。贯彻落实各体育专业课程的教学标准、教学目标、教学内容等，制定适合本专业课程的教学大纲以及课程思政内容的具体要求，具体到每个章节要运用哪个具体的课程思政元素，始终坚持以学生为中心，提升学生课堂体验、课堂效果。

第五章　高校体育教学与体育文化

本章主要内容为高校体育教学与体育文化，共分为六节进行阐述，分别是体育文化的基本内容、高校体育文化育人功能、体育教育改革中的文化动力、体育文化的现代化发展、中华体育精神的内涵、中华体育精神激发体育教学。

第一节　体育文化的基本内容

文化是人类在长时间的社会生产和生活实践当中慢慢形成的，不仅是一种非常独特的社会现象，同时也是悠久文化历史的沉淀。随着人们生产和生活的进一步发展，体育运动也得到了相应的发展和完善，在体育运动发展和完善的过程当中逐渐形成了与其相对应的体育文化，对其开展深入的分析、研究和探索有着十分重要的意义和作用。

一、体育文化概念与层次划分

（一）体育文化的概念分析

众所周知，体育文化不仅是人们体育运动的精神文化，更是我们人类体育运动的物质和行为文化的综合。体育文化的内容多种多样，如现实生活当中人们对体育运动的正确认识，体育运动的相关设施设备等。

体育文化及其相对应的概念，随着社会的进一步发展也得到了快速的发展和完善。人们在促进和提高自身健康和生活质量的社会活动当中，创造和形成的所有的物质和精神财富的总和，我们将其称之为体育文化。体育文化涉及的范围十分广泛，不仅包括社会组织和规范体育活动的各种思想、制度等，也包括各种体育措施和成果。体育文化是在体育运动进一步发展和完善过程当中慢慢形成的，主要原因有以下几点：

第一，体育是我们人类以自身的身体作为最基本的参与手段和方法。人们在参与体育运动的过程中，借助相应的身体活动在一定程度上进一步改变自然与社会的属性，最终达到将自然与社会的价值成功转变的目的。体育不仅是物质文化体系，还是一种文化的具体表现形式和方法，因此也是构建人们社会上层建筑的重要组成部分。

第二，体育运动作为一种身体活动，是非遗传性的。人类在社会产生和生活当中虽然创造了体育运动，但体育运动的学习并不是一蹴而就的，需要人们经过不断的努力和练习才可以真正了解和掌握其精髓。体育运动不仅是我们人类对思维方式的表达，也是人类对思维方式的具体传递，所以体育也具有一定的文化意义。

第三，随着体育运动的进一步发展和完善，在此过程当中展现出了文化独特的民族性与阶级性等。

第四，体育文化的特质在开展体育活动的过程当中可以具体地表现出来。各种体育运动不仅有具体的形式和与其相对应的器材设备，还有内部的意识形态，如各种行为规范、价值观念等。

虽然体育文化在原始社会时期就已经形成了，但直至近代人们才提出体育文化的具体概念。原始社会时期传授各种不相同的实践技能，如生产技能、自卫方法等，是我们人类早期最主要的教育内容，其最为主要的目的是可以让人们在当时的生产和生活水平都不高的情况下，成功地生存下去。体育活动一直到奴隶社会，才慢慢地有了专门教育的场所和人员，不仅是教育活动以此重大突破，也在一定程度上为之后体育教育的发展奠定了扎实的基础，具有非常重要的意义和作用。根据相关文献的记载，类似现在概念的学校在商朝时期就已经有了，商朝时期的学校名称为"庠"，虽然传授的内容有习文有习武，但是习武是当时"庠"最为主要的教学内容，并且"习射"是习武当中的主要教学内容，让学生练习弓箭，掌握和了解弓箭正确的使用方法。一直到西周时代后期，出现了"六艺"教学体系，它教学的基本内容为礼、乐、射、御、书、数，并且和体育有关系的就有三项，分别是乐、射、御。射和御即射箭骑马驾车，而乐中的舞亦与体育相关。

人们在 19 世纪末之后对身体文化的具体概念有了更宽泛的认识和了解，包括运动器械在内的文化现象都划分到了体育文化之中。最终，在 1974 年体育文化有了一个正式的定义，体育文化是广义文化的重要组成部分，它综合各种利用身体文化锻炼来进一步提升人们生理机能，以及激发人们精神潜力的范畴、各种规律和制度，以及各种物质设备和设施。

体育运动是在我们人类实际社会生产和生活当中逐渐形成的，是人们在实际的体力劳动之中慢慢分离出来的。在体育运动发展的过程当中，只有真正的用于努力提高人们身体健康发展活力的时候，才有一定程度的体育文化意义。

（二）体育文化的层次划分

体育文化在早期社会被称为身体文化，一直到 19 世纪末，人们才开始逐渐接受和理解体育文化的相关解释。体育文化是社会文化不可替代的一部分，在社会文化当中占有非常重要的地位。物质、行为和心理是体育文化的主要构成要素，简单来说就是体育精神、物质和制度文化。

体育精神文化在精神层面，也就是心理方面和观念方面，不仅包含了我们人类在长时间的社会生活和互动当中对体育产生的价值观念和心理倾向，还包含了通过比较抽象的声音和抽象的色彩等展现出来的体育精神的艺术文化等。在物质层面，体育物质文化主要指的是将具有体育文化特质的各种不相同的物质产品凝聚和结合在一起，如体育器材、体育场地等。在制度规范方面，体育行为文化主要是指人类的各种行为方式，体育制度文化不仅包含了我们人类在各种体育运动当中扮演的各种角色和地位，还包含了不同体育活动的组织形式。为了更有效地使体育得到进一步的发展，逐渐形成了多种组织机构，人类以体育为核心，围绕其创造的可以直接影响各种不相同体育活动的原则，以及制定的各种不相同的规章、制度等。

体育精神文化和体育物质文化分别为体育文化的内核和表层，体育行为文化位于体育精神文化和体育物质文化的中间位置。简单来说，体育由内在文化到外在文化分别为体育精神文化，体育行为文化和体育物质文化。在体育文化当中占据主导地位的是精神层面的体育价值观、思想等，体育行为制度文化在一定程度上是体育精神文化在我们人类体育行为和生活当中的具体展现，体育物质文化则是体育精神文化在一定程度上，通过我们人类具体的体育实践，在物质产品上的展现，三者之间有着非常紧密的联系。

体育当中的三种文化，不仅是体育文化的重要组成部分，也是结构当中有机联系的三个重要层面。同时，任何一种体育物质产品都能够在各种不相同情境中浓缩为体育文化当中的三个层面。例如，学校组织开展的各种体育比赛，为获得好成绩的学生颁发奖牌，或者运动器械。站在精神层面的角度来看，在一定程度上肯定了学生的体育精神，站在物质层面的角度来看，无论是给学生颁发的奖牌，还是给学生颁发的运动器械均是物质产品，站在行为的角度来看，在一定程度上不仅是对取得好成绩学生行为的认定，也是在体育比赛中的奖励制度。

二、体育文化的性质与特征

（一）体育文化的性质

1. 民族性与人类性

（1）民族性。民族性主要指的是民族因各种不相同的生产、生活方式，以及不相同的生活区域等形成的体育文化，并且该体育文化和其他民族的体育文化相比是有所不同的。各个民族受各种不同因素的影响，如生产环境、文化积累等，在创造体育文化的时候就会形成有别于其他民族的体育文化，由此我们可以充分地看出来，民族性是体育文化的特征之一。该特征主要是在民族悠久的社会历史，以及浓厚文化传统的基础上面建立的。相同的地域空间，就会有相同的生产环境、生活方式、文化积累等，这也就使得形成的体育文化也就相同，没有太大的差异，地域之间的不相同虽然不能对民族的体育文化产生直接的作用，但是也有一定的间接作用，随着社会的进步和科技的发展，该作用也开始逐渐减弱。

众所周知，人类文化在产生以及不断发展和进步的过程当中，有共性和个性两个方面。通常情况下，民族体育文化是在比较稳定和固定的区域内产生和发展的，然后慢慢地发展为一种文化现象，并且还是所有民族通用的。体育文化当中的民族性在一定程度上也展现出了不同民族间的文化差别。

我国有 56 个民族，是真正的多民族国家。随着各个民族不断发展，他们慢慢地形成了独属于自己民族的体育活动方式。众所周知，各个民族处于各种不相同的生活环境，经历的社会形态千差万别，产生的体育文化也各有千秋，不仅充分展现出了这些民族之间各种非常独特的特点，也在一定程度上展现出了各民族之间生活方式的不相同。站在文化人类学的角度来看，我国非常传统的民族体育运动不仅和种族繁衍有关，也和生产劳动有着密不可分的联系，无论是在少数民族地区的各种宗教仪式，还是各种节日活动，民族传统体育是一个非常重要的组成部分和内容，常见的少数民族节日活动有瑶族的跳鼓、苗族的划龙舟等。民族体育文化在形成之后，在一定程度上经过长时间相对独立的发展，和其他民族的体育文化相比较，差异就会比较明显，与此同时，和其他民族体育文化的沟通，以及开展深入交流的可能性和几率也就会增大。

（2）人类性。通常情况下，人类性主要是指一个民族体育文化当中的某些部分，可以在一定程度上被其他民族参考、借鉴、理解和吸收，主要原因是我们人类有着超越民族界限的共同需求，以及共同的理想。另一层含义则是在一个民族体育文化之中不仅有着世界性的重要价值与重要意义，还有着生命力的要素，以及可以充分代表和反映它的精神风貌。例如，在我国比较独特的养生文化当中，就有着追求生命质量的人类共同性，同时这也是我们人类在体育文化当中，非常重要的组成部分，在一定程度上该力量可以跨越地域、民族等。

体育文化的人类性属于民族性的范畴，这两者是一个实体的两个重要方面，简单来说就是，体育文化不仅有民族性，还有人类性。通常情况下，体育文化当中非常重要的内容以及形式，和其他民族体育文化系统相比较的差别就是民族性，其他民族体育文化系统相比较相同的，有着一定的同一性就是人类性。从运动观念的角度来看，体育文化当中的很多问题虽然都是比较难参考、借鉴和理解的，但是各种不相同民族的体育文化，无论是在运动，还是在组织形式等方面，都有着一定程度的共同性，或者相对来说比较容易参考、借鉴和吸收的。实际上，有很多民族性比较强的体育文化也是跨民族的，具有一定共同性的。

2. 时代性与永恒性

体育文化在一定程度上随着历史的进步，以及时代的变迁，无论是内容还是形式都会发生改变，我们将其称之为时代性。时代性可以充分反映世界各民族体育文化的共同需求，前提是位于同一个时期，或者位于相同的社会发展阶段。众所周知，各种不相同的历史时期，无论是人们的生产方式，还是人们的生活方式都有着很大的不同。这些各种不相同的生活环境在一定程度上，对人们的生产和生活有着非常大的影响，由此我们可以进一步看出，人类创造出来的文化，也受到了创造者所在的生活环境的影响。所以，体育文化不仅有着特定的内容、形态和性质，也在一定程度上展现了鲜明的时代特征。

我们都知道，时代的不同，使得人们产生的体育价值观点千差万别，所以我们在面对不同时代体育文化的时候，应该进行全面充分的考虑，一定不可以用绝对的标准来对其进行衡量。我们在评价外语文化的时候，需要从历史的角度来进行全面的审视和考虑，时代的局限性和进步性都要看到。例如，唐代时期和汉代时期的健美观点反差非常的大，前者将人体的肥看作美的代表，后者则将人体的瘦看作美的代表，因此这也就使得唐代和汉代，无论是体育文化、舞蹈，还是女性参与体育的方式，以及参与体育的心理、心态都有着很大的不同。

体育文化的时代内容和形式，在一定程度上使得体育文化的发展，可以呈现出各种不相同的阶段，由此我们也可以看出来无论是哪一种体育文化，既是时代的，同时也是民族的，这两者之间不仅有着非常紧密的联系，也是一般和特殊的关系问题。简单来说，不同的民族文化在同一个时代当中，时代特点是相同的，通常情况下，我们将其称之为一般。不同的民族文化在同一个时代当中，有着不同的民族特点，我们将其称之为特殊。从上述内容，我们可以看出来，体育文化的民族性在时代性的范畴之内，同时体育文化的时代性也在民族性的范畴之内，这是同一个内容的两种不同的性质。

由此可见，体育文化当中的两种性质是一个实体的两个方面和属性。在体育文化不断进步和发展的过程当中，我们人类具有对共同事物的客观认识，以及普遍的追求和向往，这样体育文化也就有着永恒性的性质。时代性和永恒性在体育文化当中，有着辩证统一的关系。无论在哪一个时代，虽然都有着相对先进和比较发达的体育文化，但并不一定永远最进步，以及先进和发展，无论是先进还是落后，这两者之间都是相互转换和发展的。

3. 继承性与变异性

（1）继承性。众所周知，无论是哪一种形式的文化，都是由我们人类经过长时间的创造才产生的产物。因为人的意识有着一定程度的历史积累性，以及一定程度的文化传播性，所以无论是在意识领域，还是在社会价值体系当中，体育文化有着媒介传承的特性，并且主要通过语言、文字以及图像等媒介传播。因为体育文化最基本的表现形式就是我们人类的身体动作，所以体育文化的主要传承形式就是身体。随着社会的不断发展，现如今人们常常采用体育比赛的具体形式，来传承体育文化，与此同时，和体育相关的实物，如歌曲、电影等，同样是体育文化传承的重要形式。因为动作记忆和文字、图像等媒介相比较，更加的持久和深刻，所以在体育文化的传承当中有着非常独特的优势。

（2）变异性。要知道，体育文化在历史发展的过程当中是不断变化的，因此在不断发展的过程当中会吸收一些外部世界的信息，以及其他比较先进的体育文化和积极因素，取其精华去其糟粕，来不断完善体育文化的发展和进步。体育文化发展的主要动力之一就是相互之间的交流和传播，如果体育文化没有交流和沟通，那么其发展、进步和完善的概率就不高，就像一潭没有流动的湖水。变异性主要指的是无论是体育文化的内容，还是体育文化的形式和结构，都随着体育文化的发展，在一定程度上做出相应的改变。在不断发展的过程当中，体育文化通过参考、借鉴和汲取，最终达到自我调节和完善的目的，因为体育文化不经相互之间的沟通和交流是没有办法生存和发展的。需要注意的是，体育文化在发展变异的过程当中，并不一定全是积极先进的，虽然在这一过程当中充满曲折和困难，但是体育文化发展的最终方向是进步的。体育文化并不是一个简单的发展变异过程，它不仅纷繁，还极为复杂。外部地域环境会对体育文化的发展变异产生影响，同时自身内部因素也会在一定程度上限制和制约体育文化的发展变异。

通常情况来说，内部因素可以限制和制约体育文化的变异，外部因素则可以在一定程度上影响体育文化的变异。例如，南北朝时期的体育文化向着养生娱乐，以及崇尚武勇方向过渡和转换，前者反映了人们在动乱年代得过且过的心理和心态，后者的形成则受到了北方地区少数民族的彪悍勇猛之风的影响。由此我们可以看出，体育文化的变异过程不仅非常纷繁，也非常复杂。

4. 经验性与科学性

（1）经验性。经验性主要指的是在体育文化创新和传承的过程当中，会在一定程度上充分依据原有经验而进行的一种非常独特的性质属性。人是体育文化最为主要的服务对象，体育文化作为一种形式文化，是为了可以有效地适应人自己身心全方面健康发展的需求创造的，由此我们也可以进一步看出来，体育文化最根本的立足点是人。体育文化发展最为明显的特征就是社会性，为人类社会的发展提供相应的服务是体育文化的价值所在。人类虽然在一定程度上会依据自身的经验，以及需求来创造体育文化，但是此种行为有着一定的局限性。

（2）科学性。科学性主要指的是在体育文化发展和传承的过程当中，不仅要有经验作用，还要有一定程度的参与和指导，并且是科学有效的正确参与和指导。众所周知，人的存在具有一定的客观性和客观规律性，人们只有正确地认识和充分地掌握客观规律性，才可以在一定程度上对体育文化开展正确、科学和有效地指导。因为在发展的早期，体育运动没有得到人们正确、科学和有效地认识，以及充分的掌握，所以也在一定程度上限制了体育运动的发展和进步。体育想要得到进一步的发展和实质性的飞跃，不仅需要站在正确认识和充分把握自然界客观发展规律的基础上面，还需要站在体育运动的客观规律基础上面，如有很多精密的体育仪器大幅度地提高了体育运动的水平。想要使得体育文化更加具有科学性，需要人们不断地提升对客观规律的充分理解，以及对客观规律的正确认识。

经验性和科学性这两者之间有着非常紧密的辩证统一的关系。无论是经验性还是科学性，都在一定程度上促进了体育文化的发展和改进。经验性在一定程度上也需要科学性的正确、科学的证明，科学性则需要经验性的有效的支持，无论是经验性还是科学性都促进了体育文化的发展，并且有着非常重要的作用和意义。

5. 阶级性与普遍性

（1）阶级性。阶级性是从体育文化中的民族文化分离出来的一种独特的性质属性，阶级和国家的出现在一定程度上破坏了人类的血缘关系，并且还使得所有民族之间的差异化都要让位于阶级的对立，最终使得民族性让位于阶级性。阶级性从实质上来说是一个问题，那就是关于体育文化的支配，简单来说就是由哪一个阶级来支配体育文化的生产和分配。人类的文化支配权主要经历了三个阶级，按照顺序排列分别为奴隶主、封建贵族以及近代资产阶级，体育文化也包含其中。

（2）普遍性。普遍性主要是指在不同阶级无论是体育文化形式，还是体育文化思想都是相对独立的。因为在原始社会当中没有所谓的阶级和国家，所以在原始社会当中普遍性非常的明显和突出，无论是什么人都可以享有一定的体育权利，并且是非常平等的，在原始社会当中无论是体育文化的生产活动，还是体育文化的分配活动人们都会普遍的参与到其中。随着社会的发展，体育文化有了一定程度的进步和完善，一直到阶级社会之后，虽然统治阶级在一定程度上有对体育文化的支配权，但是作为可以有效地满足人们生活健康需要的方式，无论是不同阶级，还是不同地位和职业的人们，均有着自身独特的体育生活，甚至有的体育形式非常的相似。

6.地域性与世界性

（1）地域性。地域性主要指的是体育文化因为各种不相同的地理环境或区域，产生了各种不相同的特性。各种不相同地域的体育文化有着不同的特色，各有千秋，虽然有些不相同地域的体育文化环境会有一些共同的属性，但是独具特色的属性是必不可少的。由此我们可以进一步看出来，不相同区域的体育文化有着不相同的体育运动方式，即使是有着世界性的资本主义体育文化，也会因为地域环境的不相同，表现出各种不相同的体育文化特色，呈现出非常鲜明的体育文化地域性。

（2）世界性。世界性主要指的是不管体育文化如何发展改变，还是具有非常独特的特色，从根本上来说都属于世界的范围之中。世界作为一个整体，体育文化也属于世界文化范畴，落后和平等的原始社会区域体育文化，以及成熟化和商业化的资本主义体育文化，都可以在一定程度上展现出体育文化独有的世界性。

现如今，体育已经在全球得到了发展，实现了全球化，主要表现在竞技体育方面。竞技体育在现在社会当中的发展状态是不间断以及快速发展的，主要有以下两个方面的原因：一是现代竞技体育在全球范围内得到了广泛的传播和发展，这使得各个民俗传统体育的发展受到了限制和束缚。二是无论是哪一个国家都非常重视竞技体育的发展和推广，主要目的是为了快速提升本国体育竞技的水平，这就在一定程度上使得无论是竞技体育的理论，还是竞技体育的实践都得到了大力的发展。无论是国家的文化，还是民族的文化，都在一定程度上随着人类文明的进步和发展，呈现出一种融合的发展趋势，同时在不断融合的过程当中，无论是各个国家的文化，还是各个民族的文化，在参考、借鉴和汲取其他文化的基础上，依然能够保持自身独特文化的鲜明特点。

通过上述的内容，我们可以进一步看出来，世界性和地域性之间有着非常紧密的辩证统一的关系。因为没有地域性的体育文化是无法真正地在世界体育文化当中存活的，同时没有世界性的体育文化也无法真正地成功地融入世界体育文化当中。

7. 社会性与群体性

（1）社会性。我们可以将社会性称为群众性。众所周知，体育文化是文化当中的一种非常独特的表现形式，任何一种形式的文化，不仅离不开大众，也离不开社会。人不参与，社会也就无法真正地存在，与此同时，人离开文化无法成为真正的人，社会离开文化无法成为智慧的社会。由此，我们可以进一步看出来，这三者之间有着非常紧密的联系，它们之间形成了相互关联和作用的独特复合体。

（2）群体性。群体性主要表现在创造和传播这两个方面。从传播的角度来考虑，不管是哪一种形式的体育文化，均由个人或者群体创造产生的，之后经过群体接受，以及进一步地丰富和完善，从而形成体育文化。站在传播的角度来考虑，个人的体育文化是在后天实际的社会生活实践当中，在一定程度上有效地通过群体性的途径来得到的。

（二）体育文化的特征

1. 体育文化主体与客体是相统一的

由人类各种社会实践活动形成的社会文化可以分为三大类别，一是物质文化，二是制度文化，三是精神文化，并且物质文化对应的是自然，制度文化对应的社会，精神文化对应的是人。众所周知，体育文化也是文化的表现形式之一，人是它的主要作用对象，同时人还有着两种属性，分别为自然和社会属性，由此我们可以看出来，体育文化是一个综合体。所以，体育文化最为基本的特征就是人的活动主体和客体的同一性。

体育文化最基本的形式就是人体的身体运动，促进人的健康发展是体育文化的最终目的。同时，体育文化活动的主要内容就是真正实现对人身心的全面改进，从而展现出体育文化非常鲜明的自我赶超和超越的色彩。任何事物都有两面性，有正面的促进作用和反面的消极作用，因此体育文化活动主体和客体的统一也会有一定的反面消极作用，此消极作用会在一定程度上影响人的身心健康全面发展。我们在从事体育事业的时候，要有一种使命感，那就是昂扬奋发的努力姿态，以及努力赶超和超越自我的精神，为提高体育事业，全身心地投入其中。相信随着体育文化的不断发展，一定可以成为实现自我赶超和超越的这一哲学范畴的文化类型。

　　体育文化内容最主要的特征就是可以充分展现出一种超越自我的精神，体育文化的主要目的就是通过人的身体运动，从而最终帮助人们锻炼身心和完善自我。我们前面已经讲述了，体育文化主体和客体之间会存在反面消极作用，如有的人想要在体育活动当中实现超越和赶超自我的状态，有可能做出了自虐的不良行为。虽然，这种行为是反面的消极作用，但是在体育文化当中，想要实现自我赶超和超越，此种行为又是无法避免的，只有将科学的观念作为体育活动的正确导向，才能最大限度地减少此种情况的发生。

　　随着社会的不断发展和进步，会产生很多反面的消极影响，人们面对此种影响提倡和保持的观点应该是可持续发展，不断改变理念，从"以物为中心"的理念向着"以人为中心"理念转变。同样的人们在参与某种体育活动或者事业的时候，应该形成一种意识，那就是自我本质对象化意识，只有这样人们才可以在体育当中真正实现自我赶超和超越。

　　2. 体育文化注重身体的表现，具有直观性

　　体育文化作为文化的一种表现形式，是一种非语言文字，主要表达和传承的方式就是人的身体运动。与此同时，这也是它和非身体文化区别最明显的特征。各种不相同的运动项目和方式，产生的身体形态特征也各不相同。

　　人类社会文化表现各不相同，人类社会文化评价的方式更是多种多样。体育文化作为人类社会文化的一种，无论是体育文化的表现，还是体育文化的评价方式都更为直观。体育文化是一种文化，只不过和其他文化相比较是一种身体的文化，无论是内容还是组成要素，优劣势都非常明显，也正是因为如此，体育文化的表现和体育文化的评价都有一定的直观性。我们都知道，体育文化的前提就是要公平竞争，同时公平竞争也是体育比赛公正和公开，以及体育评价系统科学、合理和正确构建的有效保证，因此所有不符合体育公平竞争的行为都违背了体育文化。

　　体育文化主要是通过身体来进一步实现表现和传承的，体育教师在对学生教学的过程当中，主要运用的教学方法就是动作示范，这直接体现出身体就是体育文化传承最为主要的方式。文化传承最主要和最重要的方式就是语言，同时在体育文化传承的过程当中，也在一定程度上包含了语言表现功能，如人们运动时产生的动作就好比是语言当中的语音，人们运动时的技巧和方式就好比是语言当中

的词汇，人们运动时连贯动作衔接就好比是语言当中的语法，想要真正实现体育文化的传承和发展，只有将这三者结合起来才可以。

3.体育文化通过身体运动对人的意识产生影响

体育的主要表现形式就是人的身体活动，所以体育从产生到形成文化，始终都将精神和文化这两者充分地结合在一起。同时，体育文化的创造空间还在这一基础上面有了一定程度的延展性。人类创造了文化，在这一过程当中，人不仅是文化的目标、手段和媒介，也存在和交织在我们人类各种不同的文化形式当中。体育文化在文化当中是一种非常特殊的存在，主要表现在体育文化将我们人类的客观需求作为主要目标，在文化的交流和发展过程中对我们人类进一步塑造和改进，最终实现对所有人类的社会生活，以及物质和精神世界产生影响。

从表面看体育是体力运动，但实际上体育也是智力运动。体育文化无论是从低起点到目标的远大，还是从简单运动到复杂类型，以及人、社会和世界，体育文化的力量始终贯穿其中，可以说基本上在人类社会发展当中，体育文化都有存在其中。

4.体育文化注重人的互动交往

国际体育随着世界的进步和科技的发展，无论是对话还是交流次数都逐渐增加，受此影响体育文化开始慢慢摆脱多方面的制约和束缚，如宗教、社会制度等，作为一种文化现象逐渐全球化。产生此种情况的主要原因是体育文化具有一定的亲和性。人民群众更加容易接受以人体作为媒介的文化形式，人体文化有着多种不相同的层次和类别，正因如此，文化的特性也有所不同，如体育和舞蹈同样都是以人体为媒介，体育的目的是为了进一步增强人的体质，舞蹈所追求和向往的是感情的充分抒发。虽然有很多都是以人体和情感抒发为目的文化形式，但是以促进和提高人体生命健康发育为目的的文化形式则不多，在一定程度上展现出了体育文化的特殊性。

我们不能低估体育文化的真正价值和意义，虽然体育文化和舞蹈相比较，没有蕴含十分丰富多彩的情感，但是在人的身心发展过程中则有着鼓励、教育等多方面的促进作用，无论是体育文化的深度，还是体育文化的广度都不属于其他形式的文化。体育文化具有的亲和作用，对我们人类实现真正的社会价值有着非常重要的意义，体育除了可以在消除人本性当中的一些消极因素时发挥重要作用，还可以在比赛的友谊对抗当中促进人真正实现自我的社会价值，其他含有亲和性的文化形式与其相比较是不具备此种效果的。在我们的实际社会生产和生活当中可以经常见到体育文化的亲和性，如在世界上最大的群岛国家印度尼西亚就非常流行我国的武术，以及在我国众多的青少年人群之中非常盛行美国的 NBA，这些都是体育文化的亲和性在国际范围内的体现。

5. 现代体育文化注重竞技性和竞争性

体育文化也是一种文化，只不过是身体动作和运动的文化，人类身体和技艺的竞争、对峙是它的主要表现方式，大多数情况下，体育运动是在相互竞争的基础上开展的。体育运动的发展方向虽然是向着多元化和多样化发展的，同时也将多种现代技术融入体育运动之中，但是体育运动最主要和最明显的标志仍然是竞争性，甚至我们也可以说体育运动的灵魂就是竞争性。直接身体动作的体育竞争项目有很多，如摔跤、拳击等，这些体育竞争项目大多数直接通过肢体进行对抗；足球、排球等则是同场竞技的体育项目，我们上述讲到的这些体育项目的对抗，可以充分地看出来虽然侧重点有所不同，但均将体育项目的竞技特征展现出来。

和对手相互竞争是体育运动竞技的表面形式，实际上体育运动竞技包含了超越自己、对手和纪录三个不同层次。不同层次的超越从根本上来说，仍旧是竞争，那就是在和自己的竞争当中成功实现超越自我，和比赛对手的体育竞争当中取得胜利，和比赛纪录的竞争当中通过努力创造更进一步的纪录。同时，在群众体育活动之中也有三个不同层次的竞争，那就是和自我、他人和所有人类的素质水平和运动技艺的相互竞争。

6. 体育文化受到社会、文化各方面的深刻影响

通常情况下，体育文化在社会大发展和进步的过程当中，作为基础的经济以及政治等上层建筑都会影响体育文化的发展。因为体育文化不仅有其独特性，同时还是间接产生物质利益的行为方式，所以这样也就使得它常常被政治等各种不相同的文化纳入到自身的体系当中，这些政治、经济等文化体系起到扩展体育文化功能和价值的重要作用。

体育文化在某一特定的历史阶段，以及相应的社会背景下，它的社会历史性不仅对自身有一定的促进作用，还得可以在一定程度上促进社会的大发展，如"乒乓外交"就有效地缓解了我国和美国之间的外交关系，这也直接展现了其社会历

史性对促进社会发展的积极作用和影响。同时，奥林匹克运动会作为国际化的体育运动会，它的商业化倾向、裁判收受贿赂等诸多实例，都直观地展现了它对社会文化的消极影响和作用。也正是因为如此，我们更要分别理智面对和对待体育文化的社会历史性产生积极和消极的作用。

我们不仅要客观地评价体育文化社会历史性，还要乐观地认识体育文化社会历史性，因为除了可以充分发挥出体育文化的积极作用和影响之外，也可以借助其社会历史性进而实现各种社会功能。

7. 体育文化注重人的发展和自我超越

我们都知道，人既是体育文化的主体之外，还是体育文化的客体。努力实现超越和赶超自我是体育文化最根本的意义，也可以说体育文化的精髓和核心就是超越和赶超。超越和赶超在群众体育和竞技体育当中，应当作为所有体育参与者必须具备的意识。

所有的体育活动均能够展现出超越的意义，可以说它无处不在，如努力提高自己在运动方面的技能以及身体素质是超越，以及勇敢、大胆地挑战运动也是超越。无论是在体育文化，还是在体育活动，超越始终贯穿其中的各个方面。体育文化的超越虽然不仅展现在身体素质、运动技能，还展现在运动记录，但是体育文化不应该局限于此。站在更高层次的角度上面来考虑，体育文化展现出对人类智慧的超越。要知道，虽然此种超越的意义已经脱离了人的个体和身体的各个层面，但它依旧有社会意义。

体育文化的超越意义可以非常直接地展现出来，与此同时体育文化超越意义也具有非常丰富的内涵。超越的外在表现形式就是体育运动中的成功和失败，人的精神层面则是它更为深层次的意义展现。人们在参与体育活动的时候，除了需要重点强调和突出参与的重要性之外，也要追求努力拼搏奋斗的体育精神，在体育活动当中兼顾参与性和竞争性，从而最终展现出积极的人生态度。由此，我们可以充分地看出来，体育活动不仅是一种独特的努力拼搏、向上的形式，而且也是非常强大的源泉和动力，可以很好地促进和帮助人们更好地实现自身的人生、社会价值。

8. 体育文化的表现形式是多样的

体育文化作为文化的一种独特表现形式，它的表现形式是丰富多彩，多种多样的。也正是因为如此，人们有很多参与体育文化的途径和具体方法，并且它的参与方式和途径是非常灵活的，因人而异。例如，作为观看和欣赏精彩体育运动比赛的观众等。

实现体育价值的方式多种多样，如体育科研人员想要实现体育价值，可以通过研究、分析和探索体育规律来实现。体育教师和体育教练员想要实现体育价值，可以在给学生教学的过程当中实现。体育通过非常独特的途径和方式，在一定程度上拓展和加深了人们参与体育的范围和程度，不仅极大地丰富和增加了实现的手段和力度，也提升和促进了体育文化生命力的发展，在整个人类文明的发展过程当中，将体育文化成功地融入其中，极大地促进了人类文明的进步和演进。

三、体育文化的结构与功能

（一）体育文化的结构

1.物质文化要素

（1）体育活动方式。人类发展的灵魂就是运动，人们想要进一步实现改造和完善，需要积极地参与各种活动，这些活动大都是以运动形式表现的，如插秧、锄草等各种不相同的农业和各种不相同的工业劳动动作，这些都是可以满足人们基本生活的活动方式。我们人类主动参与众多体育活动的主要目的是提高自身的身心健康，这些运动形式不仅没有和我们的劳动方式脱离，而且还对我们的劳动方式做出了相应的补偿。人类的文明程度随着社会的进步和科技的发展越来越高，人类在参与体育活动时候的目的也发生了相应的改变，越来越追求提升劳动和工作效率、能力的体育活动方式。

（2）体育器材和场地设施。人类文明在历史发展的过程当中，通过人类自身的力量来创造，从而达到满足自身的各种不同的需求，这是人类最基本的活动之一。体育在人类各种不相同的需求当中是以精神为内核的需求，虽然出现的时间比较晚，但是人类为了可以充分满足自身全方位、健康发展的需求，并没有减少对它的创造欲望。例如，人类建立了各种不相同的场地设施，如田径场、篮球场等，从而进一步达到满足人类自身体育运动的某些需求；人类创造出来的各种不相同的体育器材，如游泳镜、球拍等，这些体育器材除了是我们的物质用具和设施之外，同时也融入了很多高科技的元素。人类的需求随着科技的进步和社会的发展将越来越丰富，同时也必将进一步升华，为了可以充分满足高层次的精神需求，需要的创造动力也将更加强劲，这会带动体育物质用具和设施得到一个快速的大发展。

（3）关于体育发展所创造并形成物质的各种思想物化品。创造并形成物质的各种思想物化品是体育物质文化当中的最高层次部分。体育物质文化的范围不仅有着由体育意识形成的物质产物，也有着体育观念形成的物质产物，与此同时这些物质产物远远高于人们创造出来的体育设施和用具，裁判法、体育法规制度等。在体育文化之中存在的很多实际现象能够直接感知到的某些事物，我们将其称之为体育物质文化。体育物质文化包含了很多方面，如体育器材、用品、物质成果等，其中物质成果有着非常深刻的思想内涵和意义。体育物质、制度和精神文化的主要区别是物质性、基础性和易显性。实际上，体育精神文化的投影就是体育物质文化，体育物质文化在实际意义上将人们的精神、智慧等诸多方面进行有效沉淀，可以说是体育精神的物化。因此，无论是体育目的作用的某一特定的物质对象和人类生活方式，还是体育具体需求作用的物质对象，以及人类的生活方式，都可以将其作为体育物质文化。体育文化不仅可以直接地展现出体育水平，同时也可以间接地展现出社会生产力发展水平的高低。

2. 制度文化要素

（1）各种组织机构。随着人类社会的发展和科技的进步，人们创造和产生了很多产物，其中就包括组织机构，它不仅可以合理地使用人类集体的某些力量，还可以非常高效地将其力量发挥出来。人类个体和集体的活动这两者都是无法离开组织机构作用的。组织机构作为我们人类的文化产物，不仅可以帮助人类进行自身的改造和完善，同时也可以促进社会的发展和进步。随着体育文化和活动的不断发展，体育机构已经成为组织机构的重要组成部分。其中体育制度文化由多种制度构成，如国家体育组织、运动竞赛组织等。在成立各种体育机构的时候，为了可以保证体育运动正确的发展方向，且能够符合体育文化的规律性，必须进行全方位的思考和选择，不仅要符合当代的社会背景，也要非常关注、重视和强调各种体育活动发展组织化的各种不同需求。

（2）体育活动的原则和制度。需要注意的是，在组织制度文化体系的过程当中，物质的性质、物质的活动方式以及组织的未来发展方向，都是由组织机构的原则和组织机构的制度决定的。同时，组织机构的原则和制度也是制度、精神文化的一部分。简单来说，体育制度文化就是人们在各种不相同的体育文化活动当中通过自身构成的文化，它作为一种成分独特的文化成果，在稳定中保持着动态的变化，包含了很多方面的内容，如体育道德、群体风尚等。体育制度文化主要来源于两个方面，一是各种不相同体育活动的实践，二是体育精神领域的多方面思考。二者不仅是体育制度文化系统当中非常重要的组成部分，同时也在体育制度文化系统当中有着十分突出的重要作用，是统领体育的重要桥梁，将体育当中的一般规范和与其相对应的体育机构很好地联系在一起。因为不完善和不健全的体育制度文化，不仅会对体育机构的构建和完善产生一定的影响，同时也会制约和束缚体育经营的管理活动。所以，想要进一步改变和完善体育发展的状况，需要在符合时代背景的条件下持续地改革、更新与完善。

（3）体育运动中的组织形式。我们在实际社会当中扮演的各种不相同的角色与地位，除了由人能力的不同决定之外，也由各种不相同的活动组织形式需要的各种不相同的角色决定。在体育制度文化当中角色是最为基本的内容，当然在各种不相同的体育运动当中也有着很多的角色区分，如队长、裁判等。与此同时，不同的角色在各种不相同的体育运动当中也有原则性的划分，如通常情况下，在运动的队伍当中往往是技艺非常高超，或者有着非常强烈号召力的运动员来担任队长的职位。

3. 精神文化要素

（1）思想观念和理论体系。众所周知，因为体育作为一项活动，它的主要目的是改造和完善人的身心，并且使人的身心得到一个全方位的健康发展，所以体育就有了一些要求，那就是在多个方面和层次上面对其进行非常精准、科学和合理的阐释。随着体育活动事业的不断发展，无论是范围还是深度都拓展和延伸了很多，其中体育学科就是在其理论需要的背景下，进一步产生和发展起来的，体育学科也包含了很多，如体育史学、体育经济学等。通常情况下，人们主要是通过书面的形式，将对体育学科和体育领域的分析、研究和探索呈现出来的。与此同时，体育学科发展极为重要的标志就是体育学科专著的出版和发行。

（2）精神世界的物质内涵和行为准则。体育精神文化和其他一般文化相比较有着一定的区别，那就是它把体育物质和制度文化，这两者非常紧密的联系在一起，如运动训练、体育服饰等均属于这一层次的体育精神文化。我们都知道，体育精神文化是行为文化的一种，无论和体育物质文化相比，还是和体育制度文化相比，均有着非常微妙的区别，如运动员所穿的运动服装，站在体育物质文化的角度来看，可以欣赏运动服装的质地、颜色等；站在体育精神文化的角度来看，可以用来展示体育民族个性、体育审美情趣等诸多因素。在运动员运动训练的过程当中，体育物质文化是运动员外在身体运动的表象，体育制度文化是体育教师或者训练员传授运动员运动方式，人际关系等，体育精神文化是运动员在训练过程当中的训练原则，以及体育教师正确、科学、合理的指导思想等。由此，我们可以充分地看出，这三者之间有着极为紧密的联系。

（3）通过体育精神文化改造人的主观世界。人们在参与各种不相同的体育活动时，依附的各种不同思想意识形态，我们将其称之为体育精神文化，它包含很多方面，如心理、哲学等。体育文化当中传承的各种不同的思想意识形态领域，如哲学、科学等，它们所产生的反应在一定程度上都属于体育精神文化的范畴，同时也包括了不相同地区和不同民族的传统心态。竞技体育的文化价值是通过人类基础的价值观念，如弘扬主体精神、科学态度等，来进一步展现出来的。竞技体育文化价值不仅是体育精神文化的重要组成部分，同时也是我国运动员的精神财富，如我国众多优秀的运动员在亚运会上将努力进取、拼搏奋斗以及国家至上等很多体育精神文化充分地展现出来。

（4）通过抽象的声音、色彩等表现体育精神的艺术文化。我们人类在对世界把握和掌握的过程当中，不可以仅仅只有物质、精神此种单一的形式，还要充分把握和掌握精神物化的产物。需要注意的是，此类形式的物化，除了有着非常实在实际的物质表面之外，还蕴含着我们人类的情感、人类的意志等。直观、情绪激昂、强烈和宏大是体育活动的主要特点，并且这些非常独特的特点使得体育精神文化成为文艺表现的主要对象，如体育邮票、漫画等均为它的范畴。例如，从体育精神文化的角度来分析漫画想要展现出来的体育思想和体育情感。由此，我们也可以进一步看出，体育精神文化的这一层面不仅是艺术文化的组成部分，同时也是艺术文化的重要内容。

总结下来，体育精神文化是对体育活动当中各种意识形态，如心理、审美等，表现形式的总称。在体育文化当中，体育精神文化是精神方面极为重要的组成部分，并且各种不同的思想领域，如心理、审美等所展现出来的，均为体育精神文化的范畴。与此同时，竞技体育文化当中的各种价值观念，如竞争意识等，不仅是体育精神文化的重要组成部分，同时也是其非常重要的内容。体育精神文化当中的核心和精华就是团结进取，努力拼搏，以及为国家争光的民族荣誉感。

（二）体育文化的功能

1.教育功能

体育文化当中最为基础的社会功能是教育功能，其他体育文化功能对人类社会产生的影响，和教育功能对人类社会产生的影响相比较，是有所差距的。在促进和帮助人的全方位健康发展方面，教育功能所起到的作用极为重要，同时在现代教育当中体育文化的教育功能是非常重要的手段之一，以及必不可少的组成部分。现代体育教育随着时代的进步和科技的发展，除了可以促进和增强人的生长发育体质之外，同时也能够帮助人们充分掌握和了解运动技能，有着非常重要的作用和意义。除此之外，现代体育教育还可以激发和调动人们参与体育活动的主动性，培养其相应的兴趣与习惯，以及相互之间团结合作、相互竞争的良好意识。同时，现代体育教育不仅可以全方位地快速提升人们综合素质，也可以帮助人们更好地适应现代社会生活，由此我们可以看出来现代体育教育对人们产生的重要作用是深远而持久的。

通常情况下，体育文化均有教育功能和教育价值。体育文化随着时代的大进步，其教育功能在人们的实际社会生活当中也变得更加重要了，如体育教育在人们不断成长和发展的过程当中，不仅可以非常直接地培养和锻炼人们的身体体质，同时也在潜移默化当中培养和影响人们的性格，无论是从婴儿时期的坐、爬等，一直到成人时期的走、跑等，还是从人类各种不同肢体活动的技巧和各种肢体活动的技能到参与各种体育竞技比赛等，均在一定程度上展现出了体育文化教育和体育文化的性格培养功能有着非常紧密的联系，并且将体育文化的教育功能充分地展现出来。

2. 传播功能

深入交流和广泛传播是体育文化发展的重要形势，体育文化发展的主要途径有两条，一是传承，二是扩展。体育文化属于社会文化的范畴，是社会文化的表现形势之一。体育文化蕴含的文化内涵极为丰富并且绚烂多姿，其中体育文化的特征主要展现在象征性、艺术性和丰富多彩的内涵上面。

体育文化在时间上的不间断传播就是它最为主要的表现方式。早期的原始社会人类还没有发明文字，在此种情况下，人类记录和传承人类社会文明最主要的形式就是人类的身体动作，与此同时原始体育文化元素也有很多。体育文化随着人类社会的进步，在人类创造发明文字之后，它的传承依旧显得非常重要，如古代有着很多比较重大的集会，其中体育竞技运动会就是以此种方式才传承下来的。

体育文化的扩展就是它横向传播发展的过程，主要指的是各种优秀的体育文化在空间伸展的蔓延性。体育文化传播的范围非常的广泛，不仅可以在群体、个体当中相互传播，也可以在国家、民族当中相互传播，这些都在一定程度展现了体育文化的扩展能力。体育文化传播和传递的内容主要有三个方面，一是物质文化，二是精神文化，三是社会制度文化，同时这三种文化在相互传播和相互传递的过程当中，会和其他层面的文化进行互动，也正是因为如此，体育文化的扩展不仅有着广义文化相互交流的重要意义和作用，同时也推动着多元文化在国家间，民族间的广泛传播。

3. 凝聚功能

在体育文化的建设过程当中要打造内求团结的活跃氛围，以及外求发展、进步和提高的社会精神面貌，这是它建设的主要目的。体育文化不仅能够把处于各个不同地域的人们凝聚在一起，也能够把不同信仰、价值观念和风俗习惯的人们凝聚在一块，使这些凝聚在一起的人们可以充分地进行沟通和交流，从而更好地促进体育文化的发展，如国际体育竞技比赛奥林匹克运动会把各种不同的国家、民族的人们凝聚起来，从而构成了世界人民团结的良好气氛和景象。通过凝聚功能，体育精神文化不断吸引接纳来自不同国家地区的体育文化，这是文化交汇进步的重要表现。与此同时，凝聚功能还有多层次性，人们选择同一个体育文化习惯和运动项目，会引起各种不同程度的范围聚合，如对网球有着非常浓烈兴趣和爱好的人们,通常情况下会通过网球运动聚集在一起,进行体育活动和交流。

4. 吸收与创新功能

人们努力地传承和延续体育,最主要的目的是促进和帮助体育文化可以得到更长远的进步和更深入的发展。想要成功实现这一目的,需要参考和借鉴其他先进的文化,通过对其开展的深入研究和分析,获得文化进步的一般性规律并运用到体育文化当中,促使体育文化得到更进一步的发展,以及丰富其内涵。本国的体育文化想要实现进一步的繁荣与发展,需要不断地汲取和融合别的国家的先进体育文化。

在现在体育教育当中,创新功能最为强大,主要从以下两个方面展现出来。首先,对体育文化不间断地进行更新和创造,可以培养出很多优秀的创新人才。其次,在现代文化改革和发展的过程当中,将现代教育和文化创造结合在一起,已经成为一个非常重要的渠道。

5. 调节与引导功能

随着时代的发展,在实际的生活当中除了需要人们运用各种不同的手段,如道德、价值观等,来进行有效的调节和控制之外,还需要国家采取多种手段,如法律、政策等,进行一定的干预。然而,这些方法的调节控制在人们的实际社会生活当中,发挥出来的作用是有限的,所以在实际的社会生活当中,人们不仅需要运用精神文化来进行有效的调节和控制,同时也需要借助行为文化来调节和控制。

通过前面的阐述,我们已经知道体育文化属于现代社会当中的主流文化,是非常独特的文化现象之一,无论是对人们的实际社会生活,还是对人们的实际社会行为,都有着非常重要的调节、控制和引导功能,对人们的社会生活和行为习惯有着非常重要的意义和作用。体育文化在体育理想和体育价值观念下,不仅可以对各种不同的价值观、道德观和意识形态的人产生的社会矛盾进行有效地缓和与调节,同时也具有调节、控制和导向的强大功能,来抑制和减少人们不良行为,如各个国家在举办国际体育竞技比赛奥运会期间,刑事案件发生率有了非常明显的降低。

第二节　高校体育文化育人功能

一、高校体育文化构成要素

（1）物质文化层。学校体育文化的主要基础就是物质文化层。物质文化层可以满足学校各种体育文化主体进行多种体育实践活动，是非常重要的基础保障，主要包括体育器材、体育场馆等。通常情况下，高校的体育物质文化是全体师生凝聚在一起的体育文化思考，并且这些思考具有一定的时代性，是对高校体育文化的集中展示和传播。

（2）行为文化层。行为文化层主要指的是高校的全体师生组织和开展的各种有益的体育文化活动，如体育课、运动比赛等。

（3）制度文化层。高校的制度文化层可以有效地规范体育文化主体的各种体育行为，有着强制性的作用和意义，如高校制定的各种体育规章、体育条例，以及各种不同体育运动的裁判规则等，同时包括了高校各种不同的体育组织，如运动队、体育部等。

制度文化层主要由四个层面组成，一是体育精神，二是体育道德，三是体育价值观，四是体育文化。体育文化层主要包括体育的目标、组织机构等，并且它们之间有着非常紧密的联系，相互支配和被支配，作用和反作用，最终形成以精神文化层为核心的同心圆结构，并且由内向外依次是制度文化层、行为文化层、物质文化层。

高校体育文化的关键就是制度文化层面，它发挥了桥梁的连接作用，将其他的文化层面顺利地连接起来，因此在高校体育文化系统当中，制度文化层是非常权威的重要因素，在一定程度上对高校体育文化的整体性质有着非常重要的决定作用。高校体育文化的核心是体育价值观，它对高校体育文化的未来发展目标有着非常重要的指向和引导作用。

二、高校体育育人功能的特点

积淀性、渗透性和持久性是高校体育文化育人功能的主要特点。例如，1913年，时任清华大学校长的周诒春先生就大力推行"造就完全人格之教育"，周诒春先生认为体育除了可以充分发挥强身健体的作用，也可以帮助和促进学生养成健康的心理状态。在周诒春先生的强力支持下，学校成功构建了现代化的体育训练体系，也正是因为周诒春先生的大力支持，清华大学也成为我国第一个设立正规西式体育的高校。1920 年，我国近代体育史上的著名体育教育家马约翰先生出任清华大学的体育部主任，马约翰先生认为学校体育的重点不应该放在训练少数运动选手上面，应该将重点放在帮助和促进学生增强体格，以及培养学生良好的清华人的人格，这个不仅可以将我国读书人文弱的不良积病进行有效地改善，同时也可以促进学生养成良好的精神，如合作精神、爱国主义精神等。他认为体育教育是一个过程，简单来说就是增强学生体质促进学生身体健康，以及道德品质教育的重要过程，并且在此过程当中需要将这两者结合在一起，因为只有这样才可以将它的实际价值和效果充分地发挥出来。一直到今天，学生活动会"马约翰杯"已经成为学校校园文化的无可替代的组成部分，该活动会面向的是学校的所有教师和学生，不仅可以成功塑造全体师生，也可以很好地促进全体师生的发展，是学校体育文化的重要精髓。

三、高校体育文化育人功能的工作机制

学校的很多部门都影响着高校体育文化育人功能的有效发挥，如学工办、教务处等，并且高校体育文化的功能机制和这些部门的职能有着很多紧密的联系，如学工办、学生会等诸多部门共同组织和开展的体育节、体育社团活动等，宣传部门充分发挥媒体宣传的功能。学校的校务会等部门有着最高的决定权力，可以决定学校的体育组织机构的布置、体育管理制度等。

四、高校体育文化育人的几点建议

（1）对高校体育文化的构成要素有一个非常全面的理解和认识。很多人在实际的社会生活当中会进入某些误区，使得人们对高校体育文化的认识都非常的片面和肤浅，如学校在体育文化建设的过程当中只将体育文化墙作为体育文化的建设。学校对高校体育文化假如没有一个全面认识和深刻的理解，就更不用谈高校体育文化建设了，这样也就无法真正实现体育文化的育人功能。

（2）对高校体育文化的育人功能有一个全面的认识和理解，不可以局限于

体育道德层面。体育文化在一定程度上对体育道德有着规范的天然功能。体育道德还包括很多方面，如公平竞争、团结协作等，这些均属于体育文化育人功能的内容。需要注意的是，体育文化的育人功能不是只局限于体育道德层面，它主要有三个方面的内容：一是思想品德教育，如爱国主义情操、诚实守信等；二是学生心理素质的培养和教育，如帮助学生克服自闭，帮助学生加强在人际交往方面的能力等；三是培养和教育学生的意志品质，如培养学生吃苦耐劳、顽强拼搏等。

（3）对高校体育文化四个层级的联系有一个非常全面的认识和理解，厘清它们之间的关系。体育建筑、场地等物质要素不仅是载体，也承担着全校教师和学生的体育锻炼实践。学校的体育建筑、设施等物质要素本身是一种非常独特的体育文化现象，它的形成不仅将人类的知识、思想与智慧凝聚和结合在一起，同时也将人们的情操与价值观进行了集中展现。这些体育的目标和价值观转化为体育实践的源泉和动力，对学校体育场地和体育设施的建设有着非常重要的影响作用。

物质文化、行为文化、制度文化和精神文化有着非常紧密的联系。物质文化作为最外面的表层，不仅是具体实在的，同时也是校园体育文化的重要物质载体，行为文化是校园体育文化的内容载体，制度文化和精神文化分别是校园体育文化的支撑和核心。

（4）构建体育工作机构，对管理机制进行深入的研究和探索，使学校的各个部分可以形成合力。实际上高校中很多部门都在一定程度上对体育文化育人功能的发挥有着影响作用，这些有的是正面的积极影响，有的是负面的消极影响，同时有的部门可以相互合作形成很好的合力，有的部门则会相互对冲，因此作者提出了以下几点建议：

第一，组建学校体育工作委员会，以高校的一把手牵头。学校体育委员会的成员应该包括所有与学校体育文化建设有关的部门，如团委、教务处等，同时学校的体育工作委员会在面对和体育工作有关的重大决策时，都应该进行一定的讨论和审议，最后做出决定，保证工作的高效推进。

第二，建立框架和制度。学校在进行了全面的认识和深刻的理解之后，制定相关的体育文化建设的框架、内容等。

第三，学校将远期和近期的目标结合在一起。人们观看各种体育竞赛和参与各种体育运动，不仅可以使人们得到美的享受，也可以在一定程度上充分满足人们的精神文化需求。人们不仅可以感受到体育运动的力和美，同时也可以受到一定程度的熏陶。高校体育文化不仅有着育人功能，也可以在一定程度上培养和教育学生健康的身心，是学生个人全面发展的重要途径。简单来说就是高校的学生缺少体育文化的熏陶，在一定程度上很难成为优秀的大学生。

高校体育文化主要有以下几点功能：

第一，锻炼功能。体育文化功能从一开始的娱乐休闲到现今的强身健体，这反映出高校学生群体对身体素质的重视，同时也在展现了高校学生群体对体育文化的正确认识，因为高校的学生进行一定程度的体育锻炼，不仅可以增强学生的体魄，有一个健康的身体，也可以使得高校的学生在精神方面有一个非常愉悦的心理状态。随着高校体育文化的不断发展，奥林匹克精神"更高更快更强"对高校学生生活的各个方面产生了极为深刻的影响，是高校体育文化非常重要的内涵。高校学生主动参与到各种体育文化活动当中，接受体育文化活动的熏陶，不仅对学生的实际生活有了很大程度的丰富，同时也促进了学生身心的全面、健康与和谐的发展。

第二，凝聚功能。建制性是高校组织和开展各种体育文化教育活动的主要特点，学生和学生之间通过团结合作完成集体项目，如对团队合作精神要求高的拔河、排球等运动项目。高校的学生在这一过程当中，通过团结合作能够起到优化团队成绩的作用，同时学生和学生之间的团结合作也对学生产生了积极的影响，增强了高校学生的团队合作精神。学生通过高校组织和开展的各种体育文化活动，拓宽了学生的交际面，促使学生获得一定的集体荣誉感，这些都展现了体育文化的凝聚功能。

第三，导向作用。我们都知道高校的学生无论是社会历练还是社会经验都不是很多，他们仍然处于成长的关键时期，因此非常有必要对他们正确、科学以及适当的价值观引导。由此，我们也可以看出来，高校学生在成长的过程当中体育文化起到的极为重要的导向作用。高校体育文化对学生有着非常重要的影响，它不仅可以正确引导学生树立求真向善、拼搏向上的奋斗精神和良好的生活习惯，使学生的生活方式可以保持一种积极向上的健康状态，从而很好地促进学生全面、健康的发展，同时也可以培养学生努力拼搏奋斗和不怕困难、吃苦耐劳的精神。高校为学生营造良好的校园体育文化环境，不仅可以提升学生的体育意识和主动参与体育运动的积极性，同时也可以使学生形成正确的人生观和价值观。

第三节　体育教学改革中的文化动力

体育课程的改革打破了原有体育课程系统的平衡状态，使得体育课程系统进入不平衡的状态。从物理学角度来说，体育课程发生改革的时候一定会有"力"的介入，此种"力"是多种力量结合在一起的"合力"，并且这种"力"不管是在体育课程的改革之中起到正面的积极促进作用，还是反面的消极作用，都将其称之为"动力"。此种"动力"在为体育课程改革的发生提供了相应的保障，同时也是其发生的基本前提。影响体育课程改革的因素有很多，其中文化就是非常重要的因素之一，文化是促进体育课程改革发生的不可缺少的重要力量，同时对体育也有着非常重要的作用。在体育课程改革过程当中，无论是外部还是内部的各种相关文化因素，它们之间有着很多的矛盾。这些构成的矛盾就是体育课程改革的文化动力和源泉，不仅促进了体育课程循环往复的顺利运行，也进一步推动了体育课程的发展，以及推动了我国体育课程改革的主要文化"驱动力"。需要注意的是，在体育课程改革的过程当中，文化动力扮演何种角色和提供何种力量，我们都需要对其进行更深一步的研究和分析。

一、体育教学改革文化动力的来源

（一）来源于社会文化系统

1. 来源于物质文化

我们都知道经济基础决定了上层建筑，所以体育课程改革作为教育系统当中的"上层建筑"，不仅会受到物质文化的影响，也会受到物质文化的限制。通过对我国课程改革的深入研究和分析，可以看出，在每次课程改革的背后多多少少都会有着经济（物质）文化变化的影响和迹象，并且在我国相对稳定的发展环境之中，这些影响表现得非常的明显，教育经费随着我国经济状况的好转，投入的费用呈现连年增长的趋势。

与此同时，我国的很多学校在经济快速增长，以及教育经费投入连年增长的情况下，成为了最直接的受益者。学校的很多硬件设施，如体育场地、器材等都得到了很好的改善和完善，这对体育课程的发展和改革有着极为重要的促进和推动作用。物质文化在经济领域的变化中也有了相应的变化，这些变化在教育领域当中产生了非常直接的作用，并且在一定程度上成为引发和促进课程改革的重要力量。

2. 来源于制度文化

我国的制度文化和物质文化相比较，表现得比较保守和牢固，特别是在教育制度文化层面，不仅归属感非常的强烈，同时也有着自身的独特特点，如重视人文、轻视自然的思想等。众所周知，我国有着悠久的历史，这是我国长久以来社会的观念形态、价值取向以及思维方式，它开始于过去，和现代文化有了一定程度的融合之后，还会存在于未来的一种独特意识，是千百年来凝聚和沉淀起来的民族性格，以及社会心理意识，并且已经在我国的社会当中深深地扎根。体育课程非常强调和注重的是学生在"技艺性"方面的学习，并且还对其进行了细分，每一种专项技术都有与其相对应的理论支持。与此同时，体育课程作为一门学科，将多种不相同学科融合在一起，如生理学、人体解剖学等诸多"现代科学"，虽然这些学科从一定意义上来说对学校体育起着支撑的作用，但是这些在我国的传统教育制度文化当中是不被允许存在的。

3. 来源于精神文化

所有人类文化活动的主体是根据各种不相同的价值取向，以及各种文化背景来实践的，并且它们还造就了人类文化活动独特的文化实践方式和结果。随着社会的发展和时代的进步，我们人类的价值观是不断变化着的，国家和社会不断改变体育教育的要求，这种影响直观地展现在教育的表现形式上面。随着社会的不断发展，我国已经进入了信息时代，并且我们面对的世界是复杂和不对称的。我们都知道人是社会当中非常重要的组成元素，受其影响也在不断地发生改变和变化。现如今的"人"从某种程度上来说不再是传统意义上的"人"，现如今的"人"和过去进行比较，不仅有着更加丰富多彩的内心世界，同时也有着非常多的不可预测性。在体育课程改革当中主要展现在，更加重视学生，这意味着教师要更多地关注学生的外在行为和内心情感。

（二）来源于教育文化系统

1. 来源于教育价值观的变化

我国的教育价值观从近代社会以来就长时间地不断变化，我国的体育课程受此影响做出了很多次的改革。美国教育学家杜威先生在20世纪20年代来我国访问的时候，在我国的教育界引起了很大的轰动，受此影响我国的近代学校体育就短暂地提出了"自然主义的目的论"。在此之后，我国很多优秀的教育学家都受到了这种理论的影响，如陶行知等，开办了南京晓庄师范学校，并将其作为试点。"自然主义"在当时也就逐渐成为教育界的主流理论，这种影响也在一定程度上促进了我国体育课程的改革，先后进行了多种不相同的试验，如"道尔顿制"等，但是后来这些改革也相继消失了。在中华人民共和国成立之后，又先后对体育课程进行了几次改革，和成立之前的相比较，后者更多的是将核心放在"中心之争"和"两论之争"上。

（1）中心之争。"中心之争"主要指的是以儿童为中心还是以教师为中心，学界为此展开了非常激烈的争论。在儿童的心理认知水平方面，制定教学内容的时候应该尽可能地制定容易被众多儿童接受的，只有这样才是真正地做到了"以人为本"的"儿童中心"。

看起来"教师中心"和"儿童中心"是相互对立的独立思想，美国著名教育专家杜威先生更偏向于"教师权威论者"，他虽然在某种意义上否定了仅仅用教师的权威来约束儿童，让儿童服从教师的课程逻辑，却强化了"教师权威"，他对教师的意义进行了重新定义，将其真正地升华，最终成为制定教学课程的长期计划，并且将环境进行重新设计，主要包括目标、课程、方法等。由此我们也可以看出来，杜威先生作为著名的教育专家，他的教学思想中的一部分和我国当前的课程改革思想是符合的，我们甚至还可以在他的一些教育思想论述当中看到"校本课程"的影子和踪迹。教育专家杜威先生在对学生教学的过程当中，关于教师的权威一直没有进行过否定，杜威先生还认为在教学的过程当中不应该对儿童进行放任式的教育，以及迎合儿童一系列不成熟的想法。教师在对学生开展教学的过程当中，作为引导和指引学生的重要引导者，是一个十分重要的角色，教师应该最大限度地扮演好这一角色，特别是教师在面对基础教育学生的时候，本身就是一种非常权威的存在，同时这也是客观存在的事实。

随着时代的发展和科技的进步，教育理念也得到了快速的发展，并且在发展到某一特定程度的时候，"以人为本"就是它的必然要求，我国的新课程改革受此影响也提出了"以人为本"的教育指导思想。我们都知道少年和儿童是基础教育的主要对象，大量的教师在此次教育课程改革具体实施的过程当中，把"以人为本""儿童中心论"两者之间画上了等号，得出了在对学生教学的过程中，把学生作为教育的中心就做到了"以人为本"。教师此种想法和做法，使得很多教师在对学生授课和教育的过程当中，太过迁就学生，没有坚持教师自身的教育原则，同时在对学生教学的过程当中也降低了对学生的一些基础要求，教师的此种做法已经远离了"教师权威"的教育观念。

（2）两论之争。"两论之争"主要是指以学科中心论为主，还是以活动中心论为主，两者之间开展了非常激烈的争论。

学科中心论强调和注重的是学科自身存在的教育逻辑，以及某些教育规律，从而最终形成一种非常科学的"学科结构"，需要注意的是，此种教育观念对于学生本身的特点与个性需求方面没有太多的注意和强调。学科中心论将教育课程结构中的对学生的教育内容划分为不同的教育项目，并且要对这些划分好的教育项目进行统一的规范管理，以及必须全体参与学习这些教育内容，总结来说就是教育的课程结构以学科自身为核心来进行课程结构的具体设计。我们都知道，体育在学校的教育当中是一门非常重要的学科，并且有着极为完整、科学与合理的学科体系。学校体育从某种程度上来说是非常科学严谨的，它融合了很多不同学科领域，如心理学、运动生物力学等，是一种客观存在的事实。学校的学生通过学校体育的严谨科学性，可以深入了解和全面掌握体育的基本知识和体育的基本技能，是一种效率非常高的教学和指导方式，并且就现今我国实际国情来说，站在学生的角度来考虑很有可能是最有效率的学习方式之一。基础教育阶段在学生发展和成长的过程当中是学习和积累知识的重要时期，因此学科中心是指引和引导学校体育的一种无可替代的重要教育思想。

活动中心论和学科中心论相比较有着很大的不同，主要表现在两个方面，一是结构由学科转向学习，二是由关注技能、体力发展转向关注技能、体力和情意三方面协调发展。很多教师在对学生授课和教育的过程当中，还存在很多误区，他们认为体育课是已经具备了"活动中心"的课程，不用再对学生传授相关的体育知识和体育技能，学生在体育课中只要活动起来就可以了。此种错误的想法和做法引发了另外一个误区，那就是教师在对学生授课和教育的过程当中，慢慢地开始淡化传授学生体育知识和体育技能，这已经和著名教育专家杜威先生"活动性课程"的初衷背道而驰。通常情况下，活动中心非常注重和强调学生在学习过程当中经验的具体获取方式，简单来说，就是教师在对学生授课和教育的过程当中，不仅要正确地引导学生从兴趣当中获得一定的个人经验，同时也要使得学科能够成为他们不可分割的部分。与此同时，也要在他们以后成长和发展的过程中，使得课程教材可以成为具有独特意义的重要存在因素。换句话说，就是能够使少年儿童心理产生变化的知识也是活动，在这一方面体育课程和其他课程相比较有着很大的优势。虽然体育课程在学校的教育当中占比没有其他课程大，但是作为活动性的课程，和其他课程相比较获得的直接经验会非常的多，并且间接经验的获取量和直接经验获得量相比于其他课程，损耗是非常少的。因此，这也可能是体育课程培养和锻炼学生良好的品质，如道德、意志等，以及身心健康发展的优势所在。

2. 来源于体育学科自身体系的不断变化

影响体育课程改革的主要因素就是随着时代的发展和科技的进步，体育学科自身也在不断地进步和完善。我国是在 1903 年开设的体育课程，并且体育学科随着时代的进步不断地发展、完善和充实着自己。在中华人民共和国成立之后，开始注重和强调身体素质方面的锻炼和练习，其最为主要的宗旨和目的就是进一步增强人民群众的身体素质，以及努力捍卫中华民族的尊严，之后的课程改革和调整都是围绕着这一宗旨进行的。直到我国和苏联的沟通和交流进一步加深，并且参考、借鉴和学习他们的课程理论，开始学习竞技技术，也正是因为如此，"认知"逐渐成为体育课程改革的"主旋律"。在 20 世纪 60 年代初期到 80 年代中期，我国体育课程教学的重点就是让学生深入了解，以及全面掌握竞技体育方面的主要知识和主要技能，在这一时期的教学大纲中能够充分地展现出来，体育课程为了可以适应此种需求也做出了相应的改革。"以人为本"的思想在 20 世纪 80 年代开始被人们广泛地接受和认可，同时在全国范围内开展的"素质教育"，使得"健康第一，以人为本"的教育思想成为指引和引导体育课程进行有效改革的主流思想，并且相继出现了很多优秀的先进教育思想开始服务于体育课程的正确改革，如"快乐第一"等。

总结来说就是，每次的体育课程改革从某种意义上来说均是体育学科发展的一次重要标志，体育学科在体育课程不断发展、进步和完善的过程当中，得到了持续发展的源泉和动力。

3. 来源于相关学科的变化

学科从 20 世纪后半叶开始，发展的主要特征就是高度的分化与整合。教育学科中的传统教育心理学、教育哲学和教育技术等都得到了相应的完善和发展，并且随着体育课程的不断发展，在之后的改革当中就运用了这些学科。例如，随着时代的发展和科技的进步，"网络教学"在现在的体育教材当中也经常遇到，教师为了适应"网络教学"，无论是教师的教案形式，还是教师的授课方式，都在随着相关学科的变化发生相应的改变。

体育学科和教育学科相比较，其发展的历史比较短暂，虽然是一门新兴的学科，但是人们已经发现这一学科的重要性和多层次多方面的关联性，等待着未来人们的进一步开发。在体育课程改革的过程当中，体育学科从某种意义上来说有这种非常重要的作用。很多学科在 20 世纪 50 年代先后建立起来，如生物化学等，这些学科的建立影响了很多方面，如学生在每一节课程当中负荷量的具体要求，以及运用一系列指标来衡量学生的身体机能以及负荷程度。

（三）来源于体育文化系统

1. 来源于体育价值观的变化

体育价值观的变化从某种程度上来说促进了体育课程的进一步改革，这在我国的体育课程的改革历史当中已经出现了多次，其中表现最明显的几次体育课程改革均发生在中华人民共和国成立之后。原因在于为了可以快速、全面地振兴中华民族的精神，以及确定我国在世界竞技体育大国中的位置，并开始重视和强调竞技体育在我国的发展和普及，并且做出了很多相应的改革措施，调整体育课程中的强度，从而进一步增加学生的运动负荷。在对学生开展教学的过程当中将其作为专业的运动员来对待，并且对其采用"三从一大"的具体标准，虽然相比以前获得了不错的成绩，但是现如今从某种程度上来说是弊大于利。"身体健康"随着我国体育事业的发展和完善，以及大力推广和普及全民健身运动，已经逐渐成为了体育事业发展当中的主要旋律，同时体育当中的很多功能，如健身性等也得到了有效的开发和利用。体育课程的重点也转变为中小学生身体素质的全面发展，并且其身体素质还可以达到相应的标准，为了统一这些标准，我国还专门为其制定了《中小学生体质健康标准》，从某种意义上来说不仅有效地保证了学生身体素质的全面提升，同时也进一步促进了体育课程的改革。时代在进步，科技在发展，人们对"健康"的理解越来越全面和丰富，受此影响"心理健康"也相应地得到了更多人的关注和重视。

2. 来源于竞技体育对体育课程的影响

众所周知，竞技体育作为体育中的重要组成部分，对体育有着非常大的影响力，因此在体育课程改革的过程当中竞技体育也会产生非常大的影响。我们都知道，我国在 2001 年的时候申奥成功，获得了主办权，作为奥林匹克运动会的主办国家，也有一定的责任、义务来进一步宣传和深入推广奥林匹克运动会，其中最为合适的载体就是体育课程，体育课程为了可以完美符合这一要求需要做出调整和改变。为了更好地保护我国的民族传统体育，全面和深入推广民族传统体育，我国在 1999 年的新课程标准当中做出了很多的改变和调整，无论是我国民族传统体育的相关课时，还是教学内容和要求均有所增加。竞技体育的魅力是其他体育无法比较的，不仅是体育课程当中的重要组成部分，它的地位也是独一无二的。竞技体育有很多细分的体育项目，单项协会为了使这些项目得到更好的发展，会在一定程度上针对其项目的规则进行相应的修改和调整，这样也会对体育教材产生影响，使其做出相应的改变。

3. 来源于休闲体育对于体育课程的影响

随着我国综合国力的不断提升，人们的生活水平也越来越高，尤其是在科技发达的信息化社会，以及休闲体育的快速发展，这些都为人们提供了十分庞大的信息资源，最终与国外的新兴体育运动接触越来越多，也进一步影响了我国体育课程的改革和调整。

在 1999 年制定的新课程标准当中出现了很多之前没有的课程标准，其中就允许有条件的地区或者学校开展一系列的新兴体育项目，如滑轮、冲浪、攀岩等。我国的众多学校随着校本课程的全面推广和深入普及，进行了全方位的思考和分析，充分结合学校自身的实际情况开展和组织了一系列的休闲体育运动，如棋类项目、定向越野等。站在体育课程多角度来说，将这一系列的休闲体育运动纳入到体育课程当中，既是挑战也是机遇。首先，这些新制定的课程标准和以往相比较，是一种全新的内容，无论是对尺度的准确把握，还是对教学内容和教学进度等，都没有足够的经验来支撑。与此同时，想要将这些全新的休闲体育项目顺利地开展，对教师的素质相比以前也有了非常明显的提高。其次，学生对这些休闲的体育项目有着浓烈的兴趣和爱好，这些有着自身特色的休闲运动项目被纳入到体育课程当中，无论是体育课程的内容，还是体育课程的形式都进一步得到了丰富，不仅具有快速提升体育课程质量的重要促进作用，还可以在一定程度上起到提升其在学生当中影响力的促进作用。

随着体育运动的进一步发展和完善，我们坚信在以后的体育课程当中，会有更多的体育项目纳入其中，并且体育课程的改革也会在理论体系和课程体系不断完善的过程中更加深入人心。

通过以上的内容，我们可以进一步了解到体育教学改革中的文化动力是多方面的，虽然成因和关系是错综复杂的，但是从某种意义上来说也是因为这些因素的共同作用，不仅使得体育课程改革持续发生，也使得体育课程趋向成熟。

二、体育教学改革文化动力的本质

体育课程在平稳发展状态的时候，处于由多种作用力组成的合力平衡当中，并且大多数情况下是动态的平衡。如果破坏了动态的平衡，那么就会导致体育课程由平衡状态转为不平衡状态，同时体育课程改革也会在此影响下发生变化。体育教学课程当中的各种不同文化产生的矛盾就是破坏动态平衡的源头。

通常情况下，本质主要指的是事物在实际当中展现出来的稳定和一贯的特征，也就是事物本身的特殊性。体育课程改革的文化动力是非常复杂的，主要是在体育课程改革的过程当中无论是内部因素还是外部因素，它们之间的相互矛盾就是体育课程改革的文化动力和源泉，同时这些矛盾还促进和推动体育课程的持续运行和不间断地发展。我国的体育课程改革是从 1903 年开始，并且一直延续到现在，期间运用各种不同的思想对其进行多次的改革，从历次改革后的效果可以看出来，只有在中华人民共和国成立后进行的几次改革，才真正地将体育课程带入了正规化和科学化的良性发展道路，其中正是马克思主义关于人的全面发展的思想对其进行了正确、有效的科学指导才取得了较好的效果。由此，我们也可以看出来，按照当前体育课程改革的发展情况来说，其文化动力的本质就是在不同时期对马克思主义人的全面发展的不同解读。

马克思和恩格斯在阐述共产主义社会劳动的时候，提出了"生产劳动给每一个人提供全面发展和表现自己全部的即体力和脑力的能力的机会"。我们也可以看出来他们把体力和脑力分开，从另一个层面来说就是，体力能力和脑力能力两者处于同一个位置，是相等的并列关系。随着时代的进步，在现今的学校教育当中，体育课程是促进、发展和提高学生体力非常重要的手段和方式，同时也说明了体育课程在学校教育当中的重要地位，对于促进学生身心全方位发展有着十分重要的意义和作用。通过对马克思主义人的全面发展的进一步认识，以及深入的了解，能够得出体育教学改革文化动力的主要本质特征有以下几点：

首先，体育教学改革文化动力由多种文化分力组成。众所周知，体育课程改革的过程并不简单，是极为复杂繁琐的，这就说明了体育教学改革文化动力不可能仅仅只由一种作用机制来完成，所以它是由很多不同的文化分力构成的合力。体育课程在受到各种不同作用力的共同牵制，动态平衡的状态下呈现一种非常平稳的发展过程。如果破坏了动态平衡下平稳的发展过程，就会使得体育课程处于"震荡"的状态之中，体育课程在面对此种"震荡"的状态，想要完美地适应此种变化，就需要对体育课程做出相应的改变，也就是体育课程改革。需要注意的是，对体育课程进行改革的时候，必要不断地对其进行调整，以便于更好地适应。事实上，体育课程随着时代的发展经常性地出现此种现象，这也正是对体育课程进行频繁改革的真正原因。

其次，体育课程改革的文化动力是非常复杂的，它是由体育教学内外部文化因素间的矛盾产生的。在体育课程教学外部信息和内部信息相互交流、转换的过程当中，因为内部文化信息本质和属性与外部文化信息本质和属性有着非常大的区别，这也就产生了信息流不对称的现象，同时也将体育课程的动态平衡打破，从而使得体育课程不得不做出与其相应的改革措施，最终使得体育课程可以得到更好的发展。需要注意的是，在内部信息和外部信息两者之间进行相互交流和转换的时候，存在着"不平等"的现象，除了两个母系统之间可以发生作用之外，其中一个母系统还可以和另外一个母系统当中的子系统之间产生信息交流和转换的现象，这不仅在一定程度上加深了"动荡"的程度和频度，同时也使其关系变得更加的复杂。

再次，主动力和次动力。体育课程内部文化和外部文化产生的矛盾分别为体育课程改革的主要矛盾和次要矛盾，并且由主要矛盾和次要矛盾产生的动力分别为主动力和次动力。需要注意的是，虽然从形式上面指出了影响体育课程改革文化的主要因素和次要因素，但是作为价值判断并非绝对的。在对体育课程进行改革的过程当中，哪怕是一个细小的变化都能够引发一次改革，并且无论是改革的范围还是影响都非常的强烈，可以说是暴风雨式的改革，很好地印证了"蝴蝶效应"这样说法，并且还将这个效应极度地放大。虽然，站在体育课程教学改革文化动力的本质层面上来说，没有"主要""次要"之分。但是，站在引发改革矛盾的角度来看，教学内部文化之间关系相比外部文化之间的关系，更加的错综复杂，也正是因为这样才会有"主动力""次动力"之分。

最后，体育课程改革的内驱力。我们都知道，体育教学课程改革文化动力的主要载体就是各种不相同、丰富多彩的体育教学活动，与此同时，在多种多样的体育教学活动当中有着各种不同的文化要素，这些文化要素在体育教学活动当中持续地产生作用，从而最终构成了体育课程改革文化的"内驱力"。无论是哪一种文化本质，在最后均会通过非常具体的行为方式展现出来。体育课程教学活动作为体育课程当中非常重要的组成部分，同时也是体育教学改革文化动力最为合适的载体。无论是哪一种体育教学活动，可以说基本和体育课程的所有方面都有着联系，涵盖了方方面面。只有将体育课程当中各种不相同的要素巧妙地结合在一起，体育课才能称之为优秀。同时，在体育课程当中任何不协调的要素以及外部文化之间的各种矛盾，在最后也都是通过体育教学活动展现出来的。由此，我们可以看出来，在体育课程教学的过程当中，这些文化要素的集中展现，使得体育课程改革的"内驱力"更加的明显，并且是从内部向外部的显现。总结来说就是我们可以将体育教学活动作为一个舞台，并且这个大舞台为体育课程改革中的各种不相同的文化因素提供相应的展示场所和机会。从这样的意义上来说就是体育课程改革当中的所有文化因素，在最后均能够成功地转化为促进体育教育课程改革的"内驱力"，体育教学活动本身在其进一步的影响下，呈现出比较中性的色彩。

（一）外部文化矛盾——推动体育课程改革的支点

影响体育课程改革的重要因素之一就是外部文化矛盾，同时从某种意义上来说它也是推动我国体育课程改革的重要支点。物质文化不仅是人类文化当中最为基本的构成部分，同时也是人类文化当中最常见的重要组成部分，它的领域十分地广泛，可以说我们人类的生存需要都被其包括了。物质文化在我们人类的文化世界中，和制度文化、精神文化相比较是发展速度最快的，同时无论是变化、革新还是改进、更新都是最多和最频繁的。

在体育课程的改革当中，除了国家的经济因素以外，随着物质文化的进一步发展和变化，我们人类不仅对体育教学设备有着非常强烈的依赖感，同时体育教学的手段更新速度也非常的快。其中最为典型的表现就是计算机，20 年以前它属于高精尖的技术，20 年以后，教师在教案中没有多媒体的课件，或者在课堂上对学生授课的时候没有运用计算机技术，可以说是已经"落伍"了，没有紧随时代潮流的步伐。这些也从另一个角度说明了它们间接地推动了体育课程改革的发生。

制度文化和物质文化相比较是一种更深层次的文化。物质文化就是制度文化的主要基础，制度文化存在的主要目的是为了可以进一步满足我们人类更深层次的需求，它在体育课程当中的影响力主要展现在体育领域方向。"举国体制"随着时代的不断发展，已经由一开始的膜拜转向质疑，都在一定程度上展现出了我国众多人民，非常期望对我国现行的体育制度进行改革。现如今我国体育当中最大的困难就是竞技体育和其他体育，这两者之间只有协调发展，我国的体育事业才可以更进一步。学校体育或者体育课程在我国属于传统意义上的体育，还是三大支柱当中的一个，它在我国的体育教育事业改革的过程当中会面临很多的挑战和困难，如具体的定位、发展等。

精神文化不仅是创造性的需要，同时也是自由的需要。也正是因为如此，精神文化和物质文化、制度文化相比较不仅是最有内在性的，也是最能展现超越性和创造性本质特征的。从某种程度上来说，我们人类只有在满足了低层次的需求以后，才会进一步产生更高层次的相关需求，可以说高层次的需求是在低层次的基础上产生的，总结下来就是无论是精神文化，还是制度、物质的文化都不可能是独立存在的，三者之间有着非常紧密的联系，相互影响和作用。与此同时，制度和物质的文化又在一定程度上对精神文化起着决定性的作用，精神文化对其他两种文化仅仅产生反作用，也就说明了精神文化的和其他两种文化相比较，发展速度是比较滞后的，并且在发展的过程当中产生发展不均衡的局面，使得社会在短时期当中，除了混乱动荡之外，也进一步将矛盾激化。此种现象随着我国经济、政治、文化综合国力的提升已经越来越明显了，甚至出现了很多焦点问题，如"文化的缺失"等。

（二）内部文化矛盾——促进体育课程改革的动力源

1. 教师与学生

在体育课程改革的过程当中，教师和学生之间的矛盾似乎是一个永久性的话题。我国虽然在数次的体育课程改革当中，均对师生之间的关系进行过相应的调整和改善，但是并没有取得很好的效果。在处理师生之间矛盾关系的时候必须站在我国自身的文化语系当中，只有这样才可以有更深的体会，更利于很好地解决教师和学生之间矛盾的关系。众所周知，我们的国家非常地讲究和注重"师道尊严"，并且"天、地、君、亲、师"的关系也从某种程度上面，直接体现了教师在我国实际社会当中的地位。或许也正是因为如此，我国在处理师生之间矛盾关系的时候，对于德国著名教育学家赫尔巴特提出的想法保持一种比较认同的态度。对学生"主体性"的认识，除了随着社会的进步和科技的发展之外，也在 20 世纪 50 年代以来随着复兴的人本主义，受到了越来越多人的关注和重视。教师在对学生教育的过程当中虽然尝试着将其看作独立、全面的存在，但却产生了一些困难和挑战，简单来说就是以"个人为本位"的人本主义与我国的以"社会为本位"产生了矛盾。由此，我们也可以进一步看出来，只要对人本主义有着不同的认识和理解，那么就会产生不同的外在表现形式。也正是因为如此，师生之间的矛盾关系和诸多文化当中的核心问题产生了一定的联系，所以也不是对课程进行几次改革就可以解决的问题了，可以说师生之间的矛盾关系必然会随着课程的不断革新做出相应的发展和改变。体育课程也是因为师生之间的矛盾关系一直处于动态的过程当中，师生之间的矛盾关系虽然是体育课程改革当中的重要矛盾，但是从另一种意义上来说这也是我国体育课程改革发展的主要动力和源泉。

2. 教学目标与教学评价

在体育课程发展的过程当中教学目标和教学评价，这两者一直伴随其左右。在对学生开展体育课程的过程当中，教师往往会对学生提出较高的教学目标，如促进和帮助学生得到一个全方位的发展等，并在体育课程改革的发展历史当中该教学目标始终贯穿其中。与此同时，教师在对学生开展教学评价的时候又非常关注和重视学生最终的评价结果，并且尝试通过具有总结性评判的评价结果，来确定学生最终的"成绩"。也正是因为如此，教学目标和教学评价两者之间产生了一定的矛盾关系，主要有以下两种原因促使了此种现象的产生：

（1）"文""理"之争。在体育课程当中对于"文""理"的选择，始终是体育课程学科定位的一大难题和困扰。体育课程的定位虽然划分到了"理科"的范围，但是它又有着众多"文科"课程的相关性质。通常情况下，文科的主要研究对象是我们人类独有的政治、经济、文化等，因此我们也将其称之为人文社会科学。通过以上的内容，我们可以进一步地看出来体育作为文化现象是一种特殊的存在。除此之外，体育和国家的政治、经济等有着非常紧密的联系，同时又在重新制定的新课程标准之中着重强调和关注，最大限度地去拓宽学生的视野和世界观，不仅要让他们深入地了解体育的发展历史，也要让他们进一步认识和掌握各种和体育文化有关的文化知识，这些都在某种程度上和"文科"的属性存在着联系。

体育课程除了展现出鲜明的"文科倾向"之外，还展现出来了一定的"理科倾向"。通常情况下，理科的主要研究对象是客观世界当中存在的某些物质规律，因此我们又将其称之为自然科学。正因为体育课程对客观世界当中的存在的某些规律十分的注重和强调，所以对人体当中的各种生理机能、潜能等十分的重视。通过以上的相关内容，我们可以进一步看出来，体育作为课程，将理科和文科成功地结合在一起，因此在评价体育课程的时候，不可以仅仅用理科的评价标准来要求。

（2）"严谨性""灵活性"的结合。现代竞技体育在现今的体育课程当中占有很大的比例，这也就使得体育课程产生了与其相应的"竞技性"。我们都知道竞技体育在规则方面非常的严格，因此无论是参加竞技体育比赛，还是在体育课程之中都要严格的遵守其规则，同时这也是保障其进一步发展的根本要求所在。在学习和掌握竞技体育技术动作的过程当中有着十分鲜明的逻辑顺序，如教师在为学生传授篮球当中"三步上篮"技术动作的时候，无论是运球还是投篮都要让学生深入地了解各种与其相关的技术动作，并且可以充分地掌握和熟练地运用，因为这是篮球中"三步上篮"的技术动作的基础和关键。

除此之外，体育课程当中的技术动作并不都是安全的，有些技术动作存在一定的风险性，如鱼跃前滚翻、肩肘倒立等技术动作，学生在做这些具有风险性的技术动作的时候，教师要对学生有着十分严格的要求，让他们必须按照与其相应的规范技术动作要领进行实践，因为这也是从生命健康发展的角度对学生的关怀。因此，这也说明了体育有着与其相应的严谨性。我们可以将体育自身当作一种非常独特的艺术，因为运动员在参加某些体育比赛的时候会产生很多惊人的创造力，并且人们在观看的时候会被体育魅力深深地吸引和折服，教师在对学生教育的过程当中同样也可以展现出来。当学生参加某些体育比赛，并且在此过程当中将创造力和想象力充分发挥出来的时候，他们也会获得成功的喜悦和快感。

3. 学生与教学方法

通常情况下，基础教育的学生在自制力方面都比较差，如果说体育课程按照基础教育自制力比较差的学生逻辑思维来说，体育课应该是没有任何拘束的，这是一种非常具有代表性的狭义"儿童中心主义"思想，事实上，理想和现实在实际社会生活当中是有一定的差距的。体育作为一门活动性课程，基本上在所有的学校课程当中所占的比例并不大，虽然课程数量不多但是在学生当中很受欢迎和喜爱，因为学生在体育课当中能够尽情地释放和展现自己，使学生无论是在身体方面还是在心理方面都得到一定程度上的放松。在体育课程当中有些教师会带领学生做一些游戏，虽然这些游戏可以调动他们的积极性，唤起他们的纯真烂漫的天性，但是要知道体育课程并不都是欢乐的，同时游戏也不是体育课程的所有。体育课程作为学科体系的课程，有着大量复杂性的技术动作，学生想要对其进行充分地掌握和熟练地运用需要进行长时间的艰苦训练，并且在此锻炼的过程当中并不总是充满欢声笑语的，绝大多数情况下是枯燥乏味的，与此同时也有很多的教学内容需要学生有着非常坚强的意志品质才可以顺利地完成。完整的体育课程兼具着痛苦和欢乐，学生在训练某些技术动作，或者完成某些教学内容的过程当中虽然是痛苦的，但是在他们完成技术动作或者教学内容的时候饱含着成功以后的喜悦。也正是因为如此，教师在对学生教育的过程当中会尽可能地运用多种不同的教学方法，使其进行一些比较难的尝试，学生在初次接触的时候大多数用否定的态度去被迫的接受，同时任何的教学方法都无法对其进行有效的弥补，虽然此种矛盾是没有办法进行有效调和的，但从长远意义来看，它促进了体育课程的不断改革、发展和完善。

4. 课程教材与教学手段

在我国的体育课程改革的过程当中课程教材和教学手段，这两者之间存着在一定的矛盾关系。例如，在体育新课改革的过程当中，大量的教学内容充斥着西方社会的印记，如最大限度地利用互联网的资源来为体育服务等。现如今我国仍然属于发展中国家，所以我国还没有达到在全国普及和推广发达国家的教学硬件设备的水平，这就导致了我国的学校体育处于一个非常尴尬的局面和境地。与此同时，很多盛行的新兴体育项目有着很高的投资、难度和标准的特点，如轮滑作为要求比较低的新兴体育项目，学生所穿的轮滑鞋差不多百元左右，看起来并不是一个很高的面额，但是这也仅仅只是一双的价格，想要给每一位学生配齐装配，是一笔非常大的投资，和我国很多只有两个篮球场的学校相比较投资的数额也不少。

与此同时，在西方国家教育界的影响下改革后的新课标有着明显的改变，建议在对学生授课的时候采用"小班制"以及分组教学。西方国家的班级授课制从17世纪就已经开始了，并且经过长时间的发展，在300多年的资本主义时间当中由萌芽到繁荣，西方国家的班级授课制已经非常地成熟。1903年颁布了《奏定学堂章程》，然后开始在全国范围内推广和普及班级授课制，但是真正接触的时间还不足百年。我国对于班级授课制虽然不陌生，并没有达到深入了解和掌握，以及熟练运用的地步。我国人口数量众多，并不能做到让每一个人都得到充分的教育，教育资源相对缺乏，随着班级授课制的推广和普及，也直接证明班级授课制是最为恰当的选择，现如今要做就是要对其开展更深一步的分析和研究，从而可以更好地了解、掌握和驾驭。虽然短期内体育课程改革的过程当中，高标准的课程教材和相对落后的教学手段不协调的矛盾会一直存在，但这也为体育课程的改革指明了方向。

（三）体育课程改革的文化动力特征

1. 方向性

体育课程改革有着非常鲜明的方向性，主要是由体育课程的文化属性决定的。我们人类文明的集合体就是文化，并且无论是文化的出现还是文化的发展，都必定带有一定的烙印，这些烙印是在人类社会总体的发展过程当中产生的。也正是因为如此，此种方向性指引和引导着体育课程的每次改革，并且都带有非常明确的目的性。军国民教育作为一种简单的体育思想，在20世纪初期非常的流行，主要原因是人们长时间的受到其他列国主义的强烈欺压，想要快速脱离和挣脱"民弱国衰"的难堪处境，并且站在当时的角度来看，此种体育课程方式也最为实用。

2. 动态性

体育课程可以持续发展到现在，最为主要的是得益于体育教学改革文化动力特征中的动态性。从本质上来说，成功和失败的课程改革都是成功的，原因在于它可以使体育课程改革一直处于发展的状态之中，从而为体育教学改革系统增加发展和前进的不竭动力。现如今，虽然体育课程发展看起来处于一个比较平缓的时期，但是体育课程依旧是"平静的水面下涌动的湍急的暗流"，课程改革就是在这样看似平静的环境中孕育出来的。除此之外，在各种不相同的文化要素进行互动的过程当中也可以展现出它的动态性。因此，它们除了处于相互影响的过程当中之外，还处于相互转化的过程当中。由此，我们也可以进一步看出来，动态性是体育课程最为重要的特征之一。

3. 协同性

通常情况下，协同具有两个方面的含义，一是竞争，二是合作。体育课程改革的文化要素在这一层面上有着非常鲜明的"复杂性"。一是体育课程在十分有限的体育课程资源当中，为了可以得到更好的资源必定会和其他的课程资源进行非常强烈的竞争。二是所有学科在进行课程改革的时候，必须借助教育系统与社会所有的资源，并且将其进行整合，只有充分发挥这些整合起来资源的作用，才有可能成功地完成其改革。除此之外，体育教学改革文化内部的各种不相同的影响要素，也有着相互竞争和相互合作的现象，并且此种现象屡见不鲜，大多数情况下竞争也伴随着合作一起开展。

4. 突变性

在体育课程的文化体系当中"突变"是极为重要和定型的标志。需要注意的是，此种突变和我们经常看到的课程剧烈震荡的场景完全不同，是一种课程内部意义上的突变。实际上，在观看到这些景象的时候，基本已经说明了体育课程改革快要结束了。也正是因为如此，突变形势更加偏向于"质"的变化，也就是在体育课程改革酝酿时期产生的变化。突变性作为体育课程改革文化动力的突变特征，和其他的"突变"现象相比较是完全不相同的，在思考、分析和研究的时候应该将其放在"相空间"当中，充分考虑了可能出现的情况，只有这样才可以在无论是体育课程改革的准备期，还是在体育课程改革的爆发期，都可以对其进行更好地掌握和了解，从而最终在改革的时候可以更加地合理、科学和有效。特别是在体育课程的内部体系当中，存在很多隐藏比较深，并且有着十分错综复杂关系的突变现象，这些突变现象展现出来的"突变性"是体课程改革文化动力特征最为主要的反映之一。

5. 层次性

体育课程改革的文化动力是多种多样的，同时有着十分明显的层次性。这些文化动力都可以或多或少地促进（或者阻碍）体育课程的改革，文化动力对改革有着各种不同的作用，这种现象的产生原因在于主、次动力之分。除此之外，体育课程改革的各种文化动力因素在有着非常鲜明的针对性。

6. 差异性

同样都是体育课程改革的文化动力，它们作用的方式从某种程度上来说，进一步展现了体育课程改革文化动力的差异性，具体表现在体育课程的改革过程当中起到直接的作用，还是通过其他的媒介起到间接的作用。除此之外，还包括即时是同一个文化系统，在各种不同的时期和领域也会存在一定的差异性。总结来说就是差异性也可以推动和影响我国体育课程的发展。

三、体育教学改革文化动力的影响因素分析

想要对体育课程改革文化动力的作用机制进行全面审视，就要对系统动力学

进行运用，从而对文化作为一种"力"在体育课程改革方面的作用机制进行深入探究。唯有如此，我们才能对体育课程改革的发展趋势有更为深入的了解与掌握。

（一）体育课程改革文化动力因子分析

体育课程改革并不是一件一蹴而就的事，它的过程十分复杂。我们需要探讨的，则是在体育课程改革过程中，哪些因子在起作用，又起到什么样的作用。

从人们认识事物的一般规律出发，我们能够分析得出，从宏观上来看，有两方面的因素会对世界上一切事物的发展造成影响，其一为内驱力，其二为外驱力，也就是人们常说的内因与外因。内驱力与外驱力共同对事物的发展产生影响。在马克思主义经典理论中，内因即内驱力，是对事物发展起到决定性作用的主要因素。所以，对于体育课程改革来说，内驱力自然是主要影响因素。因为其和教学评价、教材、教学手段、教学方法、教学目标以及学生、老师息息相关，不可分割。上述都属于体育课程文化的影响因子，对体育课程改革的方向和内容造成直接影响。

与此同时，我们也必须认识到，从社会角度看，课程其实是"社会文化的再生产"，所以它和外因，即外驱力的联系并不是"主从"那么简单，事实上，二者之间是彼此交融的。对于体育课程来说，其具有特殊性，不仅受制于体育文化，也被教育文化深深影响。此外，对于场地、器材设施，体育课程也提出了较高的要求。因此，我们更需要慎重考虑外驱力，也就是精神文化、制度文化、物质文化、教育文化、体育文化、社会文化。站在这一角度看，在影响体育课程改革方面，外驱力并不比内驱力逊色。所以，我们要认识到，对于体育课程改革来说，外驱力与内驱力共同发挥着积极作用，也正因如此，体育课程的发展才会更加顺利。

（二）影响体育课程改革内驱力动力因子分析

教学评价、教学手段、教学方法、课程教材、教学目标、学生以及老师，这七个不同要素共同构成了教学系统。下面将对上述影响体育课程改革内驱力动力因子分别进行分析。

1. 教师

现如今，学生和教师是体育课程改革的两大主体，有着日益凸显的重要地位。不过，由于体育课程改革为基础教育课程改革，致使学生受到心理、身体发育的影响，自主性方面存在一定欠缺，所以，在体育课程改革中，应当对教师的地位予以强化，而教师所发挥的作用也更为重要。

在体育教学中，体育教师主要有着如下角色功能：

第一，知识经验的传授者。在人类传递知识经验的过程中，诞生了教学。这个传递过程，就是将成人社会积累的知识与经验，向新一代儿童传递，实际上属于文化传递。在传递文化的过程中，由于成人社会的知识、经验已经成为一种需要传递给下一代的文化，那么必然已经出现客体化、外化，并且这种客体化、外化是很有针对性的。尽管如此，儿童在接受这种文化的过程中，仍旧很难对其直接消化。因此，在二者之间，"真空状态"便无可避免地诞生了。为了让人类文化传递得更为顺利，我们就要努力打破这种界限。基于此，教师，这位知识经验的传授者便登上了历史舞台。

第二，教学活动的组织者。教学活动是有组织的活动，想要开展教学活动，必须先进行严格的设计、策划。所以，教学活动迫切需要一名组织者。在基础教育中，教师便责无旁贷地担任其教学活动组织者的角色。在体育课程中，涉及的活动性教学内容非常多，有些还具有危险性。所以，我们必须在最大程度上对教师的组织者身份进行认同，这并不是"儿童中心""教师权威"决定的，而是教学本身性质决定的。

第三，学生学习的引导者。教学过程，顾名思义，既包含"教"，又包含"学"，是二者相统一的过程。如前所述，我们需要向儿童传递的知识，可谓是千百年来人类社会所沉淀的文化精华，因而必须发挥教师的作用，让儿童能够理解知识、掌握知识并运用知识。在过去，人们对教师的"教"更为注重，而忽视了学生的"学"，现如今，人们则既对学生的"学"进行强调，也注重发挥教师所具有的引导作用。而针对体育课程来说，在步入信息化社会后，科学技术迅猛发展，学生可以通过媒体、网络查找信息，大大拓宽了自身获取信息的渠道。同时，体育课程中融入了众多新兴运动，很多都来自创新领域，需要体育教师进行学习。在这种背景之下，教师更应当不断提升自我，走在时代前列、课程前沿，不断对学生进行引导，帮助学生认知知识。

第四，课程的研制者。身为课程的研制者，教师将在体育课程改革过程中，成为新的动力来源。在传统的课程体系中，教师仅仅是实施课程的人，只能被动地发挥作用，欠缺主观能动性。然而，在新的课程改革的浪潮下，课程管理不再是"中央集权"，而是转变为中央、地方、学校三级分权。这一转变，也从根本上对教师"课程研制者"的角色予以明确。站在这一角度来看，从今往后，教师不仅对体育课程改革进行参与，而且还会为其直接注入推动力，成为不容忽视的动力因子。

因此，我们可以得出，在体育课程改革中，教师扮演的角色至关重要，其也是对体育课程产生影响的一项重要的内驱力动力因子。毫不夸张地说，在课程改革中，如果缺失了教师领域的话语权，其将变得一无是处。

2. 学生

学生，即受教育者，在深入开展体育课程改革的过程中，学生也将自身特性展现出来。下面，本书将对这些特性予以分析与阐述：

第一，"人"的不确定性。现代教育学逐渐明确，学生在教学的过程中属于能动体，也就是说，学生能够进行自身发展。学生是一种实践对象，并非被动地对改造、塑造予以接受，而是能够认识到自己在被他人改造、塑造，并自觉地、积极地、主动地对教育过程进行参与，与教师一起完成教育活动。此外，学生拥有思想感情，拥有独立人格，拥有自己的尊严与需求，在适当的条件下，学生能够拥有一定的创造性。学生在体育课程改革中并非被动的接受者，而应当拥有一份话语权，因为学生也是在改革过程中的直接参与者。然而，毕竟基础教育中的学生仍处于成长阶段，是一个发展中的人，其身心特点与成人相比仍有区别，心理发育、生理发育都尚未成熟，他们的可发展空间是相当大的，身上呈现出的各种特征也未固定，仍会发生改变，所以，学生迫切需要成人对其进行教育关怀，需要得到教师的正确引导。这种便是"人"的不确定性，而也正因如此，体育课程改革变得更为困难，因为在设置课程时，人们无法在课程改革中准确地对学生进行定位，不知该用何种眼光对其进行审视；不过，这种不确定性也对体育课程的调整予以促进，使其更好地与学生不断变化的需求相适应。

第二，永无止境的超越性。马斯洛提出了层次需求理论，在这一理论中，人有着对自身不断予以超越的精神。激发、培养人的自我超越潜能，也许正是教育的最终目的。所以，在体育课程改革中，学生永无止境地超越自我，也许就是一种强大的动力源。当学生已经达到课程标准要求的目标之后，就不会对现行的课程标准感到满足，其原因就在于学生具有完善自我、追求超越的特性，渴望不断取得进步。对于下一次体育课程改革而言，学生的这种"不满足"可谓是非常重要的依据，能够对体育课程改革的进程产生直接影响。

作为体育课程改革的参与主体和重要参与力量，学生对体育课程改革有着巨大影响，某种意义上，其所起到的作用是决定性的。因此，学生也是体育课程改革中极具影响力的内驱动力因子，我们应当对其作用予以重视。

3. 课程与教学目标

很长一段时间以来，在教育领域，关于"目标"这一问题，人们的探讨、研究主要集中在两方面，其一为"教学目标"，其二为"课程目标"。然而，在教学论学科与课程的不断发展的过程中，教学论已不再是传统意义上的大教学论，而是一步步转变为教学论与课程的整合。当前，对于教学目标以及课程目标，国内还没有统一的认识，存在着多种学说。而在繁多的学说之中，本书认为，教育目标主要指的是教育内部学生与教育之间的关系，其包括教学目标、课程教学目的、培养目标与教学目的。

教学目标与课程目标的功能，指的是在社会、儿童发展过程中，其特殊结构所起到的作用、产生的影响。具体来说包括以下几方面：

第一，标准功能。所谓标准功能，指的是在课程评估、课程检查方面，教学目标与课程目标起到的标准作用。首先，其是评价、测量学生成绩的基本标准体系，对教学应达到的水平与相关要求进行规定，以此为基础对教学进程加以引导。而具体到体育课程，六种水平的推出，实际上就是在标准化地界定体育课程。然而，标准功能也是"导火索"，"点燃"了体育课程改革。一旦出台标准功能，使之成为对体育课程进行指导的重要参照系，也就代表着相较于体育课程的发展，其已然处于滞后位置，在课程发展过程中，必然会与体育课程发生冲突。当该冲突愈演愈烈，到达一定程度后，新一轮课程改革便会开启。上述一切不会发生于短期之内，而是必将经历一个较为漫长的过程。

第二，激励功能。对于教学目标、课程目标来说，这同样是非常重要的功能。由于存在着激励功能，体育课程才能像永不停摆的时钟。现实中，面对新课程标准中的六种水平目标，并非每个学生都能全部达成，多数学生都处于中间阶段。激励功能就像学生面前一根"能够摸到的胡萝卜"，对其进行吸引，使其迈步向前。

在马斯洛的层次理论中，人的需求会不断发展，每当到达一个层次后，我们都能够获得"高峰体验"，这种高峰体验也对学生的不断发展起到促进作用，直接或间接地助推学科不断发展。体育课程改革中，这种永不满足的高峰体验同样是非常重要的影响因子。由于学生身体素质处于持续变化之中，因而该标准也会随之不断变化。例如，在考核小学生跳跃素质的时候，就能明显地感受到上述变化。

通过上述分析，我们能够发现，教学目标与课程目标既对学生起到激励作用，又对体育课程不断革新起到促进作用。

第三，导向功能。导向功能将体育课程改革中教学目标与课程目标的作用恰当地描绘而出。其实，所谓"导向"，也就是对一个方向进行指明。当体育课程革新之后，其发展也就成了"自组织"状态，不会全然依照课程制订者最初意愿进行。因此，教学目标与课程目标所具备的导向功能，无法对体育课程的发展轨迹进行彻底勾勒，体育课程的发展也不会完全按照其预先计划的路线进行。当"新"的教学目标与课程目标出现后，实际上就已经变成"过去"。因此，体育课程的实际发展与课程目标、教学目标之间注定会产生矛盾，而这一矛盾积累到一定程度，就会开启新一轮体育课程改革。

我们也要认识到，在新的体育教学目标与课程目标被确立后，并不会马上引发新一轮体育课程改革，在一段时间内，其能将相对稳定的环境创造给课程。然而，教学目标、课程目标从未停止过对新一轮课程改革的引发，只是要经历一个量变转为质变的过程。所以，在体育课程改革内驱力中，教学目标与课程目标注定是重要因子，极具影响力。

4. 教学方法

教学方法是为了使教学目的达成，使教学内容实现，在教学原则指导下，对教学手段加以运用而进行的，组成一整套方式的，老师与学生彼此作用的活动。

学生认识活动在一定年龄阶段上的发展水平和规律、教学内容和教学目的的要求对教学方法起到直接决定作用。在上述各种因素、条件作用下，教学实践成为创造教学方法，使其愈发丰富、多样化的动力与源泉。伴随科技、生产、社会形态、教学实践、教学理论的持续变革，教学方法也不断发生改变，推陈出新，成为体育课程改革的一大动力因素。在20世纪20年代，陶行知先生就曾提出，应用"教学法"替代"教授法"，提出"学的法子"是"教的法子"的根据，"做的法子"则是"学的法子"的根据。陶行知先生的主张中，就对实用主义的观点有所体现，同时对当时整个课程改革方向产生直接影响，其中自然也包括体育课程。

5. 教学手段

长期以来，在教育学研究领域，未能对教育手段的研究给予足够重视。然而，毋庸置疑的是，对于体育课程而言，教学手段有着非常重要的作用价值，如果缺乏教学手段，那么我们就无法保障教学活动的正常进行。在体育课程改革的过程中，教学手段主要发挥着如下作用：

第一，提高教学的功能。合理地应用一种优秀的教学手段，能够使体育教学的功能得以大幅提高，能够让传授、学习知识技能的效率更高、质量更好。例如，在技术教学课程的教学过程中，教师运用多媒体技术，就能让学生在教室内足不出户地看到世界上最优秀运动员的技术动作要领，从而对教师在实际教学过程中存在的欠缺之处予以弥补。此外，教师还可以向学生播放一些关于失败技术动作的视频片段，这样能让学生总结教训、引以为鉴，从而更加深刻地掌握技术动作要领，从反面角度对不正确技术动作的危害性有更深的认知。对于有条件的学校来说，还可以对相关软件进行运用，仿真模拟运动生物力学，在更深层次向学生揭示人体在对技术动作进行运用时，人体与器械会有何种运动轨迹，以及人体各个肌肉群的工作状况。上述都是运用新的教学手段得来的，是传统教学手段难以实现的。在教学手段对体育教学功能不断予以提升的同时，其还会促进体育课程改革。尽管在人们日常工作、生活中涌现出越来越多的新技术，然而在课程领域中，这些新技术的应用却处于相对滞后的状态，所以，这也在无形中对体育课程提出要求，催促其不断改革以满足新技术在体育课程中的使用。例如，教师的多媒体课件、新的教学软件、新的课程内容等，这些都会对新的课程改革予以启发。

第二，引发体育课程相关领域的变革。在体育课程中运用优秀的教学手段，能够让学生对体育课程的其他领域有更为全面的认识。例如，通过广泛应用多媒体、网络等先进技术，学生能够对最优秀运动员的标准动作有更为直观的感受，所以，在现实的体育教学过程中，如果教师动作出现一些瑕疵，学生就会感到不满，教与学的矛盾也会就此产生，从而引发新的课程调整（如教师继续教育等）。现如今，部分地区已经高度普及了网络技术，同时兴起网络教育，通过网络，我们可以免费获取视频形式的教学内容，这是一种极具便捷性的教学资源。通过应用网络教学手段，学生的学习更加方便，不过，这种教学手段也对传统的教学方式、方法和教学组织形式造成了一定的破坏。每逢这种新教学手段的推出，必然会推动体育课程相关领域的变革，开启新一轮的体育课程改革，从而革新传统的教学方法、课程模式与课程内容。

第三，引发新教学手段与旧教学手段之间的矛盾。"新"与"旧"之间似乎有着永远存在的矛盾，在体育课程的诸多领域都有所体现，不过更明显地表现在"教学手段"方面。在课程领域，新教学手段与旧教学手段之间的竞争并非是水火不容的，实际上，在很长一段时间内，它们有着共存状态。虽然现代化的教学手段展现出无与伦比的优越性，然而我们也要认识到，传统教学手段绝非毫无优点。我国拥有众多优秀的教学传统，其中自然也包括许多优秀的教学手段，如练习、模仿、示范等，虽然是传统教学手段，但都十分有效。由于体育课程对技艺性非常注重，所以上述传统教学手段能够起到更为重要的作用，特别是在讲授技术动作的时候，更不能将传统教学手段置之不理。现如今，教学实践中不断采用新的教学手段，学生们也不再对练习、模仿、示范等教学手段感到满足，而是对新的教学手段有着更为浓厚的兴趣，在这种情况下，他们往往会对实际的动作训练有所忽视，降低某些方面的教学效果。上述矛盾积累到一定程度，或是被激化后，就会成为"导火索"，引发体育课程改革。

第四，激化技术与人之间的矛盾。具体到体育课程方面，技术与人之间的矛盾主要在两个方面有所体现。

首先，学生或教师对技术有着过多的依赖。当前，在课程改革过程中存在这样的问题，那就是纵观公开课程、精品课程，几乎所有都对多媒体技术加以使用，仿佛如果不使用，就没有成为"精品"的资格一般。教师也认为，只要在教学中对课件进行使用，就能凸显出自己的水平，即便是体育教学也是如此。通过对众多精品课程进行观察，不难发现，教师在教学过程中过多地对录音、录像等教学手段进行运用，却很少使用教师口令，也没有过多地对组织、管理教学过程予以重视，仿佛那是无关紧要的。此外，由于现代教学手段十分抓人眼球，因而也吸引了学生的注意力，导致学生对教师的示范、讲解予以忽视，甚至也忽视了自身学习。很显然，上述问题会对体育课程的改革造成不利影响。

其次，由于我国西部地区、东部地区之间，农村与城市之间经济发展差异较大，所以，在进行体育课程改革时，必然会出现一些难以协调的矛盾。虽然对新教学手段进行大量使用，能够对体育课程的改革予以促进，然而从我国国情来看，仍有一些地区难以大量应用新教学手段。但如果减少应用新教学手段，又不利于体育课程的发展，也与课程发展规律不相符。我们要认识到，体育课程改革是全国性的，不仅要对体育课程发展方向予以引导，更要对全国各个地区的发展需求予以考虑，并尽力满足。这些都会成为新一轮体育课程改革助推动力中的重要因素。所以，在体育课程改革内驱力中，教学手段这一因子有着重要影响，必须引起重视。

6. 课程内容

课程内容指的是进入学校教育活动领域的文化。在体育课程中，体育课程内容涉及原则、观点等诸多问题。所以，在体育课程改革中，课程内容也是一项重要因子，且异常活跃，有着非常重要的影响。

第一，形式教育与实质教育。形式教育又名心智训练或形式训练。它提出，对心灵的功能进行训练，是教育的主要任务。教育就是要发展学生的能力或者官能。具体到体育课程来说，就是对体育教学内容、心理能力的发展功能、教材的训练价值等方面更为注重。形式教育认为，在体育课程中对学生的官能进行训练，远远重要于对学生进行知识的灌输。所以，体育课程仅仅将知识、技能传授给学生是不够的，更应培养学生的各种能力，同时，这种培养要建立在充分发挥学生主观能动性的基础之上。

实质教育则提出，让学生获得知识才是教育的任务。具体到体育课程中，就是对教学内容更加重视，注重体育课程、体育教材的文化功能与知识传递价值。实质教育对知识的传授十分重视，认为对学生各个器官功能，如四肢、心、肺功能进行有效训练，才是体育课程最主要的任务。因此，应在不断的训练中展开体育课程，而体育课程内容选择的重要依据之一，就是体育训练（内容）及其相应的作用。

通过上述分析阐述，我们可以清楚地认识到形式教育与实质教育之间存在差别，在体育课程中，这种差别是时刻存在的。同时，形式教育与实质教育并不能彻底将对方取代，因此，一种激烈的竞争就产生于二者之中。在体育课程中，它们都想夺得话语权。基于此，体育课程的改革便具有必然性。

第二，科学主义与人文主义。科学主义教育，又名理性主义教育，其认为自然科学知识应当是教育教学的主要内容。随着斯宾塞发表论文《什么知识最有价值》，科学主义在学校教育领域被推向高潮，而体育课程自然也受到影响，主要体现在对体育锻炼"达标"的要求上。在体育课程中采用科学主义教育，就是一切"向数据看齐"，锻炼身体是学生参与体育课的唯一价值，数据是衡量学生身体锻炼情况的唯一标准。这种体育课程内容不仅枯燥乏味，甚至有些残酷，然而长期以来，体育课程都受其主导。例如，在体育课程中，用心率控制学生运动强度；再如，以锻炼标准作为学生运动成绩的评判依据；又如，用学生的运动成绩对教师教学成效进行检验。在这种情况下，体育课程渐渐走上了一条"理科化"道路，有着较为浓郁的功利性。此外，由于体育课程对"科学"的一面过于强调，对学生的精神世界有所忽视，因而在人的精神本性方面也有所欠缺，甚至出现丢失。相较于科学主义，人文主义这种教育观念要更"老"些，在近代，"人本主义"渐渐将人文主义取代。人本主义是一种现代教育价值理念，其基础为"以人为本"，认为对"自我实现的人""完整的人"的培养，是教育的题中之义。而具体到体育课程中，就是要更加强调"情感与理智的结合""意动与认知的统一"，更加注重培养学生的价值观、态度、情感。人文主义课程并未对科学主义所提倡的"科学理念"予以过多关注，具体到体育课程中，则是更多地关注学生的社会适应、心理适应。当然，我们需要认识到，虽然这种关注的出发点是好的，也有可能导致学生的身体素质与体育运动技能、技术出现下降情况。

在体育课程中，人文主义与科学主义的表现，好似跷跷板游戏。该游戏（体育课程）需要两名参与者（人文主义、科学主义），且缺一不可。当跷跷板参与者一方占据优势，有着强势表现的时候，另一方则一定会做出相应调整（或者说是反抗），尽全力让跷跷板运动向反方向，努力将自身优势建立起来，而在体育课程中，势必会对课程改革予以引导。因此，我们可以得出，在体育课程改革内驱力中，体育课程内容这一因子有着非常重要的影响力，其出现的形式往往是一对一的矛盾体，方式为从一个极端向另一个极端反复滑动，对体育课程改革造成影响。

7. 课程评价

课程评价能够对课程的实质有所触及，因而，当课程评价发生变化后，课程改革也会呈现出根本性变革。体育课程评价的变化（冲突）在如下方面有所体现：

第一，教育质量观之间的冲突。个适质量、外适质量与内适质量是教育质量的三种主要形式。其中，内适质量的核心为学科教学内容。由于教材是教学内容的主要体现，因而产生了"教材中心"体育课程模式。内适质量提出，如果想获得一种新的知识，或是自主建构一种知识体系，就必须要有丰富的知识储备基础。而上述过程的产生都需要遵循体育课程自身学科规律。具体到体育课程实践中，该观点主张，如果学生想要学会 400 米跑，就必须先对冲刺技术、弯道技术、直道技术、起跑等予以掌握。

外适质量指的是，学校要培养能够对国家、社会、用人部门需求予以满足的学生。具体到体育课程中，就是指在对体育课程教育目标进行制订时，要从社会需要出发；在对体育课程质量的高低进行判断时，要从教育目标实现程度出发。现如今，社会对那些心理、身体都健全的劳动者有着迫切需求，所以，在体育课程改革过程中，对社会适应与心理健康有着重点强调，相对应的，课程评价也会倾斜向这一领域。

个适质量是指，在进行课程评价时，要从学生的个性发展程度（如品质、意志、兴趣、个性的认识、特长等）出发。个适质量对学生个体的自由发展予以强调，视学生为一定阶段上自我实现的人。个适质量这种质量观的导向为"学生发展"。在体育课程中，有时我们会看到档案袋、学生成长卡等评价方式，毫无疑问，个适质量这种质量观都对这些评价方式产生了影响。总的来说，在体育课程评价中，个适质量对"学生的进步程度"以及"学生的个体差异"倾斜了更多关注。

不同的课程质量观对体育课程评价的模式有着直接影响，而这些质量观之间也有着相互协同、相互竞争的关系，体育课程改革也引发自这种彼此"争斗"。

第二，个人本位和社会本位之间的冲突。社会本位认为，个体利益处于社会利益之下，社会是课程的首要服务对象，课程在培养学生时，应当从社会需求出发。而个体本位则恰恰相反，其认为，个体发展需求更为重要，处于更优先的位置，不应将人训练为社会的工具，而应强调人的自我，充分发挥个体潜能。体育课程在上述两种评价理念的影响下，曾一度处于迷茫状态。一方面，我们要给社会培养身体强健的劳动者；另一方面，我们也要对学生个人发展予以关注。如果以社会本位评价理念为重，学生就要进行刻苦训练以满足社会需求，但显而易见的是，他们对这种评价模式并不热衷；如果以个人本位评价理念为主，也就是开展人们常说的"快乐教学"，然而其很可能付出一定的代价，即牺牲学生身体素质与体育认知。所以，体育课程评价经常被夹在个人本位、社会本位的冲突中，茫然无措、无所适从。而这种无所适从，常常引发新的体育课程改革。

第三，社会发展与教育规律之间的冲突。毫无疑问的是，无论是科学还是教育，都拥有自身的发展逻辑。在课程评价中，我们一直对课程的自身规律进行突出，所以也导致产生了一种新的矛盾。就目前来说，我国社会发展实际上是滞后于教育理念的，但是教育的发展速度又很难追赶上社会发展速度，在这种情况下，社会发展与教育规律之间的矛盾就诞生了。一方面，体育课程评价对课程进行指导时，所运用的是超前的理念；另一方面，很多学校没办法对体育课程标准中要求的器材予以满足。上述种种，都对体育课程评价有着直接影响，使得课程评价自身出现极大混乱。

体育课程的开展过程中，一个重要"终端"就是体育课程评价，其有着不可忽略的重要性。当课程评价出现变化后，一系列连锁反应也随之产生，将"多米诺"效应带给体育课程。一定意义上看，假如体育课程评价出现了重大变化，那么体育课程改革也必将是颠覆性的。因此，在体育课程改革内驱动力中，课程评价这一因子的影响力不仅重大，甚至具有决定性。

（三）影响体育课程改革外驱力动力因子分析

精神文化、制度文化、物质文化、体育文化、教育文化、社会文化是影响体育课程改革外驱力中最为重要的六个文化因子。大部分人认为，在体育课程改革中，物质文化、社会文化发挥着重要的推动作用。而立足整体发展来看体育课程改革，不难看出，其以物质文化作为重要基础。诚如"经济基础决定上层建筑"的判断所言，如果缺乏物质文化这一保障，体育课程改革便无从谈起。而在体育课程改革过程中，从总体角度看，社会文化一直具有积极态势，这与其他领域改革必然会影响教育领域改革是密不可分的。

而精神文化、制度文化、体育文化、教育文化在体育课程改革中，并非动力因素，而被判断为"阻力因素"。尽管这种结果有些令人感到遗憾，但的确与我国国情相符。虽然我国教育文化历史悠久，但对于体育课程来说，并不是都具有积极作用，很多因素对体育课程的改革存在制约。长期以来，我国的体育文化都处于竞技体育的影响下，而在学校体育中，竞技体育占据重要位置，对体育课程的发展有着间接影响。所谓制度文化，在这里主要指的是"考试制度文化"。由于当前高考中仍未纳入体育课程，因而学生也并不重视体育课，体育分数过低也是意料之中的。尽管人们对体育课程的认同、理解是趋向于对体育课程发展起促进作用的，然而，在其他几种文化影响精神文化之后，这种认同也逐渐产生了偏差，精神文化愈发趋于保守，继而在一定程度上对体育课程的发展产生了负面影响。

下面，我们对社会文化、教育文化、体育文化进行更为详细的分析：

1. 社会文化

作为一种非常庞杂的概念，社会文化几乎可以对社会领域中的方方面面予以覆盖，当然其中也包含教育层面。社会文化与教育之间关系密切，甚至可以用"唇亡齿寒"来形容。其一，文化之所以能够得到不断传承，主要依靠的就是教育手段；其二，一旦社会文化出现变动，都会影响教育，并且这种影响是十分重大的。中国社会文化有其自身特征，包括保守性、封闭性、文化权威与社会政治权威一元化、道德中心化倾向以及群体本位价值取向。在体育课程改革中，上述文化特性发挥的作用是十分显著的。不过，其并不会对体育课程改革起到持续推动作用，反而有时会对其造成阻碍。

所谓群体本位的价值取向，认为个体价值必须依附于群体价值，人们应当自觉地压制自我价值。在现今的体育课程改革中，我们对学生的个性发展予以鼓励，期盼通过体育课程改革，培养学生的个性。同时，由于大多数体育课程内容都来自西方竞技体育，因而难免带有西方对"英雄"的呼唤，沾染着"个人英雄主义"色彩。所以，单从这一点来看，体育课程改革（文化认同）并不统一于社会文化。

所谓道德中心化倾向，指的是在中国社会文化结构中，伦理道德位于中心地位，其强调人的道德品质，认为感性应当受到理性的节制，这种文化倾向的存在本是无可厚非的。然而，具体到体育课程中，其又有了另一番"滋味"。很长一段时间中，在开展学校体育时，人们将"友谊第一、比赛第二"视为非常重要的指导思想。但是，在对"友谊第一"进行提倡时，我们忽视了学生自身感性的一面，仿佛在学生身上套上了名为理性的枷锁，压制其渴望实现自我、追求胜利的愿望。无形之中，这也打击了学生参与体育课程，推进体育课程改革的积极性。

而封闭性与保守性并不只对体育课程改革造成阻碍，某种程度上，其甚至是中国社会文化的劣势，对整个社会的发展都产生制约。中国的社会文化排斥异质文化，对传统与经验更为重视，对权威更为崇尚，对变革创新予以排斥……可想而知，其不再是对课程改革的内容进行束缚，所束缚的、制约的、阻碍的，正是课程改革本身。

2. 教育文化

在中国传统中，人们学习的目的，主要是在政治领域谋取一席之地，这也是古语中常说的"学而优则仕"，而在对政治资本进行获取方面，体育课程并不能提供过多帮助。所以，在"政教合一"的教育核心体系中，并没有真正纳入体育课程，其始终在教育体系边缘游离着，这仿佛已经成为我国的课程传统，时至今日仍是如此。对于注重伦理道德的传统而言，"育人"是其核心理念，强调培养做人居于首要位置。因此，当我们翻开体育课本后，常常能够看到摆在第一位的就是政治思想教育。在体育课程中，社会主义、集体主义、爱国主义思想教育可谓有着很重分量，当然，对于培养学生人文主义精神来说，这是非常有价值的。体育课程对传授基本知识十分重视，采用经验主义的教学方法，对技术动作要领进行强调，对培养学生认知能力予以侧重，而这一切也正体现出其所具有的优势。然而，我们也要看到，无论是小学、初中还是高中，在对球类、跳远、短跑等技术动作进行学习时，学生往往会对千篇一律的教学方法感到厌烦，很难产生学习的积极性、主动性，甚至不愿意上体育课。由此可见，传授知识的教育传统与学生对千篇一律、枯燥乏味教学方法的抵触情绪产生着矛盾，而当这一矛盾被激化时，体育课程的改革也自然会被引发。

我国还有一大优秀教育传统，那就是尊师重教、师道尊严。由于学生们尊重师长，在传统教育中，教师所具有的权威，以及其在教学过程中树立的绝对权威都攀上最高峰。随着社会不断发展变化，在教育过程中开始盛行人本主义思想，坚持以学生为中心，因而我国教育传统遭受了巨大挑战——在师生之间建立平等关系。这一巨大挑战必将随着课程改革而进行。

在对教育文化进行研究的过程中，我们还必须要提到另一种文化现象，也就是外来教育文化。外来教育文化从体育课程面世之日起，就对其不断产生影响。无论是"军国民"主义还是实用主义，抑或是全面学习苏联时期，以及改革开放后种种教育流派思想，这些都对体育课程改革产生了影响（这些影响既有正面的，也有负面的，在此本书不再一一进行阐述），起到某个方面的推动作用。

因此，我们能够做出这样的判断，那就是虽然在漫长历史中，我国形成了优秀的教育传统，但具体到体育课程来说，这些优秀的教育传统并不能全然发挥促进作用。然而从另一个角度看，优秀的教育传统仍旧不断影响着体育课程改革，只是这些影响不全是正面的，也包括一些负面影响。所以，从整体来看，通过对历次体育课程改革进行分析，我们能够发现，教育文化是体育课程改革外驱力中的因子之一，有着很重要的影响力——虽然相较于正面影响，其在体育课程改革过程中所造成的负面影响要更大。

3. 体育文化

作为体育课程的一大重要特征，体育文化深刻地影响着体育课程改革。我国体育文化传统可谓历史悠久，不断对体育课程的发展产生影响。下面，本书将对体育文化进行具体阐述。

首先，体育文化传统而稍显保守。中国人有着非常强烈的传统观念，这种传统观念对华夏儿女时时刻刻产生着影响，同时也影响着体育领域。通过对整个体育领域进行研究分析，我们可以看到，对于新生运动项目，中国体育通常有着较慢的接受过程，之所以会出现这样的情况，或许是因为受到儒家"祖制不可违"思想的影响。基于此，在体育领域中，"创新精神"成为中国体育的欠缺之处。在壁球、冰壶球、极限运动等众多世界新兴体育运动中，我国人民所表现出的热情远不能体现其在世界体育中所处的地位。与之相反的，是我国体育对基础体育项目、传统体育项目的强调。我国体育在这些领域中投入了大量财力、物力、人力，让我国整个体育事业拥有坚实基础，得以更好发展。然而从另一层面来看，这种长期对纵向发展进行追求的理念，对整个中国体育事业的横向发展产生很大阻碍。而具体到体育课程中，就是我们多年来对"三基"教育的强调，是在体育课程中对球类运动、田径运动核心地位的突出，是对新兴体育项目在培养青少年体育兴趣方面发挥作用的忽视（这种情况直到 1999 年，国家颁布了新课程标准才得到改善），这些都对体育课程改革从不同角度产生了阻碍。

其次，体育文化更加重"礼"。中国文化将"礼"作为核心之一，因此，也许中国体育对"师出有名"更加重视。当中国体育参加奥运会项目时，同样将自身独特的"礼"文化表现而出。此外，我们还可以看到，在体育竞赛的赛场上，中国运动员非常循规蹈矩，极少"出格"，从一定程度上看，这会使得赛场更具秩序性，不过，另一种角度来看，也一定程度上欠缺激情，对竞技体育的魅力予以削弱，降低了竞技体育的观赏性。同样的，这种重"礼"的体育文化对体育课程也造成影响，在设置体育课程时，也要做到"师出有名"，具体来说，就是实施体育课程的目的，是为了对某种远大的理想抱负进行实现，仿佛不这样做，体育课程就不具备价值一般。而在我国体育教学中，很少提倡、鼓励对学生个性的关注与释放，一定程度上看，这也让体育课程缺乏激情，而体育课程改革的热情也相应降低。

再次，体育文化中被植入了"忍"。在中国体育文化中，"忍"的具体表现为不怕累、不怕苦的精神。对于那些需要进行常人无法想象的、异常艰苦的训练的体育项目，如中长跑等，中国体育有其自身优势。不过也因此，当赛场上出现突发事件，如外在因素（裁判、对手等）干扰时，我们的运动健儿也会缺乏一定的应变能力，灵活性、机动性不足。同时，在那些对表现力有着极高要求的项目中，我们的运动员也会处于劣势，甚至相形见绌。这一切也使得我们对体育课程进行深深思索，在体育课程中，由于接受了"忍"文化的熏陶，学生似乎也十分善"忍"，不管多么不满意体育课程，他们也选择默默忍耐，而不会向教师明确表达自己的感受；相对应的，教师也是如此，即使对课程有再多意见、再多不满，也只是"忍"下来，想要凭借自身的努力最终与课程相适应，而非让课程自身进行改变。从中我们可以看出，对于保障课程稳定及顺利实施来讲，"忍"文化有着积极的作用与意义，但是，针对体育课程改革而言，"忍"文化也成了一种阻碍，让人缺失革新的勇气。

最后，二元对立的体育文化。二元对立现象也存在于我国体育文化之中，且十分严重。其一为西方现代体育文化，以东部发达沿海开放地区为代表；其二为中国传统体育文化，其以西部内陆地区为代表。当东部发达沿海开放地区对西方现代体育文化进行借鉴、吸收的时候，传统体育文化仍在大西部内陆地区展现出顽强的生命力。这说明，即便东部发达沿海地区代表着体育最新发展现状，但大西部内陆地区仍会对传统体育文化予以坚持，甚至因循守旧。基于这一情况，我国存在多元体育项目并存（如武术与极限运动并存）且能够同时不断发展、蓬勃开展的局面。在最近一次体育课程改革中，二元对立的体育文化所造成的影响体现得分外明显。例如，尽管课程标准毫无差别，部分地区能够对其适应，也能够接纳新标准，可部分地区却对新标准较为排斥，感到很不习惯。这种情况会让课程改革出现两极分化态势，且这种态势会非常突出，对正确评估课程改革造成的影响是直接的。

四、体育教学改革的潜动力研究

在对体育教学改革的研究过程中，还存在这样一些因素，尽管其无法直接将影响动力因子提供给体育课程改革，然而又对体育课程改革产生了实实在在的影响。故而，我们暂时用"影响体育课程改革的潜动力因子"对其进行称呼，并进行分析研究。这些潜动力因子主要有以下几方面：

（一）社会转型期文化对于体育课程改革的影响

社会学用"社会转型"这一名词对特定社会变迁阶段进行表述。具体来说，社会转型指的是社会由传统型转变为现代型，或是由传统型社会转型为现代型社会的过程。现如今，我国社会正处于变革时期，这一时期非常关键。当前社会变革有其最本质的内容，即我国社会广泛地接受了现代市场经济，并使其成为社会运动自觉追求的目标之一。当然，市场经济体制产生了一系列变革影响，在整个社会运行机制的民主化、理性化进程中都有所涉及，并非只对经济文化产生影响，也并非只是单纯转变经济方面的运行模式。市场经济体制对社会最深层的变化有所触动，即引发传统文化失范，使得中外文化精神之间、新旧文化模式之间发生冲突与矛盾。身处社会转型时期，如果我们从内部视角来看观念的变化，所看到的便是人们价值体系的变更；如果我们从外部视角来看，所看到的则是生活方式、行为方式的显著变化。上述变化，可谓是最深层次的转型，也就是中国人在生存方式、生存意识方面的转型。从生存时间上看，人们更多地重视未来，而非过去；从生存方式上看，原本的"稳定"正转化为"发展"；从生存价值的追求上看，则是由统一、趋同转化为自主、多元。

（1）社会转型期文化将机遇提供给体育课程改革。身处社会转型时期，社会无可避免地有着复杂的文化背景，人们的思想也更容易产生波动。所以，无论民众还是社会，都对改革给予了很大的宽容。所以，社会转型期也将发展的机遇提供给了体育课程改革。体育课程正是利用中国社会转型契机，得以依靠《癸卯学制》跻身学校教育，这不仅代表着中国确立了体育制度、新教育制度，明确了体育在教育中的地位，体育课程时数安排、课程比重等内容，更标志着中国官办学堂中第一次普遍地纳入西方近代体育课程。自此，中国体育课程迈进发展之路。而之后，又多次改革体育课程，如在新文化运动的影响下，1916年颁布的《高等小学校令施行细则》。中华人民共和国成立后，1956年颁布带有浓郁新民主主义革命气息的《中学体育教学大纲（草案）》《小学体育教学大纲（草案）》。20世纪90年代，我们开始提倡素质教育，1987年后的十年内，我国开展的体育课程改革多达6次，而这一时期，我国也正经历着社会重大转型，该转型可谓史无前例。

（2）体育课程改革在社会转型期面临挑战。我们也要意识到，对于体育课程改革来说，社会转型时期所带来的并非都是机遇，伴随机遇而来的，往往还有挑战，并且挑战是巨大的。因为社会转型时期，人们有着较大的思想波动，整个社会文化出现"失范"问题，文化冲突可谓无处不在。所以，到底哪种思想能够对体育课程改革进行指导，人们很难做出判断。在这一时期，某些时候所做出的调整只是局部范围内的，调整也很细微，但某些时候，所做出的调整却是大范围的、大力度的。在"动荡"的社会文化背景下，为了与社会变革相适应，体育课程不断接受调整、再调整，实际上这并不益于其发展。

20世纪80年代初期，一次巨大的"文化热"在我国出现，人们认识到，只有对过分集中的、不合理的政治管理体制进行改革，将社会主义民主政治建立起来，对人民群众的积极性进行最大限度的调动，才能真正使社会发展活力增加，使现代化的商品经济得到发展。此外，由于中国人民群众长期受传统的经验主义文化模式、自然主义文化模式支配，故而无论是行为方式还难以与现代化的社会需求相适应，可见，人情化、经验式的交往模式、行为方式已经成为"绊脚石"，对社会现代化产生阻碍。上述社会文化的巨大波动，也一定程度上影响着体育课程改革，且这种影响是负面的。

通过上述阐述，我们可以看出，在体育课程改革历史中，会受到社会转型的巨大影响。不过，这种影响并不是直接的，而是对某些文化载体进行依附，从而将相应的作用、功能发挥出来。在对体育课程改革进行研究过程中，这些问题都是需要我们仔细思索的。

（二）传统文化的现代化

通过对我国传统文化的现代化进行审视、分析，得出其主要存在如下问题：

（1）用经验与理性进行对抗。某种程度上看，中国社会并不缺乏经验，而在理性方面有所欠缺。当新生事物诞生后，我们往往会对曾经的经验进行寻找，想要借助"过去"对"现在"进行了解，而较少通过理性思考对其认识、了解，进行分析、运用。对于体育课程的平稳发展来说，上述思维存在有利作用，然而如果针对体育课程改革来说，其实际上是一种阻碍。

（2）用人情对法治、契约进行对抗。某种程度上看，我国社会更多偏向于人情社会而非法理社会，人们生活中常常存在"情"大于"法"的现象。所以，无论是体育课程改革过程中还是传统文化现代化进程中，人情对抗于契约、法治问题都时常发生。当我们形成并确定了体育课程标准，对其实施，该标准就成为一种契约。可是，现实中，其他课程挤占、挪用体育课程的现象可谓屡见不鲜，基于"情大于法"这一思维的传统性，使得人们产生"体育课程上不上都没关系"这样的"传统型思维"，而无论学生还是教师都已习惯于此。在很多学校，体育课程受到上述集体性"传统思维"影响，难以在得到保障。在对素质教育推进过程中，甚至将"不挤占"体育课程当作重要保障手段，但不挤占体育课程本身就是正常的、应该做到的。

此外，在评定学生体育成绩方面，传统文化也"大显身手"。由于当前体育课程评价不再是单一的终结性评价，而是渐渐转变为过程性评价，对学生进步予以强调，考核学生时不再使用唯一评价标准。这本是一种进步，然而，很多学生、教师在判定体育成绩时出现偏差，使得对学生成绩起决定作用的主导因素为"教师对学生的喜好"，这也是"情大于法"的又一体现。在体育课程改革过程中，人情对契约、法治对抗的表现还有很多，这也从侧面向我们展示了体育课程改革是十分艰难的。

（三）外来文化的本土化

外来的诸般制度、思潮、主义，将许多启示带给我国体育课程。但是，由于外来文化与本土文化之间差异过于显著，短时间内我们很难对这些囫囵吞下的外来文化进行消化。因此，在体育课程改革过程中，我们必须解决好外来文化本土化的问题。然而，纵观现阶段我国体育课程改革，我们要认识到，外来文化本土化进程并不是一帆风顺的，存在以下主要问题：

（1）现代文化的真空。现如今，中国身处社会转型期，存在短暂的"文化真空"，传统文化并未结束现代化进程，主流文化并未显著区分于非主流文化。而在体育课程中，仍未形成主流学术思想，所以对于我们自身的课程文化，也只能笼统地以"多元"进行代表，这些都使得体育课程改革指导思想存在如下局面，即"多元智能理论""建构主义"与"马克思主义人的全面认知说"并存。当我们向国内介绍一种或多种外来课程理论后，如果没有能使其本土化的土壤，就只能先囫囵吞枣似的接受，采用生硬的"拿来主义"，日后再静观其变。但是，在这种情况下，体育课程改革很可能出现失败。

（2）人本精神与技术理性之间存在冲突而形成"滞胀"。实际上，这属于两个问题，其一为人本精神冲突于技术理性，其二为人本精神与技术理性的冲突将引发另一种冲突。在体育课程改革过程中，后者是我们遇到的真正挑战，而前者则是我们遇到的实际挑战，该命题有着明显因果关系。在400多年发展过程中，西方社会，特别是资本主义社会，始终对"技术理性"至上原则予以倡导。很快，资本主义步入辉煌时期，大大加速了世界现代化进程，凭借"技术理性"至上原则，其将人类历史中前所未有的财富（无论精神或是物质）创造而出。在这一时期，也建立了很多课程理论。但是，渐渐地，西方社会对"技术理性"至上价值观造成的负面影响有所认识，如该价值观会使得道德滑坡、价值观混乱，因而对人本精神进行突出与强调的相关课程理论也开始形成。这两种理论的诞生本是有先后顺序的，如此才符合事物发展客观规律，但是，在我国，它们几乎同时被介绍而来，都期望占据体育课改革指导位置，此时，一场"战争"已无可避免地爆发于课程改革领域。由此，前面所提及的第二个问题"滞胀"也被引发。"滞胀"必然充满痛苦，而体育课程改革正在忍受痛苦。我国仍处于现代化进程之中，尚未真正实现现代化，因而对于社会现代化步伐的推进来说，技术理性是非常必要的，然而，与此同时，我们也不能落后于时代步伐，对那些前人已经证实过的弯路不能再重蹈覆辙。因而，我们会看到这种情况的存在：明明社会急需技术理性，却对技术理性进行批判；明明国家不缺乏人本精神，却认为自己缺乏人本精神……这些都是外来文化未能实现本土化所带来的痛苦，是当前我国体育课程改革的写照。如果我们无法实现外来文化本土化，体育课程改革或许难免陷入混乱之中。

（3）后现代文化的虚无。西方后工业文明是后现代文化的起源，西方高度发达的工业文明，又是后工业文明的起源，西方更为发达的农业文明，则孕育了工业文明。那么，现如今我国正处于何种阶段呢？较为准确的说法是，处于农业文明向工业文明过渡的阶段，即"前工业文明"。对于我国来说，后现代意味着什么？也许我们并不能很明确地回答这一问题，我们所能明确的是，经历"工业文明""高度的工业文明"两个阶段后，我们才能步入后现代。所以，当我们对利奥塔否定元叙事、德里达解构逻辑中心主义等在高度物质文明基础上建立的对现代性与人之主体的"否定"和"摧毁"进行畅谈时，难道不会感到茫然？就目前而言，"秩序下的压抑"并非我们的社会，包括体育课程所面临的根本问题，而是"对秩序的试图建立"。当我们尚未完成"建构"，"解构"又如何进行、从何谈起？如果我们始终站在虚无的后现代文化立场，在对体育课程改革时将后现代精神（如否定、摧毁等）与传统农业文明的精神对接或直接作为指导，那么终将使得体育课程出现时代错误，即"以过去为定向"，将体育课程的现代化精神消解殆尽，使其现代化进程被断送。所以，对于体育课程改革来说，解决好后现代文化的本土化是十分重要且关键的。

（4）外来文化的选择性。我们都知道，在对待传统文化的时候，应当批判地继承，不能"倒洗澡水的时候，连同孩子一起倒掉"。同样的，我们也要辩证地对待外来文化，不能"拿回鲜花的时候又拿回蚊蝇"。在利用外来文化对体育课程改革进行指导时，我们要事先做好甄别工作。例如，当我们向国内引入外来文化时，一定要仔细考虑其会不会"水土不服"，也就是能否与我国国情相符？本土化进程能否顺利？能不能很好地为我国所用？以"自主建构"为例，当我们用这一理念对基础教育，特别是小学阶段教育进行指导时，就需要进行一番商榷。而具体到体育课程中，很多内容应当在"认知"基础上建立，尤其是在传授技术动作时。一个运动项目、一种技术动作，都是在漫长历史中几十代人经验的浓缩，有着自身演化规律，如果单纯让学生依靠自己力量在短时间内将其掌握以及融会贯通，是十分困难，甚至是不可能完成的。因此，我们很难在技术动作教学中采用自主建构方式，让学生自行掌握。此外，体育课程也属于多学科交叉、综合型的课程，涉及方方面面的相关课程，对于学生，特别是对于接受基础教育的学生来说，体育课程系统十分庞杂，无法通过"自主建构"搭建知识体系。立足这一角度，我们就能认识到，如果在课程改革中一味对"建构"进行强调而忽视"认知"，难免存在"因噎废食"的问题。

（四）制度文化

在体育课程改革中，之所以制度能起到决定作用，主要原因是制度自身所具有的激励性，这不仅约束着体育课程改革，也从某些方面激励着课程改革的选择。如果制度文化氛围良好，就能将先进的精神文化转化为实际的课程。同时，如果良好的精神文化与其相应的价值需求，无法转化回制度层面，精神文化自身的"良好"就是无用的。

但是，在目前体育课程改革实践中，我们尚未能对课程改革与"制度文化"的关系进行妥善解决，仍面临着许多难题。例如，突出知识传递的教学管理制度与"素质教育"理念所产生的冲突，基于结果的教学评价制度与发展的理念所产生的冲突，对传统与权威的强调以及教师与学生之间平等理念的冲突，等等。由于体育课程改革尚未对上述问题做出妥善解决，所以其迫切需求改革制度文化。本书认为，"制度改革"是我国体育课程改革的突破口，要对制度文化的"桥梁作用"予以借助，使体育课程改革既在物质文化发展之上建立，又将精神文化自主性充分发挥出来。

体育课程改革过程中，上述潜动力因素所发挥的作用是非常重要的，尽管其未曾对体育课程改革产生直接作用，然而毫无疑问的是，其具有"风向标"的功能，对体育课程改革的方向进行引导，掌握着能够决定体育课程改革是成功还是失败的因素。因此，当我们对体育课程改革进行研究时，就必须要考虑这些问题。中国当前正身处社会转型时期，虽然某些纷杂之势出现在文化领域之中，然而就体育课程改革而言，这一时期背景仍是利大于弊，因为其能够将较为开放的环境提供给体育课程改革，对相对理想的外部环境进行营造。从现如今世界体育课程改革总趋势角度看，指导体育课程改革的根本文化并非外来文化，而应当是本土文化，无论怎样的改革，一旦与"本土化"相背离，那么就会变成无本之木、无源之水，很难获得成功。通过对我国体育课程改革的现状进行观察，我们可以发现"本土化"所呈现的两种趋势：立足纵向角度，我们要对传统文化的现代化问题彻底地、认真地加以解决；立足横向角度，我们要对外来文化的本土化问题进行妥善解决。因此，本书认为，当前我国体育课程改革一方面要对国外先进经验进行借鉴，使其对体育课程改革进行指导，另一方面又要注重发挥传统教育理论的作用。尽管对外来文化的本土化问题进行解决是当务之急，然而如果将目光放得更为长远，我们就能发现，中国现代化进程中最重要的问题是传统文化的现代化。

五、体育教学改革文化动力作用机制及实证研究

（一）关于系统动力学及其相关概念

1. 系统动力学

20 世纪经济数学中，系统动力学属于其中一个分支。20 世纪 50 年代中期，美国麻省理工学院福瑞斯特教授首次提出系统动力学。在 20 世纪 70 年代，系统动力学的形成与发展对可持续发展理论进行推动，使其兴起于全世界。

系统动力学着眼于系统内部的微观结构，以对系统内部总体功能、参数、结构的把握为前提，对系统特性、行为进行把握与分析。从本质上看，一阶时滞微分方程组为系统动力学模型，其中助变量、流率变量、流位变量等的物理意义都非常明确，因此，其称得上是面向实际的一种结构型建模方法。能对时间现象与非线性现象进行方便的处理，能进行长期的、战略性的、动态的仿真研究与分析，是系统动力学的主要特点。本书以系统的思维为基础，通过对系统动力学方法进行应用，研究实践中的体育课程文化系统。

系统思维方法与传统形式的分析有着根本上的区别。传统形式的分析对划分研究对象为独立部分十分注重，而系统思维方法则与之恰恰相反，其重点研究的是作为系统一个组成部分的研究对象，如何相互作用于系统其他组成部分，而将一系列相互作用产生行为的元素定义为系统。也就是说，系统思维方法并不是将系统这一研究对象分割为孤立的、越来越小的部分，而是将越来越多的组成部分

之间的相互作用联系起来，对问题进行研究。某些情况下，运用传统形式的分析和运用系统思维方法所得出的结论甚至是完全相反的，尤其是研究对象是复杂的、动态的，或者与外部、内部存在众多反馈时。从广义上看，反馈系统、开环系统都是系统的组成部分。开环系统的输出仅仅响应输入，而不会对其造成影响，而反馈系统的输出则能影响输入。在开环系统中，过去的行动不会对未来的行动产生影响，而反馈系统则恰恰相反，系统过去行动会对其造成影响。在复杂系统中，反馈回路的结构是相互制约、相互联系的。具体到现实中，社会经济系统都属于信息反馈系统。而针对社会—经济系统来说，反馈回路对关键变量与其周围其他变量的关系进行联结。行动是由决策导致的，行动会对系统周围状态进行改变，同时使新的信息诞生而出，而新的信息正是未来新决策的制订依据，反馈回路便在上述循环作用下得以形成。

2. 系统动力学相关概念

（1）反馈回路是一个闭环回路，构成于系统内囊括反馈环节的众多要素。对于系统的所有动态行为（如振荡、目标追求、衰减、增长）的产生，反馈回路正是其根源。所以，反馈回路是系统最基本的结构。

（2）负反馈回路，"寻目的性"是负反馈回路的特点，即尽最大努力对系统状态对目标状态的偏离进行缩小。负反馈回路能够让系统趋于稳定、平衡。

（3）正反馈回路与负反馈回路相反，在系统中，它是非稳定、非平衡的因素。

（4）有一条假想的线，能够分开那些被认为来自系统外部与内部的因素，那就是"系统边界"。在系统模型中，如果概念、变量在系统边界外，那么将不对其进行考虑；在系统边界内的概念、变量，都密切关联于所研究的问题。想要对系统边界进行正确制订，就要遵守如下准则：要保证系统中的反馈回路的封闭，在封闭回路中划入与建模有着密切关系的量。

（二）系统动力学的作用机制

"复杂系统"被系统动力学定义为非线性、多回路、高阶层的反馈结构。信息、单元的运动、单元共同组成了一个系统。系统存在的现实基础就是单元，而在系统中，信息发挥的作用非常关键。系统的单元只有依赖于信息才能将结构形成，而系统的功能与行为的形成则有赖于单元的运动。到20世纪初期，人们才逐渐认识信息这种较为严密的科学概念，并对其进行利用。香农的信息论对信息的度量方法、存在性做了定量的数学描述。维纳则通过对机器系统的自动控制作用以及生物体的内部调节进行研究，对二者中存在的某些共同规律进行发现，在机器系统中引入了生物系统中的信息反馈概念，将控制论建立起来。福瑞斯特则对存在于社会经济、生物与生态系统中的动力学问题进行考察，是在社会经济系统中应用信息反馈概念的第一人。

世界上一切系统的运动都被系统动力学假想为流体的运动，简单而言，系统结构指的是系统要素如何进行关联。该要素可以是子系统或者反馈回路，也可以是系统变量。反馈回路是因果关系图的组成要素，是一系列结果、原因的闭合路径。因果关系图能对系统内部的非线性因果关系进行清晰的表达。系统具有何种复杂程度，取决于其有多少反馈回路。从因果关系看两个系统变量，既可以是负关系，也可以是正关系，既可以是复杂关系，也可以是毫无关系。正关系指的是增加一个量会使得与之相关联的另一个量也得到增加，而负关系则恰恰相反。复杂关系指的是两个变量之间的因果关系并非单纯为正关系，也并非单纯为负关系，而是时负时正的。在因果关系图中，我们用带有"+"号的箭头表示正关系，用带有"-"号的箭头表示负关系。

（三）体育课程改革的文化动力作用机制

1.体育课程改革反馈回路的界定

我们要做的第一件事，就是对系统边界进行明确。对体育课程改革产生影响的内驱力、外驱力和体育课程改革自身共同构成了完整系统，在这一系统模型中，就不再对系统之外的一切因子进行考虑。接下来，我们要对系统中的反馈回路进行确定。经过认真分析，我们能够得出，有两个最基本的回路存在于这一系统之中，其一为内一级反馈回路，其二为外一级反馈回路，它们是在内驱力、外驱力对体育课程改革的作用下诞生的。依据系统学原理，每一个存在于系统中的子系统都能对母系统进行单独作用。所以，外驱力中的6个文化因子（前文中我们已经进行过详细阐述）形成的6个子系统分别与母系统体育课程改革对6个外二级反馈回路进行构成。同样的，在内一级反馈回路之下，7个子系统分别与母系统体育课程改革将7个内二级反馈回路构成，如此，一个有着完整系统的反馈回路就形成了。所以，总的来看，系统的反馈回路组成于内一级反馈回路、外一级反馈回路（2个一级反馈回路）和7个内二级反馈回路、6个外二级反馈回路（即

13 个二级反馈回路)。

2.体育课程改革系统动力学作用机制

当体育课程改革受到外驱力影响时，体育文化、教育文化、制度文化往往会呈现出传统的文化特色，特点为"较为保守"，体育课程改革也会趋向于较为稳定的状态，这也就是所谓的"对体育课程改革的发生造成阻碍"，所以，从这一点来看，这条反馈回路有着负反馈回路的特征。而由其构成的外二级反馈回路，自然也都属于负反馈回路。与之相对应的，社会文化、精神文化、物质文化所表现出的更多是较为激进、超前的一面，所以体育课程改革也会趋向于非平衡状态，这也就是所谓的"对体育课程改革的发生形成促进"，所以，从这一点来看，这条反馈回路有着正反馈回路的特征，由其构成的外二级反馈回路也都是正反馈回路。以此为基础，我们用正负反馈回路来定义外一级反馈回路。由于体育课改革和外驱力的相互作用，存在于外一级反馈回路中，因此该反馈回路应当为双向的。

在内一级反馈回路中，这一作用原理也起到作用。相较于外一级、外二级反馈回路，内一级、内二级反馈回路表现出更为简单的特征。当内驱力对体育课程改革发挥作用时，其所包含的 7 个文化因子所起到的作用都是较为积极的，对体育课程改革起到重要推动作用，使其趋向于非平衡状态，就是所谓的"对体育课程改革的发生形成促进"。所以，上述反馈回路有着正反馈回路的特征，其所构成的内二级反馈回路也都是正反馈回路。在系统学原理中，子系统所拥有的所有属性，母系统也应当拥有。由于母系统内一级反馈回路是由 7 个内二级反馈回路共同组成的，所以这个内一级反馈回路也自然具有正反馈回路的特征。而一旦发生体育课程改革，必将对内驱力中的每一种因子都起到积极作用，因而也决定了该反馈回路为正反馈回路。

在信息流与上述正负反馈系统共同作用下，才能够引发并开展体育课程改革，也才令体育课程改革如此难被把握。当然，我们要认识到，这一切都局限在理论层次的分析之中，如果我们想要体育课程改革的动力作用机制有更为深刻的理解，就要在实践中深入开展实证研究。

（四）体育课程改革的文化动力作用机制实证研究

1.体育课程改革的主导驱动力和主导文化

现如今，在日益频繁的交流和社会各领域相互渗透的背景下，外驱力所发挥的作用是至关重要的。任何改革，都应当坚持"以我为主"的思想，坚持本土化、民族化道路。当然，这并不是说我们要排斥外来文化，而是说在对外来文化的借鉴过程中，必须要有"吸收"这一环节，简而言之，就是要确保实现外来文化的"本土化"。在体育课程改革中，这一转换过程是必要且十分重要的，绝不应被忽视。

2. 体育课程改革的潜动力因素分析

（1）对于体育课程改革而言，当前我们所处的社会转型期能够起到积极作用，各领域民众对于国家的信心和对未来有着良好期望。

（2）当前体育课程改革对教育领域所要解决的主要问题，有两条主线是体育课程改革过程中所必需的，一条为对国外先进经验进行借鉴，从而指导国内体育课程改革，另一条为在体育课程教育改革之前，仍要对传统教育理论进行运用，并且这两条主线是同时并行的，而非一先一后。而相较于第二条主线，人们更加认可第一条主线，第一条主线不仅对我国体育课程改革趋势予以表明，也对我国当前体育课程改革所欠缺的环节进行说明。

（3）当前我国体育课程改革的突破口。在体育课程改革进程中，制度文化这一领域是最难实现突破的，因而绝大多数人都已对此予以重视。由于精神文化较为自由，因而也将过多的变数带给了我国体育课程改革，令人难以把握。所以，精神文化只能居于次席。由于我国经济发展较为迅速，且不断加大对基础教育的投入，因而能够对体育课程的物质条件给予基本保障，因此，在体育课程改革过程中，物质文化有着较弱的影响力。

第四节　体育文化的现代化发展

一、体育文化的产生

（一）体育文化产生的动因

无论何种事物，只要出现发展与变化，都是因为其自身存在驱动因素与矛盾，体育文化亦是如此。置身特定历史环境，有多种多样的动因促使体育文化产生与发展，在此，我们主要介绍以下三种：

（1）人类健全完善超生物肢体的过程以及交流传递经验过程的动因。在人类日常生产生活中，诞生了体育运动，因此我们能够得出，劳动密切关联于体育文化的起源。不过，从体育社会学视角来看，所得出的结论不能仅仅局限于这一点，因为劳动生活中也诞生了人类的语言、文字、艺术等，与上述文化相比，体育运动呈现出显著区别。体育运动有着与动物本能的肢体活动以及人类其他行为模式相区别的鲜明特点。所以，我们应对这一问题进行更全面、更深入、更系统地探讨、研究，这是非常有必要的，其能更好地对体育文化的本质进行挖掘，并将其进一步发扬光大，让体育文化在体育领域成为必不可少的一部分。

我们最先应当认定的是，在对人类起源进行考察时，要对"手"这一超生物肢体的形成予以注意。和动物的爪相比，人类进化出的手有着明显区分。手的发达，代表着人类已经发展出了一种能力，那就是借助自然物以对自己肢体加以演化。由于人拥有了双手，就能更好地与自然对抗，并对自然进行适度改变，从而保证自身目的、利益的实现。手的形成，也代表着人形成了社会属性，因而，手的价值丝毫不亚于人所使用的各种工具。同时，由于形成了手，人其他肢体的功能、形态也渐渐发生改变。例如，人的双腿、双脚不再仅仅负责身体的支撑、移动，也能对工具进行掌握，参与到劳动之中。人类的这些超生物肢体需要不断完善、健全，从而更具活动能力，将新功能开发出来，也基于此，诞生了体育文化。

（2）社会需要动因。体育诞生伊始，无论人们用它休闲娱乐、强身健体还是将其作为军事训练手段，总的来说，"为人类服务"便是其目的所在、价值体现。所以，我们可以选择"需要理论"，对体育文化产生动因问题进行理解与研究。

唯有满足多方面需求，才能实现人类生存。在远古时期，吃饱、穿暖就是人类的需求。而在人类社会不断发展中，特别是步入现代文明社会后，人类开始不再满足于吃饱、穿暖这些基本生存需求，有着更多种类的需求，如社交需求、信仰需求、娱乐需求、安全需求、心理需求、生理需求等。在体育文化中，这些需求都打下了印记。所以，在推动体育文化产生的动因中，社会需要（如医疗保健、舞蹈娱乐、宗教祭祀、军事格斗等）是非常重要的。

（3）非劳动性的动因。如前文所述，在人类最基础的生产生活中，诞生了体育文化。伴随人类社会的不断发展、进步，生产力水平也不断提升，故而逐渐减少了那些依赖大量人力进行地生产活动，此外，体育中还加入了竞技元素，因此其渐渐从一种劳动性活动转变为非劳动性活动。

对客观物质的自然属性进行改造，是劳动的目的，其作用于自然或其他物质。而体育则是通过人自身的活动对人自身的社会属性、自然属性进行改变。主体与客体统一于体育活动中。此外，还有一个观点可以对体育是非劳动性活动加以证明，那就是"生成某种使用价值"是劳动产生的结果，而"产生竞技价值、锻炼效果"是体育运动产生的结果，二者是不同的。

所以，从其诞生伊始，体育文化就渐渐分离于物质文化体系，开始成为社会上层建筑的构成部分。

（二）体育文化产生的社会根源

1. 生物学根源

依照德国生物人类学家研究，人与动物的一大不同之处在于，其必须凭借自身活动对自己进行形成与塑造。所有动物都是特定化的，它们的器官是对一切特定生活条件和需要相适应而诞生的。然而人的器官却并未趋于某种特定状况，主要是未特定化的。由于这种未特定化，相较于其他生物，人在最开始会更难对环境进行适应；然而也正是由于这种未特定化，人有着其他动物无可比拟的可塑性，能够在活动中对自己进行培养，从而超越自然装备的动物，迈向无限的世界。具体来说，人的未特定化对人的可塑性动力、能力以及余地都进行了增强与提升。

因为人的活动器官（即中介）与生命有着非直接同一性，所以人能够从自身生存需要出发，自由地将新环境重新建立起来，同时还对人的肉体结构的有限性与活动技能发展的无限性之间的矛盾予以解决。上述内容正是体育文化起源的生物学前提。

2. 物质根源

在发展过程中，人类从积累的生产经验出发，将各种工具发明出来，而之所以人类能够制造出简单的工具，主要还要归功于"手"这一在长期生物进化过程中类人猿逐渐演化出的专门用来对工具进行使用的器官。"手"代表着人类已将超生物肢体发展而出，能够对自然界的力量进行运用，继而对抗自然、征服自然，在前文中我们也对此进行了详细阐述。之后，伴随生存需要、发展需要的不断变化、发展，人类也继续发展、改进各种工具。

对工具的制造与使用，代表着人类中真正产生了劳动，此外，这也是人类区别于动物的根本标志。毫无疑问的是，"完全形成的人"，必须是懂得如何制造工具、使用工具的人。而人类对工具的制造与使用，也代表着真正产生了文化。对于原始体育文化来说，早期的体育器械、器械操作方式都属于物质前提，这一点也得到了众多考古资料的有力佐证。例如，在许多国家的考古挖掘中，原始时期人类生产性石球和非生产性石球都被考古人员发现，这基本证明了"石球"为当时的体育器材，且非常重要。

3. 精神根源

在诞生之后，体育发挥着相当之多的作用。早期的体育比起现代体育所包含的内容更为丰富，不过，在现代看来，这些内容并不重要。而其中最重要的一项就是体育文化的精神根源。

原始农业、狩猎是人类早期的基本生产方式，男人主要在外游荡进行狩猎，而女人则稳定地在家周围从事农业生产，因而，人们逐渐发展出"敬奉女性"的心理。随着人们生活中劳动强度越发繁重，继而将"敬奉女性"心理转为"男性崇拜"，除了通过艺术形式对上述两种性别崇拜进行展现外，人们还会通过身体崇拜的方式进行，且身体崇拜占据十分重要的地位。出于对身体美的崇拜，人们越发注重养护、锻炼身体。例如，古希腊人对身体的锻炼非常重视，对身体的线条之美、运动之美颇为关注。之后，为了充实精神世界，人们开始将身体活动作为重要形式。从对自然的困惑到对宇宙的神往，从对自我的崇拜到对动物图腾的崇拜，原始人类不断对自我的位置进行追寻。当人们围绕动物图画，对狩猎动作进行模仿，或是舞蹈，或是放箭，或是投掷标枪，就代表着将代表敌人之物战胜。在这种精神动力下，原始人对自己的运动能力不断提升。原始社会后期出现的祭礼赛会，就是原始人对自我精神的寻求以及沟通宇宙的成果。对于原始体育文化而言，这一切都属于精神前提。

4. 集体传习根源

虽然从智力方面，人类比地球上的任何已知生物更胜一筹，然而，人类仍然会受到自然必然性的限制，也就是拥有"自然本能"，而想要改变这一点，就要通过人的活动形式进行。在人的社会本能、防卫本能、性本能、搜取本能、生存本能中，社会本能可谓意义特殊，在对人类进化、文化创造进行促进的过程中，其作用十分重要。原始人的共同劳动，对动物的群体关系进行演化，使之成为人类的社会关系，将有利条件提供给人类劳动与文化创造活动，使之从最初就带有社会性质。从中我们可以认识到，原始人的社会生活创造了原始教育的条件，将发展的机会提供给以身体运动为立足点、生产技能为目的的集体传习活动。原始文化传习具有"获得性遗传"特征，其不因个体消亡而消亡，因此，其孕育出了原始体育文化。上述便是原始体育文化起源的社会学根据。

二、现代体育文化的发展状况

（一）体育文化发展的概况

1. 体育文化的发展过程是长期、艰苦的

很大程度上，体育文化的发展情况是由社会发展决定的。如果缺乏一定的生产方式、社会发展，与之相适应的体育文化就不会诞生。从本质上看，社会发展这一历史过程是长期的、艰苦的，所以，循着该历史过程，体育文化不断发生复杂演变，是具有一定必然性的，并非纯属偶然。从原始体育文化到奴隶社会体育文化、封建体育文化，再到资本主义体育文化，这一系列发展，所需经历的过程同样是长期的、艰苦的，唯有如此，才能真正获得发展成果。

一定文化资料的积累为发展体育文化奠定基础。一般而言，积累的文化资料越多，体育文化发展的基础就越雄厚，发展速度自然也会增快。现如今，人类对体育文化的各种功能有着日益深刻的认识，并共同对体育文化发展进行推进，这使得体育文化得以繁荣发展；而不断增加的体育文化积累，不断加快的体育文化交融，则使得体育文化得以加速发展。在原始体育文化时期，通常要以"几十万年"作为其发展速度的计时单位；但在近现代社会，体育文化大大提升了发展速度，每逢几十年，甚至只需十几年，体育文化中就会发生一些重大变化。认识体育文化发展过程中的这一趋势，一方面能让我们对当代体育文化发展的长期性有更为清醒的认识，另一方面也能让我们充分地把握当代体育文化发展的紧迫性。

2. 体育文化以体育教育的方式进行传递

这里所说的体育教育，主要包括学校体育和终身体育教育两类。在教育对育文化的传播中，继承和延续是非常重要的表现形式。我们必须让教育将体育文化纳入其中，这是体育文化与教育的共同需要，而从本质上看，这更是人的需要。

3. 不同民族的体育文化在发展过程中形成的文化模式是不同的

在一定的文化生态环境中，历经相当长的一段时间，形成了体育文化模式。中西方体育文化模式存在较大差异。而西方体育文化模式内部也有所区分。例如，美国体育既相似于欧洲大陆体育，也与之存在不同；再如，尽管希腊半岛的海洋体育文化与斯堪的纳维亚的冰雪体育文化都属于欧洲大陆体育，但彼此之间也有着十分明显的不同之处。

可以明确的是，伴随历史发展、科学进步，加之外来体育文化影响，体育文化模式始终处于变化、发展之中，而非一成不变。例如，中国体育文化模式长期以民族传统引导养生、武术技击为主，然而由于其受到近现代欧洲竞技体育影响，故而也产生了变化与发展，且这种发展十分明显。

（二）现代体育文化的发展历程

1. 从体育的演进历程看体育文化因素的凝聚

（1）人类发展的逻辑为体育创造了良好的条件。文化的产生密切关联于人类的产生。文化的产生有着十分深远的意义，其代表着人的结构因素已经变得完备、齐全，代表着人的完全形成。由于体育文化的核心就是"人"，无论是具体目标、实现方式、起点，都指向人自身，所以，体育文化天然联系于人。我们可以也应当从人的起源中寻找体育文化起源的线索。在人类自身的精神与物质实践中，在人类自身繁衍与传承、演化人类文化中，将体育文化因子逐步孕育而出。

伴随体育运动形式的变化，体育文化也发生着相应变化。起初的体育形式主要为徒手进行技艺表现，后来渐渐演变为对各种体育器械进行使用，有的更是由人与动物共同协作完成体育目标，对于人类自身发展以及人类文化发展而言，其意义是十分重大的。

出现于人类历史不同时代的体育文化形式，无一例外地置身于上述演进过程中，其目标是对人驾驭外在工具的能力的提升。在此处，体育文化实则象征着人类综合能力的提升，基于人类生存、发展的强大需求，其也拥有了进步、发展的动力源泉。

在捕食行为中，动物能够表现出其娴熟的、富有技巧的技能。但是，一般情况下，要在一定需求和背景下，动物才能进行这种"技能展示"，其是受到具象思维支配的现实动作。尽管这种动作非常高明、复杂，然而如果与捕猎时的场景相脱离，那么动物是不会再现这种动作的，因而动物的本能使其无法与现实场景相脱离对运动理论、运动模式进行构建，从而将一般人认同的动作表现形式形成。但人类与动物不同，人类能够让运动对其自身属性进行超越并存在下来，同时，人类从自身需求出发，将丰富的动作理论、动作模式建立起来，这种动作形式能够与现实场景相脱离，进行教育与传承。虽然在耐力、力量、速度等水平上，人类都比不上很多动物，然而其却能成为最具运动能力的世间主宰，从本质上看，上述分析便是其内在逻辑。

纵观人类发展历程，不难发现，原始体育的诞生有着物质前提、精神前提与社会学前提，这些在前文中已进行具体阐述，因而体育文化息息相关于人类进化。

（2）体育是人类社会演进发展的重要参与因子。在自然经济时代，人类群体与外部自然环境之间，以及人类群体内部之间都有着较为稳定的关系。生产能力的不断增强，也改进了人们生活质量，人们开始拥有更多的闲暇时间。由于国家的产生、技术的进步，专门从事军事、艺术的职业人士也随之诞生。在自然经济社会中，相对独立的庄园、村落、家族、家庭等，构成了人们在时间结构上的简单重复性以及空间结构上的封闭性，从而使传统体育生活方式中体育活动的民族性、地域性得以形成，同时形成的还有体育组织结构和运行中的血源性、宗法性和对宗教与军事等的依附性。而步入工业社会后，社会生活变革的进程骤然加快，体育生活的面貌也被完全改变，出现了大范围的频繁交往，社会生活逐渐个性化、高度普遍化，文化教育高度发达与普及。

现如今，我们已经鲜少能在体育文化中发现原始性内容，因为其已被现代性元素取代。不过，在现代体育文化中，原始的平等依然存在。如果立足平等性"质量"角度，我们也要认识到，其无法真正达到原始体育文化所具有的水平。不过，人们心中已然深深接纳了新式的平等、民主观念。虽然体育文化大地上仍旧遗存着原始的模糊性、经验型，但其已被理性、科学光芒普照；尽管体育文化中偶尔体现出原始体育文化的渐进性，然而其正在以"曲折中的前进"为发展的逻辑理念。

伴随现代社会，现代体育的发展历程并不平凡，其先为民间游戏、竞技的整理与改造，后又诞生了职业体育俱乐部、业余体育俱乐部，再后来出现了国家联合会、国家单项体育协会，最后建立了国际综合性体育组织、国际单项体育组织。在这一过程中，体育传播被注入了强大能量，而这一能量正是工业革命赋予的。体育传播在世界各国经济发展的推动下得以广泛而深入地进行。而对于现代体育传播而言，其推动器为"政治需要、经济需要"。体育传播的速度因传播媒介的日新月异发展而不断加快。

有一点需要特别强调，当前，无论科技还是文明都得到了迅猛发展，体育文化的面貌正因机器人及生物工程人的出现而发生改变。人类体育文化因电子竞技、电子游戏的兴起而面临崭新挑战。一些体育项目以精细的运动感觉、出众的手脑协调能力为基本要求，而它们也深受人们喜爱，成为当今新宠。无论是观念上还是现实中，通过生物工程锻造的对体育竞技进行参与的特殊人，都不再遥不可及。在文化学研究有关后人类主义、超人类主义的主题讨论中，正越来越多地关注着生物工程运动员、机器人健将。

2. 从体育的逻辑演变看体育文化特质的整合

（1）现代人对体育运动的认识与掌控方法的发展。步入近代后，立足自然科学视角，体育有着"大肌肉运动"的表述。在"认识体育"方面，从人体生理学、运动生理学、生物力学再到运动生物力学，人类始终在"科学"层面停留，并以西方现代自然科学（如物理学、生物学等）为基础。伴随社会文化不断变化、发展，体育逐渐对心理学、美学、人类学、社会学、哲学、教育学等多方面成果进行吸收，人们也开始认识到体育中存在的社会科学的某些性质，社会现象、人类教育手段也成为对体育的表述。然而，体育的社会性、教育性是直到第二次世界大战才不再受肌体运动的原始体育认识的拘束，在社会文化的理论与实践背景下，开始被人们认识到其所具有的文化特性，"社会文化活动"成为众多研究者对体育的表述，体育开始展现出其人文意蕴。尤其是近几十年，艺术与体育的相互渗透、相互交融，为人们从"艺术"这一更高层面对体育特质进行思考创造了条件，渐渐丰满了体育的人文形象。

无论在形而上的层面，还是形而下的层面，体育的文化特性、人文内涵，都对自身契合于人类精神实质进行标示。在各种不同层次上，人们能够对体育展开哲学方面的思考。

在上述阐述中，我们简单地回顾了人类体育文化的发展逻辑以及体育认识史，从中我们可以清楚地看到，在自身发展过程中，体育时时刻刻都获得着来自其他文化成果的熏陶，甚至是抚育。现如今，我们已经基本完成了体育的教育、技术、生物运动特色，也基本完成了对其社会特性的认识，通过对体育进行整体研究与分析，不难看出，其正处于从文化过渡向艺术的阶段，具体而言，就是体育的教育社会观、生物物理观正逐渐过渡向文化艺术。而这一过渡，是体育认识合目的性发展与体育本身合规律性发展的结果。

（2）现代人对体育运动的组织与管理方法的发展。当今时期，是高度知识化的转型期，是十分关键的时期。这一时期对从事体育工作的人提出了迫切要求，即进一步对体育观念加以转变，对思维方式进行更新，对知识体系结构予以改善，对人文知识储备不断增加。在社会文化转型的关键时期，无论是一般体育爱好者、体育部门工作人员、体育新闻工作者还是体育院校师生，都要坚持接受对体育的人文锻造，这样才能真正抓住机会，紧紧把握住转型时期体育特质。所谓"接受对体育的人文锻造"，并非仅仅采用将体育人文知识进行引入，对体育人文社会科学知识含量进行增加这样简单的方式，而要将对人们以文化观体育的习惯、思想意识的培育作为重中之重，从而对思维进行转变，对操作体育的视角进行把握。

纵观当今世界，有 70 个国家、地区具有独立的政府体育行政管理部门，有 40 个国家、地区主要由民间社团对体育进行管理，大约有超过 40 个国家、地区由政府与社团共同对体育进行管理。之所以在体育的组织、管理方面存在不同模式，一方面是因为不同国家、地区之间在体育认识方面存在较大差异，另一方面是因为不同的时代环境、历史背景下，各国家、地区对体育制度进行了适应性改造。

基于上述背景，体育需要做出人文选择，且这种选择应当是没有任何迟疑的，要将人们在传统体育认知领域中深感疲惫的心灵，用一缕分外清新的人文之风进行细致而轻柔的抚慰。因为，不管是从人类认识体育的逻辑出发，还是从体育自身发展的逻辑出发，我们都不能只把体育当成一种社会活动、教育行为、物理运动、生物活动。不同国家、地区的体育组织与管理活动，如果不能对这个关键的观念转型予以把握，就无法理性地在自身制度模式中对体育事业的管理方式、基本规律进行把握。

三、体育文化的现代化发展展望

（一）东西方体育文化日渐交融

现如今，世界最根本的态势为多元格局与和平发展，对积极推动世界文化交往起到非常有利的作用。置身上述国际背景环境之中，体育文化也迎来了良好发展机遇。在有关组织（如联合国教科文组织、世界体育组织、国际奥运会等）的共同努力下，群众体育不断融合于竞技体育，且这种融合日益密切。作为世界两大体育文化体系，西方体育文化亦交融于东方体育文化，且这种交融水平是前所未有的。

当今世界，全球化得到进一步发展，世界文化交往越发紧密、趋同，故而东方体育文化与西方体育文化也有着日益鲜明的融合交流趋势。

具体而言，东方体育文化与西方体育文化主要在趋势、内容、动因三方面体现出趋同与融合。立足文化性质层面来看，世界上并不存在绝对封闭、完全封闭的文化，或者我们也不能将世界文化武断地、简单地划分为西方文化与东方文化。总的来说，人类共同创造出的世界文化，从本质上看就是一致的、趋同的，不存在一成不变的静态文化。因此，对于体育文化而言，其同样并非静态的、一成不变的。然而，我们也要认识到，用东方体育文化、西方体育文化对世界体育文化进行划分，对于更深刻地认识到当前世界体育文化特点来说，是大有裨益的，也有助于我们对不同体育文化进行分析对比，对其个性特征进行更全面且深刻的理解。

不过，有一点是我们应当予以注意的，那就是我们不应过分强调或是绝对化东方体育文化与西方体育文化之间的差异，也不能过分强调或是绝对化世界体育的划分，因为如此一来，人们就很难关注到人类体育文化中存在的共性基础，转而夸大东方体育文化与西方体育文化之间的差异与矛盾，这将不利于世界体育文化的繁荣。

大部分学者在探讨东方体育文化与西方体育文化特点时，都认为它们没有好坏之分、优劣之别，所具有的只是各自的个性、特征，因而无可避免地，东方体育文化与西方体育文化会向趋同发展。上述观点具有较强的客观性，在体育文化论中，也具有更多的科学性，在人们从世界体育文化角度出发，全面而深刻地认识东方体育文化与西方体育文化的形成时，坚持这一观点是大有裨益的。

（二）体育文化多元价值功能的交融与分殊

体育有着相当之多的功能，不过这些功能之间基本上是彼此独立存在的。同时，由于受到各方面条件、因素的影响、限制，当前人们并没有充分开发、利用体育功能，在这方面投入的力度仍有不足。不过，从整体来看，在社会不断进步、科技迅猛发展的背景下，人们对体育所具有的价值有了更为全面、深刻的认识，同时对这些价值进行积极利用，从而使自己的目标得以达成。此时，体育文化的多元功能就将交融与分殊的鲜明态势展现而出，具体而言有着如下表现：

（1）体育健身、养生、娱乐、交往功能的融合。现如今，城市中不断蔓延着"文明病"，人类表现出愈发明显的异化趋势。现代人步入电子化时代，而置身该时代背景之中，人类的主要生存模式变为"数字化生存"。这一模式具有如下特点：人类身心不和谐，肉体分离于精神，生活目的背离于手段，因而人类也对情感有着越来越高的需求。身处现代社会，人类对自我价值的实现和身心和谐发展有着更高追求。通过体育的多种功能（如交往功能、娱乐功能、养生功能、健身功能等），人类能够实现对解放与自由的追求。例如，在酒店中，一名商人参与打保龄球、高尔夫或其他体育活动，就能满足其多方面需要，既能锻炼身体，又能娱乐身心，还能与他人沟通、交流，进行人际交往，甚至可以完成一场商业谈判。在全面异化和数字化的通知下，人类对解放与自由有着越来越迫切的需求，而在沟通人理性与感性的过程中，体育就成为最佳手段，得到人们的一致喜爱与欢迎。

在新时代，体育价值功能相互融合的趋向也在体育带给人类的贡献中有所体现：融入经济全球化、维护生存空间、满足审美需要与娱乐需要、探索极限、追寻健康。

（2）健身体育与竞技体育的分流。步入 21 世纪，职业体育成为新兴行业，分外诱人，很多人开始从事这一职业，对大量的体育竞赛、体育表演进行参与，并以此谋生。因而我们必须看到，难以计数的人员、利益，正依托于职业体育。当前，竞技体育越发呈现出鲜明的高、精、尖趋势，人类极大提升了自身潜能，而从竞技体育中，广大观众也得到了更多快感。然而，并非所有人都能在职业体育行业谋生，需要经过一系列环节，如投资、选材、训练等，才能在这一行业中跻身。尽管竞技体育未许下任何有关身体健康的承诺，但是依然有很多具有卓越天赋的运动人才受到职业驱动，对竞技体育无比热衷。

职业体育有着众多观众，这些人对职业体育的关注可谓十分"痴情"，当然，他们也对自身的健康非常关注。其往往会对有着不同激烈程度、不同难度的运动进行参与，主要是为了对个人的自由、生命的质量加以追求。对于参与健身体育的人来说，最重要的就是体育的健身功能与健心功能。之所以有不同阶层、不同性别、不同年龄的人踊跃投入体育运动中，是因为人们期待其能够对自身身心健康予以促进。

（三）体育运动的丰富方式

（1）体育与文艺的日渐交融——体育艺术化趋向。现如今，体育不断交融于文艺，因而体育文化也具有日益显著的艺术化倾向，而体育文艺的诞生就是该倾向最主要的表现。人类各种文化虽有不同，却存在一个共同特点，那就是在反复分离与融合中彼此相互借鉴，在辩证否定中有所扬弃地发展。由于"审美竞技运动项目"的出现，人们也改变了自身的体育价值观，并且在舞蹈外延、内涵持续变化的情况下，人们逐渐将传统的体育观念、舞蹈观念抛弃，对新的"人体文化"观予以树立，这其中就有对体育与舞蹈的融合，以及体育文化新发展趋向予以体现。尽管在现代西方艺术中，"表现体育运动"并非未来主义运动的主要特征，不过，其同样通过竞技运动有所启发。例如，绘画艺术通过捕捉身体动感与运动力量，将顽强的生命力与蓬勃生机注入绘画之中。现代美术对艺术过程化与生活化进行追求，并未对古典主义的逼真进行过分强调，也对玩弄技巧十分排斥，无论是个性与追求都是独特的。现代体育运动也有着同样的发展路线，人们对体育运动独有的姿态进行欣赏，并将其作为闲暇消费与休闲生活的一部分，从而使得休闲运动愈发具有大众化特点。

（2）体育与环境的日益和谐——绿色体育休闲。现代社会发展越来越快，人们的生活节奏也越来越快，随之而来的，是人们身心所承受的，不断加大的负荷。一方面，为了放松身心，缓解神经疲劳，人们往往在征服自然与对手的刺激中，得到满足与快感，将情绪宣泄而出；另一方面，通过参与较为轻松的运动，人们可以实现强身健体的目的，还能获得精神方面的享受。在世界上，健康体育、休闲体育已经广泛开展于众多国家之中，"回归大自然"是这些体育发展的共同之处，其已然成为现代人的全新时尚，如英国的"乡村运动"、西欧的"户外运动"等。

绿色体育的兴起，一方面是因为人们追求自由与健康，另一方面也因为人类在严重破坏生态环境、产生能源危机的情况下，感到沉重忧虑。人类对户外运动（如登山、漂流、野营、攀岩等）进行追求，对回归大自然进行倡导，主张对大自然与生态环境进行保护。

（四）体育实施空间进一步拓展

（1）城市体育和农村体育空间的拓展。城市文化空间以"时代性"为主要特征。"时代性"这一特征说明，现代经济生活条件的具备，是在现代城市中创造现代文化的要求。在现代城市中，存在信息技术、新能源、新材料这三大现代科技，且这三者都是不可或缺的，共同支撑起城市这座"文明大厦"。现代城市文明需要与之相匹配的文明生活方式及文明环境，它们也在进一步拓展城市体育空间与开展城市体育活动方面起到推动作用。

现代社会与从前相比，农村的观念水平与生活水平有所提高，农民的闲暇时间也得到增加。城乡之间交流愈发密切，进一步促进农村中城市体育文化的渗透，将良好的条件创造出来，为农村体育发展奠定基础。与此同时，政府也对农民体育组织进行支持，倡导多元形式体育活动的开展，加之农民对城市先进体育观念予以接受，从而更主动、更积极地对体育活动进行参与，上述种种，都对农村体育现代化发展及扩大发展空间提供助推动力。

（2）民族体育文化与世界体育文化的交融。当前世界体育文化发展的趋势之一就是民族体育文化交融于世界体育文化。体育文化具有时代性、民族性这两大属性。而体育文化现代化与传统的矛盾统一、世界体育文化与民族体育文化的对立统一，也在这两大属性上得到主要体现。现代世界体育文化有着日益广泛的发展空间，国际体育活动也得到日益频繁的开展，这些都对民族体育文化交融于世界体育文化起到促进作用。

四、现代体育文化模式的构建及发展

（一）体育文化模式的概念

1.文化模式

文化中的一个具体形式便是体育文化模式。如果我们想要对体育文化模式的概念进行明确阐述，就需要先认识、了解何为文化模式。

美国人博厄斯是文化模式这一概念的提出者。我们可以从以下三方面对博厄斯所定义的文化模式展开理解：其一，文化模式是对一个特定文化进行组成的文化体制或文化丛；其二，文化模式是一种文化的本质与总方向；其三，文化模式是一种独特的文化体系，展现出极端化。从上述理解中，我们能够发现，特定民族、特定地区、特定社会的各种文化特征在长时间相互适应、相互联系过程中，形成的协调一致的构成方式、组合状态就是文化模式。

通过文化模式的定义，我们还能得出，文化模式与世界中诸事物之间都有着一定联系，并非孤立存在。文化丛、文化特质等都是相关于文化模式的概念。我们也可以用文化单元、"文化要素"代称文化特质，是有意义的、能够界定或识别的、最小的文化分析单位，必须连接于其他特质而存在。文化丛，又名文化特质丛、文化丛结或文化结丛，指的是一个文化区内从功能角度彼此联系的文化特质。

2.体育文化模式

体育文化也存在一定模式。那么，究竟何为体育文化模式呢？一般而言，我们可以将其理解为人类各国家、各地域、各民族的体育文化特征互相作用下形成的相对稳定的构成方式、组合状态。立足文化特质视角，不难发现，体育文化也具有自身特质。例如，在足球运动中，其体育文化特质就是足球俱乐部、绿色球场、狂热的球迷、足球等，它们共同对足球文化进行构成。立足文化丛视角，体育文化也具有自身文化丛。例如，在奥运会每项比赛的决赛结束后，都会将取得冠亚季军运动员所在国家的国旗升起，同时对冠军所在国家的国歌进行奏响，从中我们可以发现，受到奖励、奏国歌、夺冠、比赛、训练……上述种种因素对一个优秀运动员的重要文化丛进行构成。

从整体来看，体育文化模式来源于历史，形成于人类长期发展过程之中。研究体育文化模式的发展状况，一方面有利于对人类体育文化特殊的价值取向与历史个性进行了解，另一方面，对于未来体育文化的发展来说也是意义重大、十分有益的。

（二）构建体育文化模式的基本原则

1. 处理好体育文化社会需要与主体需要之间的关系

（1）出发点的差异性。国家发展、民族发展是社会需要的出发点，自身意识诉求是主体需要的出发点。

（2）形成机制的差异性。在整体上将社会成员当作对象，在对相对完全的总体客观信息进行掌握后，需要对一定社会价值取向加以遵循，从而将整体的共性总结而出，这是社会需要的形成机制。而主体需要的形成机制，则是将自身当作对象，在对一定社会信息进行掌握后，需要对个人的价值取向加以遵循，继而受到个人非理性因素影响形成的。

（3）表现形式的差异性。宏观层面体现了社会需要，社会需要的特点为很高的概括性、总结性；微观层面体现了主体需要，主体需要的特点为细节性、具体性。

（4）类别属性的差异性。社会需要与个体需要，一个为自觉性需要，一个为自发性需要。从中我们可以发现，社会需要与个体需要的根本区别存在于其类别属性上。

长期以来，身为一种文化现象，体育根本的意义更多地在于对社会需要的满足与适应，而较少对主体需要进行涉及，如此便在一定程度上体育文化成为国家的"工具"之一。所以，想要对体育文化社会需要、主体需要的关系进行正确处理，就要从体育文化的物质层次、制度与行为层次、理念层次出发，使之形成有机的文化系统，此外还要实现体育文化主体需要有机结合于社会需要，才能真正构建现代体育文化模式，最终在现代社会中对体育文化进一步发展予以促进。

2. 处理好体育文化发展中主观能动性与外部性干预之间的关系

在发展过程中，体育文化将会遇到多种多样的因素，因而要正确处理体育文化发展过程中外部干预与主观能动性的关系。具体而言，要明确以下问题，如谁有着更高的建设效率，谁有着更低的建设成本，谁应当负责体育文化建设等。

建设、发展体育文化，一方面与自身主观能动性的参与密不可分，另一方面，外部因素也是不可或缺的，其能够起到强大的推动作用。因此，外部性干预与主观能动性都积极地促进着体育文化的进一步发展。处于计划经济时期时，国家控制体育，对体育文化发展产生了一定程度的限制，受到这种外部干预影响，计划经济时期的体育文化发展更多地呈现出国家性，较少体现社会性。而改革开放后，我国社会各层面改革取得重大突破，体育文化也得到快速发展，取得显著成就。步入新时代，各种文化之间产生了越来越多的碰撞，全球化趋势进一步增强，唯有不断前进与发展，中华民族才能以自身文化传统与特色屹立于世界民族之林。当然，我们还应具有勇于接纳的胸怀，具有开放的心态，这也是必不可少的。具体到体育文化来说，自然也是一样的。在与其他体育文化碰撞过程中，我国体育文化唯有对其他体育文化加以融合、吸收，才能既保有自身特色，又与时俱进，形成强大竞争力。不过，有一点是需要我们注意的，那就是唯有通过体育文化持续整合、选择、建构的过程，才能取得上述成果，如果单纯对外部性干预进行依靠，是不能做到的。因而，在实际工作中，政府主管部门应当明确自身角色，不能独揽大权，而要遵循相关法律法规，履行现代市场经济社会要求的政府职能，对市场对体育文化的导向作用进行维持，对文化主体自身对文化发展所具有的能力（包括整合、选择、建构）予以充分信任，如此才能积极促进体育文化更好、更快发展。

3. 对排除主导型的制约因素进行正确对待

在发展体育文化过程中，主要有三方面主导型制约因素，包括民族心理结构、社会局势以及中西方体育文化差异。现如今，立足于整体视角，伴随现代社会发展、经济全球化趋势增强，中西方体育文化差异也正在逐渐减小。在体育文化传播、交流方面，各个国家都取得了进一步加强。当然，其中有多种因素对体育文化传播、交流的增强起到推动作用，最主要的因素为信息技术发展、全球化趋势加强、中国社会开放程度提高等客观条件变化。中华人民共和国成立后，尤其是确定了社会主义市场经济体制后，中国社会进入了相对稳定的发展阶段，且会持续很长一段时间。从上述阐述中我们能够看出，社会局势和中西方体育文化差异这两个主导型制约因素并未居于主要地位、产生主要制约作用，而中华民族的信仰体系、文化传统，即中国的民族心理结构，才是更为重要的主导型制约因素，居于主导地位。

中华民族传统文化可谓博大精深，发展历史十分悠久。从中华民族信仰体系与文化传统来看，影响体育文化发展的主要为以下两方面：其一，传统文化中有着根深蒂固的封建伦理纲常、"中庸"等观念，其非常重视封建礼教纲常的"至上性"，一定程度上更削弱了体育竞技性特点，继而制约着体育文化的发展。其二，其阻碍着个性发展，注重考试形式导致出现作弊泛滥、浮夸成分、弄虚作假等问题，影响着体育文化的健康发展。

从上述阐述中，不难发现，传统文化中并非所有内容都是积极向上的，也有部分内容与当今社会体育文化发展所需的理念不相适应。因此，在对体育文化发展的模式进行构建与发展时，要坚决抵制传统文化中的糟粕，真正取其精华，使之在中国体育文化发展过程中发挥积极促进作用。

五、体育文化的现代化发展

（一）文化现代化

1.现代化与文化

现代化是动态的、综合发展的过程，民族性十分鲜明。从本质来看，现代化就是一种文化生长。作为人类文明的历史逻辑产物，现代化是社会全面文化的价值转换。20世纪，全球意识的培养、精神文化价值的注重、人与自然的协调统一、检讨反思理性，这些都是人类文化发展的突出特性。

我们必须对市场经济与现代观念之间的关系进行明确。市场经济在一切非经济的依附关系中将人解放而出，让人能够实现独立自主的现实性存在。在对"世界市场"进行开辟之际，市场经济也让"世界历史"变为真正的现实，同时让社会经济文化普遍性交往发展成为必然趋势。在对技术进行刺激，使其持续进步之时，市场经济也创造条件，推动人的全面发展。这便是文化与现代化的辩证关系。

2.人的现代化

现代化的核心是人的现代化。而文化素质的现代化与身体素质的现代化都被纳入人的现代化之中。想要对现代人进行塑造，就要在传统转变为现代化的过程中，运用现代化运动对现代人进行塑造，使其适应于现代化，令其各方面，如行为方式、情感方式、价值取向、心理结构、思维方式等方面产生质的变化。

现代人的思维方式将"科学性、系统性、开放性"越发展现而出，选择也日益多元化。从心理结构角度来看，现代人更加愿意对新事物进行接受，他们积极进取、勇于改革、敢于创新，对现在、将来更为重视，更富有冒险精神。在价值取向方面，现代人提出利他主义与个人实力的统一、理性化与个性化的统一；在行为方式方面，现代人对计划性更为注重，其具有战略眼光，不被烦琐的礼节规矩束缚，易于流动。

唯有对人的需要加以满足与顺应，对人的素质进行改造与提升，才能保证人的现代化得以实现。

3. 人的文化素质与社会客体现代化之间的相互作用

现代社会环境主要通过如下途径形成人（社会主体）的现代化科学文化素质，包括社会意识、城市社区、现代家庭教育、现代大众传媒、现代社会环境（机关、商店、工厂等）、现代教育等。我们只有对上述互动作用有明确认识，才能对文化现代化机制进行真正明确。

（二）体育文化现代化

（1）传统体育文化、时代体育文化精神、外界体育文化都是体育文化现代化的来源，如果与传统体育文化相脱离，那么体育文化现代化也会失去发展基础；如果对外界体育文化进行忽视，那么体育文化现代化就会确实进步、比较动力；如果无法对时代体育文化精神进行把握，那么体育文化现代化就不能将富有自身特色的体育文化体系建立起来。

我国体育改革的主要站立目标为将中国特色社会主义体育文化建立起来。想要对上述目标进行实现，就要贯彻社会主义原则，以马克思主义思想为指导，科学鉴别中国传统体育文化、西方现代体育文化以及社会主义体育文化，有选择地对精华部分进行吸收、继承，将更完美的新型体育文化创造出来。

（2）体育文化现代化的内涵为国际化、制度化、社会化、科学化。从世界各国体育发展的一般规律出发，我们也可以这样理解体育文化现代化：其一，科学化。包括运动理论基础、规则、方法、手段等，旨在让不同国家、不同民族的人都能真正理解。其二，规范化。包括法规体系、组织和管理制度等，旨在将完善的竞赛、培训、教育保障体系形成。其三，社会化。包括价值趋向、范围、组织形式。旨在将社会举办体育活动的机制形成，对体育活动的灵活机动予以注意，使之与不同条件的群众相适应。其四，国际化。包括在国外设立培训机构，相互交流教练员、运动员，举办世界性赛会等。上述四方面内容，共同构成动态的综合网络系统。

（3）对精神文明、物质文明进行促进。体育文化现代化的意义就在于人的现代化。对于国民经济来说，体育产业的推动作用是十分显著的。体育教育、宣传中的大量优秀道德文化、精神文化，可以对社会精神文明的进步予以激发，在完善人的心理、身体素质和社会化方面，体育文化的价值都是无可替代的。

（4）对体育文化产业进行大力发展。现如今，在一定程度上，我国文化产业的发展对体育文化产业的发展起到支撑作用。我国综合国力的一个重要标志为"文化"，这一点已经得到了人们的广泛认可。国家也高度重视文化产业，将其视为重要支柱产业，依靠对文化产业的发展，对经济结构进行进一步调整，为文化的可持续发展提供助推力。

20世纪90年代初期，我国体育文化产业发展速度飞快，更是遥遥领先于其他文化产业。然而，现如今，体育文化产业并未能保持之前的迅猛发展，浮现出许多难以解决的矛盾、问题，减少了我国体育文化产业市场占有份额，而在国民经济中，体育文化产业排序也处于落后状态。上述发展状况与国际上我国竞技体育所处地位并不相符，也不相称于我国文化大国身份。伴随社会进步、市场经济发展，大众体育文化日益形成，在这方面居民不断增加消费投入。因此，当前对体育文化产业的发展不仅重要，更十分必要，并且这项任务有着很强的紧迫性。如果能完成好发展体育文化产业的任务，就能进一步满足大众的体育消费需求，提升我国文化竞争力，最终增强综合国力。

第五节　中华体育精神的内涵

一、体育精神概述

"精神"就是文化的精髓，它属于文化最核心的部分。从时间历史上来看，无论是何种"精神"都具有一个共通性，即历史性和时代性。"精神"的历史性赋予它较强的稳定性和不变性，而"精神"的时代性则赋予它一定的调整性和变化性。从地理空间角度来看，"精神"具有一定的民族性和社会性，它的这一特性在无形中赋予其在特定范围内的广泛适用性，即通过一定的社会活动在特定人群中传递他们共同认可的价值观和信念。从传承发展的角度来看，无论是哪一种"精神"都经历了三个过程——形成、发展、完善。中国体育精神属于"精神"的一种，同样具有这些特性。

体育精神是在全世界范围的体育活动中体现出来的，它并不涉及具体的民族和国家，具有一定的稳定性。不管从体育理论角度来讲，还是现实生活角度而言，我们通常所说的体育主要指具有西方文化特征的体育。纵观世界体育，不难发现西方体育在世界体育领域占据主导地位。西方体育在世界体育中的主导地位体现在很多的方面，如运动项目的选择、运动方式、成绩评判、体育赛事的影响力、体育赛事的规模、竞技体育运动的起源与发展等。在经济全球化背景下，西方国家将体育精神推向世界各国，所以我们所接受的体育精神具有浓厚的西方体育特征和色彩。

通常情况下体育精神主要形成于体育实践之中，它是人们以健康快乐、挑战征服、公平竞争、团结协作为主要价值标准的意识、思维活动和一般心理状态。

从具体上来看，体育精神的内涵包含四个方面的内容，即公平竞争精神、团队精神、人本精神、英雄主义精神。这四方面的内容又反映了体育精神的四个价值标准——公平竞争、团结协作、健康快乐、挑战征服。体育精神的外延主要指的是近代体育精神从产生之日起发展至今的时间范围。

（一）体育精神概念的界定

体育是人们通过身体锻炼的方式来改善自身身体机能、促进身心发展的社会实践活动，并使自身更好地融入自然和社会。体育属于一种文化，其自身拥有多个层面的价值，而体育的价值集中体现在体育精神上，它不仅反映了体育主体的价值标准、价值取向，同时也反映了体育主体的价值需求。体育活动的最终目的是为了追求、实现体育价值。从价值哲学的角度出发，无论是何种体育活动均属于价值活动范畴，为此将"价值"作为研究体育精神的重要指标。作者通过对已有文献资料的整理与筛选，最终找出与体育精神内涵相匹配的词语。

（二）体育精神的价值取向

体育精神的价值取向主要指的是人们在参与体育实践活动时的兴趣和偏好等。从具体上来讲，体育精神的价值取向主要表现为以下几个点：

第一，完整确立人的主体地位，全面提升人的价值。

人在体育活动中具有十分重要的地位，是所有体育活动的参与主体。人不仅创造了各种体育活动，也是体育活动规则的制定者及体育运动发展的指挥者。为此在任何的体育活动中，人是唯一的重点，这在无形中也确定了人在体育中的主体地位。接下来我们从体育活动的多个角度来深入分析体育活动的目的。首先，从身体素质训练角度来讲，人们通过参加体育活动来提升自身的力量、速度、耐力等方面的素质；其次，从人的情感、意志角度来讲，人们通过参与体育活动可以培养自身坚韧不拔的意志，进而完善自身人格。由此不难看出，体育可以从全方位提升人的素质，从而提升个人的价值。

第二，追求自由、追求真善美的统一。

从本质上来讲体育追求的是"真善美"，在体育活动中知识价值的真、道德价值的善以及审美价值的美得到了完美体现。马克思曾对"真善美"做出了阐述，他认为人在衡量一个对象时往往有"两个尺度"标准：一是对象的尺度，二是需要的尺度。并在此基础上按照美的规律来塑造物体。其中对象的尺度属于"真"，需要的尺度属于"善"，二者结合在一起便形成了"美"。

真，主要指的是人对世界的认知，它与假相对。具体而言，真是人们对客观事物以及自然规律的正确认识，而体育不仅包含了社会科学方面的内容，同时也包含自然科学方面的知识，为此与体育相关的各个学科都成为了人们掌握"真"的钥匙，我们只有掌握了"真"才拥有把握世界的基础。

善，主要说的是人与世界之间的价值关系，通常情况下"善"与"恶"相对立。"真"是"善"的前提与基础。一般情况下我们经常将善当作是伦理学方面的概念，它经常被用来衡量一个人的行为。体育旨在促进人与社会的全面发展，它不仅追求人的健康、团结、友谊、快乐、勇敢等方面的价值，同时也追求竞争合作、公平正义等方面的价值，并在这些的基础上憧憬人类未来的发展。

美，是站在人的情感角度出发的，它在一定程度上反映了人与世界的情感关系，与丑形成了对立面。当一个人通过身体活动等方式显示出人类战胜自然的创造性智慧、才能和力量的时候，这时体育便是美的。

从本质上而言，美不仅符合规律，同时也与人的目的相符，它建立在"真"和"善"的基础上，同时也实现了主体和客体的高度统一。人们追求真善美的最终目的是为了追求自由，为此自由是真善美的升华，而真善美又是自由在不同领域的具体体现。

第三，尊重和张扬生命力的乐观态度。

生命对人的重要性不言而喻，为此维持、爱护生命成为人类所有的行为价值准则，也正是在此基础上产生了诸多本原性审美价值，如健康体魄、青春活力、生命运动等。

在体育实践活动中，人们通过各种情绪来展现人的生命力与活力，如呐喊、痛哭流涕等。与此同时，人们在体育实践活动中通过情感、姿态、服饰等方式展现生命健壮的色泽和力量。体育十分重视对生命意识的传播，我们每一个人都是一个独立的生命体，具有不可复制性，为此我们应当尊重每一个生命体独特性，他们的价值也应当得到一定的展现。体育通过运动的方式达到生命创造、追求生命完美存在的目的。

从时间发展角度上来看，体育以"此在"为起点，它不仅继承了过去，同时更加注重当前的发展，具有积极的人生态度。萨马兰奇对体育进行了详细的描述，并指出："通过个人拼搏、榜样的示范与尊重人类的普遍伦理原则给人以快乐。"由此我们可以看出体育的最终目的是为了让人获得快乐，并培养人乐观的心态，而不是让人陷入痛苦之中。人们在拼搏过程中展现出了自身强大的生命力，并通过一系列的努力最终实现自我超越，激发身体潜能，这在一定程度上使人们获得较强的快乐和自豪感。

（三）体育精神的价值标准

价值标准是对主体需求和利益的体现。价值观念是对价值标准和价值取向的统一。价值取向与价值标准之间也存在一定的关系，二者的关系为目的与手段。通常情况下，价值标准的产生取决于价值取向和价值目标，它是由二者衍生出来的。一般情况下，体育精神的价值标准的形成主要受体育价值取向和体育精神的影响。

人本精神价值标准。该标准主要体现在以下几个方面：第一，活力，它主要指的是人生命的活力；第二，优美，这主要是从形态角度出发，表达人的形态美；第三，健康，它主要包含两个方面，一是身体健康，二是心理健康；第四，快乐，快乐及享受快乐。

英雄主义精神价值标准。该标准主要体现在两个方面：第一，挑战，所谓的挑战指的是人在面对困难时不畏惧，敢于挑战。挑战又可以细分为坚强、勇敢两个层面，其中坚强主要体现在意志上，即意志坚强，而勇敢则体现在行为上，即行为勇敢。第二，征服，主要指的是征服人与自然。征服同样包含两个层面：一是高超，它主要指的是人的技艺高超；二是高尚，这主要体现的是人的品德。

公平竞争精神价值标准。该标准主要体现在两个方面：一是公正，二是竞争。团队精神的价值标准主要体现为合作。公平竞争不仅指的是个体之间在竞争中的公平性，同时也只群体之间竞争的公平性。我们在上文中分析的人本精神和英雄主义精神强调的是个人，为此公平竞争精神和团队精神主要强调的是团队，这种群体之间的行为规范在一定程度上也是社会的伦理规范。在当前的体育环境中，体育往往是以社会公正和社会正义作为开展体育竞赛的前提。无论是公平竞争精神，还是团队精神都是在公平、公正的环境下进行竞争与合作。只有竞争没有合作的竞争属于恶性竞争，反之只有合作没有竞争则是一个低效的运动实践。总而言之，体育是一个既包含了竞争，有包含合作的高效、良性竞争。在体育竞赛中不仅可以看到激烈竞争的场面，同时也可以看到激烈竞争中的和谐与平衡。

从竞技的角度来看，体育竞赛具有三个基本特征：第一，平等竞争。所谓的平等竞争主要指的是在体育运动实践中务必要做到公平、公正，严格按照竞赛规则约束每一个参赛者。在平等竞争的环境下，任何的权利、身份都将失去效力，只有力量、速度、耐力、敏捷等因素才可以在比赛场上发挥作用。第二，自由竞争。所谓的自由竞争，主要指的是任何人都拥有参与体育竞赛的权利。在体育自由竞争环境下，体育的大门对所有人打开，为大众参与体育创造开放、自由、民主的体育环境。第三，规范竞争。所谓的规范竞争主要指的是体育竞赛的高度制度化、规范化、程式化。为了更好地开展体育竞赛，每一个参赛者都要遵守大赛的规章制度及竞赛规则。人们为了在体育竞赛中取得更好的成绩，并取得胜利，于是在竞争精神的基础上衍生出求实观念、科学意识、效率意识、创新意识。想要获取竞赛的成功，必须要尊重客观事实，并在此基础上采用科学合理的训练方法和手段，提升自身体育综合素质水平，以期获得更好的成绩。

不管是否获得竞赛成功，我们需要谨记竞赛本身不是体育的最终目的，它只是体育活动的一种手段。人们在参与体育运动的过程中，逐渐激发了自身的生存潜能，同时在不同方面实现了自我完善，这在无形中也推动了社会的进步与发展，为维护社会和平起到了积极作用，这才是体育的最终目的。

（四）体育精神的核心

超越是体育精神的核心体现，它不仅包含了自我超越，同时也包含许多不同的层次和方向。从西方哲学角度来看，超越包含横向超越和纵向超越。

其中横向超越指的是由在场的东西超越到不在场的东西，在场的东西指的是当前呈现或出席的东西，而不在场的东西则与之相反，指的是当前未呈现或缺席的东西。总体而言，横向超越主要指的是从现实事物到非现实事物。另外，纵向超越是指从表面的直接的感性存在超越到非时间性的永恒的普遍概念中去。无论是横向超越，还是纵向超越都有其独特的意义，通过横向超越，我们可以将在场和不在场的东西有机结合在一起，这对我们了解当前呈现的东西有积极作用，而通过纵向超越我们可以深入了解客观事物的本质。

关于体育精神的超越我们可以将概括为两个方面：一是超越自我，追求成功；二是超越有限，追求无限。这两个方面分属于不同层次和方向的追求，其中第一个方面的超越属于横向超越，第二个方面的超越则属于纵向超越。

二、体育精神的内涵

国外学者对体育精神进行了全面、深入的研究与分析，部分学者认为体育精神主要由精神性成分和竞技性成分两部分组成，其中精神性成分主要表现为人文形态，而竞技性成分则表现为科学形态。例如，学者凯丁在研究体育精神时，首先将体育运动与竞技体育运动区分开来，并分别对二者的体育精神进行了研究，他认为体育运动的目标是通过参加体育运动给主体带来快乐，为此他认为体育运动的体育精神是慷慨。此外，凯丁也对竞技体育的体育精神进行了阐述，他认为竞技体育的目标是为了获得比赛胜利和荣誉，为此他认为其体育精神本质为公平公正。但是也有学者有其他观点，他们认为体育精神只有人文形态，例如费则尔，他认为体育精神的本质为游戏精神。与此同时费则尔也指出了凯丁关于体育精神分析的问题，他认为其主要体现在两个方面：第一，他仅从娱乐、愉快的角度来理解游戏，从而导致其最终无法触及游戏的本质，相应的也就无法理解体育精神的本质。第二，他在对游戏进行划分时，也存在一定的局限性，从而没有很好地把握游戏者和运动者的不同心理。当前我国关于体育精神的研究起步较晚，随着我国体育事业的快速发展，人们逐渐认识到体育精神在体育领域中的重要性，这才将其作为体育领域的研究重点之一。我国学者李力研认为体育精神的形成与发展离不开西方社会的发展，二者具有十分密切的联系，同时李力研认为体育精神是一种尚武精神，而且这种体育精神在无形中推动了社会历史的进步，它与民族伦理、社会经济发展等方面有十分密切的关系。李力研认为欧洲国家由于保留了这种尚武精神，并在此基础上受先进技术、物质利益等方面的影响，不自觉的走上了近现代化发展的道路。与此同时，他指出尚武精神只是一个国家迈入近现代化发展道路的必要条件，而非充分必要条件。

体育精神是抽象的，看不见、摸不到，但是体育精神在现实体育生活中却有一定的体现，并有一定的呈现形式，与此同时体育精神也会在体育运动的作用下演化成为一种超越现实的体育理想。

体育对于中国而言，具有十分重要的作用，它无形中激发了国人参与国际竞争的意识，同时也提升了国人的民族自信心及强烈的爱国热情，也促进了我国对外开放的进程。从国内发展角度来讲，体育也做出了较大的贡献，通过体育运动人们的契约精神、规范意识得到强化，这对我国市场经济观念的树立有积极作用。与此同时，协同意识也维系着我国民族的团结与发展。

体育精神反映了体育的整体面貌，同时也反映了体育水平、体育特色、体育感染力等。另外，体育精神是体育理想、体育道德、体育审美水平、体育情操、体育信念等方面的标志。除此之外，体育精神也是体育的支柱和灵魂。众所周知，我国拥有悠久的历史，从上古时期人们对神明的敬畏发展至现代追求真理、寻求文明，这其中的点点滴滴都在无形中证明了精神上的觉醒对于推动社会发展、时代进步有积极作用。自人类学会运用脑子做事情时，我们便进入了文明社会，这其中自然也包含了对身体健康、肉体极限突破的追求，即体育，体育精神也便随之诞生。

从整体上来讲，学术界对于体育精神的研究取得了一定的成果，但是也存在一定的不足，其具体表现在以下两个方面：第一，关于体育精神的研究主要是以概括性论述为主，同时学者在研究体育精神时所选择的研究角度也比较局限。体育精神在应用研究方面依然薄弱。第二，学者对体育精神的研究方向主要为横向研究，虽然有纵向研究，但是研究力度较小。与此同时关于体育精神的纵向研究也为能立足于具体的历史语境之下，为此研究结果缺乏对历史的反思。除此之外，对于显示问题反应的敏感度也不是十分理想。

黑格尔将客观的真理性与主观的确定性对立起来，结合黑格尔的研究我们可以将精神看作是理性的真理性，这也就是说精神是具体的真理性，是客观的精神世界，如文化精神、民族精神、时代精神等都是这种精神。精神对人和社会的发展起至关重要的作用，是其不可或缺的一部分，通常情况下精神与思想并存，二者有着密切的关系，精神体现思想，而思想有时支配精神，此外精神的形成与发展又受客观条件的制约。从马克思主义哲学以及当代文学哲学的角度出发，我们可以发现体育不仅是一种改造人身体的技术行为，同时也在无形中反映了社会潜规则对人精神面貌的影响。体育中所指定的各种运动规则是对社会生活的直接反映，在某种程度上来讲它是调节人与人、人与社会之间关系的行为规范。从具体上来讲，体育作为一种非标准的行为规范，它通常情况下是通过舆论引导、教育等方式来影响人的思想，从而使人形成正确的价值观。

（一）公平

1. 公平是体育运动的重要精神理念

公平在体育精神中十分重要，可以说它是体育精神的重要内涵，同时也极大程度上体现了体育的价值。从某种意义上来讲，公平是开展一切体育活动的规范准则。古希腊奥运会便是产生于这种公平竞争机制下，公平竞争备受人们的推崇，在公平竞争机制环境下，运动员在赛场上可以尽情展示自己的才能，随后公平竞争也成为人们日常生活理想的追求。只有在公平的环境下，竞争才有意义，反之则会失去竞争的意义。法国公平竞争委员会对于公平竞争做了相应的规定，当对手或观众不公平时，应当采取果断措施。早在古希腊和罗马时期，人们便将处理人际关系的基本准则纳入了公平的范畴。古希腊时期，公平观念产生于对不公平社会关系调整过程中。其中亚里士多德在这方面做出了杰出贡献，他将仅仅是形式化的公平进行了系统性的总结，并将其表述为"同样的情况，同样对待"，与此同时他对公平的形态也进行了深入研究，并将其细分为相对公平和绝对公平两种类型。其中相对公平主要指的是法律层面上的公平，而绝对的公平则不受时间和空间的限制，它主要建立在自然法的基础之上。绝对公平的提出将公平与自然结合在一起，这也是亚里士多德对公平的一种理解，他认为公平是一种最高的价值。也正是因为这样，无论是国家社会风俗的变化，还是社会意识形态的变化，公平始终如一。马克思也对公平进行了论述，他认为公平问题的根源在于社会的实践活动，在社会实践活动中，不同的主体根据自身的需求，制定出双方都可以接受的规则和标准，并以此来维系、处理彼此之间的关系。费厄泼赖精神的诞生与传播推动了西方政治改革，也正是在费厄泼赖精神的影响下，西方国家制定了一系列公平公正的原则，并将各个政治势力之间的政治游戏置于公众视野之下。

"费厄泼赖"一词是由英语单词"fairplay"音译而来，其意思为公平。最开始人们并未对"fairplay"一词进行翻译，鲁迅先生曾用它作为自己文章的标题，也正是在这之后人们将其读为"费厄泼赖"。说实话，"fairplay"这个词并不是很好翻译，它作为一个体育术语主要指的是任何体育比赛都是以整体形式存在的，为此运动员具有双重身份属性，他们不仅是比赛参与者，也是比赛合作者，为此运动员不仅要尊重自己团队成员的人格，同时也要尊重对手的人格，否则这将破坏整个比赛规则，使比赛无法进行下去。由此不难看出，公平源于体育，而后随着体育运动的发展，逐渐成为体育精神的重要部分。

2. 任何体育运动，都崇尚公正的原则

无论是谁都要遵守体育比赛中的规则，以此来确保每一个人都有站在起跑线上的平等权利，在比赛中听从裁判的安排，一旦裁判示意比赛开始，赛场上的每一个人可以通过正当手段将自身潜能发挥至最大，在比赛结束时需要坦然接受比赛结果。这种公正的参赛方式主要倡导的是公平竞争，同时也可以带来一定的民主与法制的公正。人们在比赛中坦然面对自己的比赛成绩，了解与他人的差距，摒弃嫉妒，将精力投入下一次的比赛。人人平等、公平竞争是体育精神在西方社会的具体体现，同时这也是我国社会主义精神文明建设的必要精神品质。

（二）竞争

竞争是一个客观存在的事实，它存在于自然界与人类社会发展的各个领域，同时优胜劣汰的竞争也是推动社会发展的客观规律。由于人们厌烦了那些野蛮、黑暗的竞争，所以他们希望建立一个公平的竞争模式，于是竞技体育诞生了。在竞技体育当中，公平、规范是其参赛规则，参赛的人员手中没有杀人利器，人们在竞争中不仅可以感受内心愉悦，同时也在无形中消弭人们心中的戾气，使其趋于和平。通常情况下，公平竞争的产生需要具备以下几个条件：

第一，有同一个争夺目标。如果参与人员的争夺目标不同，他们之间则不会形成竞争。第二，形成广泛自由的社会环境。第三，人们将自由平等、尊严地追求。只有满足这三个条件时，才能诞生公平竞争。从实践发展角度来看，自启蒙运动开始，这三个条件得到了较快的发展，并日益成熟，最终产生了西方"公平竞争"精神。奥利匹克理想属于一个很强的体育文化概念，它的产生主要缘于两方面：一是西方骑士精神；二是对优美、温雅的狂热崇拜。

"竞争"是体育精神中的一个重要概念。站在人的视角下，竞争主要包含两个方面：一是人与自然之间的竞争，一般情况下这种竞争的最终结果是人驾驭自然；二是人与人之间的竞争，通常情况下人与人之间的竞争结果呈现多样化特点，如果人与人之间是理性竞争，那么其最终结果将会是推动体育事业的发展与进步，反之其最终竞争结果会与体育精神相背离，例如裁判吹假哨、运动员注射兴奋剂等。

1.体育竞争的特征

（1）体育的竞争属于文化中的竞争。体育中的竞争属于一种特殊的竞争方式，它既不同于战争方式的竞争，也不同于经济方式的竞争，它属于文化中的竞争。通常情况下，体育竞争在建立合作的前提下，它倡导公平竞争。另外，体育竞技还具有较强的排他性。众所周知，在经济领域中的竞争，其竞争的结果既可以是一方是赢家，也可以实现双方共赢，但是在体育竞技中只可能有一方赢得胜利，即冠军只有一个。也正是由于体育竞技的这一特性，使得体育运动参与者想要赢得最终比赛胜利，只有通过刻苦的训练，提升自身运动技能与心理素质等各方面的综合能力。

（2）体育竞争属于有规则的竞争。体育竞技是一种有规则的竞争，这也决定了体育精神中的竞争精神需要在统一的规则下实现，同时运动员在参与体育竞赛时要遵守规范，如果违反规范将会受到严厉的惩罚。体育竞技中的规则构建只要是参照"法律面前人人平等"的基本原则，当然体育竞技中的规则无法保障身体、心理和技术上的平等，这样所构建的体育竞技规则才能最大程度上保障人们的权利，同时也可以让每一个人都欣然接受，也为公平竞争提供了强有力的保障。

（3）竞争使体育蕴含着具有普遍意义的人生哲学意味。竞争精神可谓是体育竞赛中的基本精神，它在一定程度上赋予体育丰富的人生哲理，从而使其更加具有魅力。体育竞赛参与者在比赛中必须要与某事、某人、某团队进行对抗，比赛的目的就是为了一较高下，决出胜负，所以在体育竞赛中必然会产生胜利者和失败者。在比赛结束之前，比赛中参与者的比赛过程也给我们创造了另外一种境界。在比赛过程中，选手通过自己的努力战胜对手，不仅证明了自己的强大，同时这一辉煌的时刻也将凝结为永恒。在体育竞赛中，荣誉不仅仅属于胜利者，失败者艰苦拼搏的精神同样也能得到人们的尊重，获得属于他们自己的荣誉。

（4）体育竞争可以增进友谊。参与者通过参与体育比赛可以增进彼此之间的友情，通常情况下在比赛结束之后，双方为表示礼貌以及对对手的尊重会相互握手。在公平竞争的环境下，如果参与者双方的实力相当，那么在比赛中双方会拿出自己最好的状态进行比赛，这样的比赛会给双方带来极大的愉悦感。另外，作为一名合格的挑战者不仅仅要关注比赛结果，同时也要重视比赛对抗过程，通过分析比赛细节来检验、提升自身。在这样的体育比赛环境下，为参与者之间产生友谊奠定了基础，同时竞争也成为双方友谊的载体。

2. 对竞争作用的辩证认识

对于体育竞争的并未形成统一的认识，在学术界还有一种与之不同的声音，他们认为虽然体育竞技可以培养人优秀的品质，但是体育竞争同样也存在缺点，也产生了一定的负面影响。他们认为体育竞技的负面影响主要表现在两个方面：第一，竞争本身就是不道德的，属于一种利己、自私的行为，即将对手打到，为自己获取利益而扫清障碍。第二，体育竞争的结果具有误导作用。体育比赛参与者将所有注意力放在夺得冠军上，有的人为了拿到冠军，在比赛中采用一切可以采用的方法，甚至是不惜伤害对手。总的来说，体育竞技的有害结果主要有两个，一是对身体的伤害，二是对心灵的伤害，体育竞技的这种危害在职业比赛中尤为明显。当代社会是一个竞争的社会，如果竞争的结果将人带入了歧途，那么这样的竞争将会丧失其本身的意义和价值。

从实际上来看，体育竞争的本质是好的。首先，它是为了提升参与者自我价值的判断，并在比赛中获得胜利，其本质并不是贬低对手。其次，在体育竞争中产生有害的结果时，这或许是意外，也或者是偏离了体育竞争本身的理想。再次，竞争是在各个领域快速建立榜样最直接、最有效的方法。最后，在体育比赛中，当参与者将追求卓越作为挑战目标时，从哪与这之间的竞争将更多的是友谊而不是敌对，是尊重而不是贬低。体育运动环境下的竞争可以理解为：参与者双方为了获得胜利，因而发起的相互挑战。这样的体育竞争是理想的，同样也适用于其他领域。既然体育竞争是相互的，那么参与者一方通过努力战胜另一方，就不应当归为不道德的行为。

我们不能否认在一些体育比赛中存在着一些不道德的行为，但是我们也应该明白体育比赛中的这些事情很容易被夸大，这主要是由于当前体育比赛是在公开、透明的环境下进行的。那些本身就抵触体育竞技的人将绝大部分注意力放在这些东西上，从而使体育竞技的负面影响被夸大。从某种意义上来讲，体育不仅可以反映当时的社会情况，同时也可以对社会各个方面进行概括。在一定程度上来讲，我们可以将体育看作是社会的缩影，社会上的各种问题都会渗透到体育领域当中。但是我们应该清楚，体育精神注重提倡、彰显社会美德，抨击不好的社会价值观念，同时对人们也能起到一定的警醒、激励作用。

体育精神中所提倡的竞争是建立在公平、公正的基础上，它是一种公平竞争精神，它试图将竞争控制在理性范围之内，并以此来规范工业社会中无处不在的竞争。公平竞争精神对那些无规则竞争产生的危害起到了很好的预防作用，也正是因为这一原因，从而备受人们推崇，进而促进奥林匹克运动的传播。从其产生的历史根源上来看，其原因主要有以下几个方面：

（1）古希腊奥林匹克思想。体育运动对于古希腊民族具有十分重要的作用，它推动了该民族的形成与发展，也使该民族形成了竞争奋进的精神，这种精神体现在古希腊社会的方方面面，同时这种精神也成为古希腊社会发展的动力。众所周知，奥林匹亚是希腊的旅游胜地，是当时周边各地游客的最爱，但是人们去奥林匹亚并不是为了拜神，而是为了各地选手的竞赛。

（2）文艺复兴中的人文主义。欧洲文艺复兴运动对解放人们思想具有积极作用，他打破了神权至上的枷锁，促进了人类的人性回归。文艺复兴运动所提出的人格自由、社会平等等思想观点是为了歌颂人的价值，追求个人自由、幸福平等。文艺复兴运动对欧洲发展有深远的影响，在文艺复兴运动中人们借鉴了古希腊的文化、制度以及思想，尤其是奥林匹克精神。古希腊奥林匹克精神中的"公平竞争"与文艺复兴运动中的思想一致，为此备受人们推崇，同时它也为欧洲公平竞争精神的形成起到了积极作用。

（3）欧洲的骑士精神。"公平分配""公平交易"是欧洲骑士所主张的基本原则，同时欧洲骑士还具有勇敢、大胆、文雅以及用生命坚持真理的品德。欧洲骑士的这些精神被一些人文主义学者继承下来，并将这些骑士精神很好地融入社会生活的各个层面，当然也包括体育。

虽然我们分别从以上三个方面进行了分析，表面上看三者互补相关，没有交集，但是我们应当认识到事实并非如此，任何一个人在不同的时间都有可能同时表现出这三种观点。

（三）合作

1.合作的含义和产生的原因

所谓的合作主要指的是两个单位及以上相互配合工作，合作既可以是个人与个人的合作，也可以是群体与群体之间的合作，其合作是为了达成共同目的。一般情况下，我们可以将合作细分为以下几种：一是直接合作和间接合作；二是自觉合作和不自觉合作；三是结构性合作和非结构性合作。我们所说的体育合作主要指的个人与个人之间或团体与团体之间的合作，双方通过共同努力，完成体育任务。从具体上来讲，体育运动主体为了达到目的，而相互协作，共同行动。例如一个队伍想要获得取得胜利，则需要多方面协作，共同努力，如教练、运动员、队友等。合作可能会获得比赛的胜利，也有可能会失败，但是成功的合作需要具备以下几个条件：

（1）相同的目标。不管是什么样的合作，其合作的前提必须要有相同的目标，哪怕是短期内有相同的目标。

（2）形成统一的认识和规范。合作者双方在合作过程中，需要对合作目标、实现途径以及合作具体步骤等方面形成统一的认识，制定并遵守合作规范。

（3）相互依赖的合作氛围。打造一个相互信任、相互依赖的合作氛围是双方开展合作的重要条件。

（4）具有合作的物质基础。从某种意义上来讲，物质基础是双方进行合作的前提条件，如时间上的准时、有序、最佳配合距离等都是双方展开合作的物质基础。

从合作的本质上来看，合作双方拥有平等的地位，并在此基础上进行按照自愿、平等的原则进行不同程度的合作，接下来我们对合作产生的原因进行具体阐述。

第一，心理原因。理性是人类特有的天赋，同时也是人类成为万物之灵的关键。自上古时期至今，无数的生活经验告诉我们，个体与个体之间的合作是维持生存的基本条件。人类并不像其他大型动物那样，它们身体强壮，可以轻易猎杀其他动物，也不像那些会伪装的动物，人类想要在这个弱肉强食的世界生存下去，必须要克服自身的种种弱点，通过建立个体与个体之间的合作关系来共同生存下去。从根本上来讲，当今社会的形成以及社会上各种形式的产生与发展，都是合作的结果。

第二，直接原因。利益的一致性，是推动人与人、群体与群体合作的直接动力。在日常生活中通过个人努力便可以获得部分利益，但是一些利益的获得仅仅依靠个人努力是无法实现的，只有通过多人共同努力才能实现，从而形成了合作。随着社会的发展，人们的合作意识也越来越强烈，无论是在工作，还是家庭，都需要明确的分工、协作。

2. 体育中的合作

清华大学是一个拥有浓厚体育文化的大学，其体育活动开展也十分活跃。梅贻琦任职清华大学校长期间，对体育有较深的认识，并告诫学生要认清体育运动的目标，不要误认为体育运动的目标仅仅是为了培养几个能够跑得快、跳得远、跳得高的运动员，也不是仅仅为了在体育比赛中多拿几块奖牌，我们要在这些基础上发展、健全人格。后来也有人提出如果想要全面提升大学生"服务社会""团结合作"的精神，需要在现有德育、体育、智育的基础上，增设"群育"。梅贻琦并不赞同增设"群育"这一观点，他告诉学生，我们当今的体育运动并不是单纯的锻炼身体，它更多的是为了培养我们团结合作的精神。通过体育团体项目，培养我们舍己从人、因公忘私等精神。此外，梅贻琦还告诉学生，体育比赛的最终目的并不是为了取胜，而是为了在比赛中各显其能，彰显团队合作精神。在体育比赛中胜利固然重要，获得胜利可以获得相应的荣誉，但是失败也无需惭愧。如果在比赛之前，参与者因感觉不到胜利的希望而放弃比赛，这种行为是错误的，因为他忽视了自己在团队中的责任与义务。以现代体育比赛为例，我们不难发现，不管是集体运动项目，还是个人运动项目，都不同程度上存在着合作。不同运动中的合作表现形式也不同。在体育比赛中，所有的参与者共享着比赛结果，这在某种意义上来讲可以将参与者之间的关系看作为伙伴关系。在体育团体运动项目中，合作表现得尤为明显，团体运动项目比赛中所有的参与者，不仅共同协作，同时也共享比赛结果。在奥运会上，许多运动项目均是在相互合作的前提下完成，这也为参与者创造了一个相互交流的条件。

随着现代体育运动的发展，俱乐部、体育协会应运而生，而它们产生的根本原因是体育中的参与者为了探寻自己的"团队归属感"，即爱与被爱的幸福感。也正是由于这一原因，使大部分人更愿意参加人数较多的运动项目，在这个团队里面，他们可以获得一定的团队归属感。通常情况下，体育运动中的合作过程的价值要远远高于比赛结果的价值。体育运动参与者可以看到自己的努力为团队带来贡献，而成绩则是整个团队努力的结果。为此体育运动中的合作十分关注为了实现同一个目标，个体与他人相互合作的重要性。在团队中每一个参与者都有其特有的作用和价值，而其作用和价值的发挥需要建立在相互依靠、相互信任的基础上。

三、中华体育精神的概念

（一）中华体育精神概念的界定

从某种意义上来讲，中华体育精神与美国体育精神、德国体育精神属于同一层级的概念，它们都是以民族和地域作为划分标准的。不同的民族有着不同的运动风格，例如足球，虽然足球是一项全球性运动，但是德国足球运动风格与法国足球运动风格便有所不同，德国人注重纪律且稳重团结，为此他们的足球风格十分讲究队员之间战术配合，而法国人受其民族影响，足球运动风格表现为激情、富有想象力。民族性不仅造就了不同的运动风格，同时也产生了不同的体育精神，所以我们通常情况下将民族作为区分不同国家体育精神的重要指标。

在了解中华体育精神之前，我们接下来对"中华精神"进行一个全面了解，此处的"中华"指的是"中华民族"，为此我们也可以将"中华体育精神"称之为"中华民族的体育精神"。从宏观角度来讲，中华体育精神这一概念囊括了我国体育领域的各个方面，其外延为自中国体育活动开始至今的时间范围。另外，中国体育精神同样是体育精神的中国化，是体育精神与中华民族精神的融合体，为此中华体育精神不仅具备了体育精神的特性，同时也具备了中华民族精神的特性，所以在归纳中华体育精神时一般遵循以下几方面的原则：

第一，兼顾双方。我们在总结归纳中华体育精神概念内容时，不仅要考虑体育精神，同时也要考虑中华民族精神，不可顾此失彼。

第二，抓住核心。对中华体育精神的归纳需要两手抓，既要确保呈现体育精神的核心，也要体现中华民族精神的核心。

第三，历史性与时代性。中国体育精神既要尊重、继承过去，充分体现其历史特性，同时也要关注时代发展的需求，彰显其时代特性。

第四，适用性与稳定性。通常情况下一种精神不仅需要具有适用性，还需要具有一定的稳定性，即满足当前的需求，同时也要经得起时间、历史的考验，在较长一段时间内保持相对的稳定性，使自身具有长期的适用性。

针对以上的原则，我们可以将中华体育精神的定义概括为：中华体育精神诞生于我国社会体育实践活动之中，它主要是以快乐健康、拼搏自强、公平竞争、团结协作、爱国奉献作为自身价值标准的思维活动、意识以及一般心理状态。

（二）中华体育精神概念的内涵

"体育精神"与"中华体育精神"二者关系十分密切，二者的关系具体表现为种属关系，从理论上来讲，如果两个物品属于种属关系，那么其中种词项肯定包含属词的所有内涵。由于构成体育精神的四要素普遍存在与各个国家之中，所以中华体育精神的内涵必定包含了体育精神的所有内涵，接下来我们对中国体育精神的内涵进行详细阐述。

人本精神是构成体育精神的要素之一，为此我们采用"健康快乐"代指人本精神。中华体育精神的这一内涵，在一定程度上向人们传递了中华体育精神所包含的范围，它不仅涉及竞技体育，同时也包含大众体育、学校体育等。另外，"健康快乐"不仅与体育精神中尊重生命等价值取向一致，同时也与我国健康长寿观等内容一致。

英雄主义精神是构成体育精神的要素之一，而中华体育精神中的拼搏自强与之相对应，首先"拼搏"一词属于我国特有的体育词汇，用它来归纳中华体育精神能最大程度上体现中国特色。其次"自强"一词与体育精神中的超越自我精神遥相呼应，从具体上来讲，一个人只有先超越自身现有水平，并使其能力水平达到一定的高度，才能称之为自强。除此之外，"自强"也在一定程度上体现了人本主义精神中的自主、自立、自信等。与此同时，"拼搏自强"与我国传统民族精神——"自强不息"十分契合。

中华体育精神中的"公平竞争"体现的是公平竞争精神。公平竞争作为一个核心词汇，围绕它可以派生许多词语，如科学求实、全力以赴、规则意识、竞争意识等。

中华体育精神中的"团结协作"体现的是团队精神，这不仅彰显了体育精神的内涵，同时团结协作也是我国民族精神的具体体现，如团结互助、集体主义等。

在竞技体育中，只要比赛哨声开始，到最后都会产生比赛结果，即胜负之分。在大型国际体育竞赛中，赢得冠军不仅可以升起本国的国旗，还可以在比赛全场奏响本国国歌，而爱国主义情怀在国旗升起、国歌奏响之际便会油然而生，并在内心深处生根发芽。爱国主义精神是中华体育精神的核心，为此我们以"爱国奉献"作为其价值标准。

第六节　中华体育精神激发体育教学

体育教学在大学教学体系中占据十分重要的作用，大学体育教学主要是以体育运动项目为载体，提升大学生的身体素质、体育技能以及心理素质的教育过程。另外，大学体育教育还可以在无形中改变大学生对体育的认知，同时也可以提升大学生的体育道德和体育精神。从某种意义上来讲，大学生体育教育是促进大学生全面发展的重要教育载体。为此，加强中华体育精神融入高校体育教学的研究不仅可以促进中华体育精神的传播与发展，同时这也是我国当代高校体育教学的使命。

一、中华体育精神的文化内涵

体育教育有多方面的功效，它不仅可以提升学生的身体素质，还能通过科学的体育教学也可以培养学生良好的道德品质，而且体育教育的功效是其他学科无法取代的。

中华体育精神包含着中华民族精神和体育精神，它是二者的结合体，其形成经历了较长的时间，是在我国体育实践中形成的宝贵精神财富，其内容十分丰富，其中包含了爱国主义情怀、奉献精神、集体主义精神、法治精神、奋斗精神等。

中华体育精神对于学生的全面发展具有十分重要的作用和意义，它不仅可以帮助学生树立正确的人生观，同时也可以帮助学生树立正确的价值观和世界观，从而为我国社会主义事业发展培养出一批批优秀的接班人。

二、中华体育精神对培养当代大学生的作用

（一）中华体育精神有利于培养大学生为国争光的爱国主义情怀

在体育比赛中为国争光是每个体育运动员的梦想，同时也是体育的最高境界。当五星红旗在体育场上空升起时，无论是台上的运动员，台下的队员、教练，还是电视机旁的观众，其自豪感油然而生。众所周知，我国女排在世界体坛上为国争光，她们凭借刻苦努力的训练和坚韧不拔的精神，一次次击败对手，取得五连胜的辉煌战绩。她们向我们传递了爱国奉献、积极进取、团结协作等体育精神。

（二）中华体育精神有利于培养大学生团结协作的集体主义精神

大学集体性体育项目可以在无形中提升大学生的责任感和团队精神。集体性体育项目需要队员之间形成良好的配合协作关系，同时队员之间也要相互理解和包容，从而使团队内部形成强有力的凝聚力，进而提升团队的战斗力。这些精神通过体育实践的锤炼与升华，最终凝聚为中华体育精神的核心。在团队比赛中每

个人都发挥着不同的作用，且他们的作用均与团队的利益息息相关，只有团队中每一个成员共同努力、协作，才能取得更好的比赛成绩，进而赢得比赛的胜利。

例如，在接力比赛中运动员接棒的瞬间以及球类比赛中运动员触球的瞬间，在这种情况下运动员便有了责任，其责任关系着整个团队的输赢，如果在持球过程中稍有不慎出现失误，很有可能会给团队带来不可挽回的结果，甚至导致输掉比赛，为此作为团队中的每一个成员，都要有较强的责任感，并严格要求自己，尽最大可能降低自己在赛场上的失误的可能性。

（三）中华体育精神有利于培养大学生顽强拼搏的奋斗精神

竞技体育的本质是拼搏，在重压环境下不逃脱，面对困难敢于面对并且迎难而上，不惧怕失败，不轻言放弃。此外，拼搏还需要人具有坚定不移的信念和坚韧不拔的毅力。在体育比赛中，运动员只有不断拼搏，并在此基础上不断挑战、超越自我才能获得更好的比赛成绩。在体育比赛中，冠军只有一个，但是不管最终花落谁家，运动员都要拼尽全力，在面对困难时勇往直前，要始终怀着"勇争第一"的决心。例如，我们常常提及的"女排精神"，它给人印象最深的便是女排运动员的拼搏精神，她们努力拼搏、永不言弃的画面让人久久不能忘怀，她们之所以能够取得冠军，离不开她们身上的那股拼劲。在她们看来，无论结果如何，每一球都十分重要，拼尽全力地打好每一球。虽然中国女排在世界上不一定是技术最强的队伍，但是她们一定是最顽强、最坚韧的队伍。中国女排身上的拼搏奋斗精神对国人具有深远的影响，它不仅激励国人敢于拼搏，同时促进我国社会的发展与进步。

（四）中华体育精神有利于培养大学生公平竞争的遵纪守法精神

从某种意义上而言，中华体育精神中蕴含着遵纪守法的精神，这主要体现在体育竞赛中所倡导的公平、公正。在体育比赛中，每一个体育运动员都要遵守体育赛事的规章制度，遵守体育竞赛规则，遵从裁判员的判罚决定，同时裁判员也要做到执裁公平、公正。不管是哪个国家、哪个民族的运动员，在踏入比赛场的瞬间，他们都要遵守比赛规则。在比赛规则面前，任何人都没有特权，也就是说体育比赛所有的参与人员，如教练、运动员、裁判员都要严格遵守比赛规则，一旦违反比赛规则，都将会受到相应的惩罚。所以，在体育竞赛中可以培养人的规则意识，通过潜移默化的方式让人逐渐养成良好的行为习惯，如遵纪守法、遵守学校规章制度等。

（五）中华体育精神有利于培养大学生锐意进取的创新精神

想要获得更好的体育成绩，就需要大学生不断挑战自我，同时还要推陈出新，不断挑战新的技术动作，从而挖掘自己的潜能。比如，滑冰、体操、跳水等体育运动项目，当运动员的竞技水平达到瓶颈期之后，只有通过不断创新技术动作，才能提升其自身的综合实力，在比赛场上取得更好的成绩。

这同样也是我们所追求的奥林匹克精神的体现，同时也是体育的魅力所在。

三、中华体育精神融入高校体育教学的路径

（一）创新教学设计，精心组织教学

高校体育教师在教学过程中务必要深入挖掘教材中的中华体育精神，并在此基础上结合高校体育教学目标，使高校教学内容与中华体育精神完美融合在一起，与此同时，还要使其与教学评价相统一。

体育教师在上课前应认真分析、研究教材，并在此基础上把握好不同阶段、不同层次、不同形式的德育教学落脚点，同时将中华体育精神与教材中的体育技能知识点融合在一起。此外，体育教师在教学中还应提升学生的学习体验，将中华体育精神与学生的学习、生活联系在一起，提升体育教学效果。高校体育教师在开展体育教学过程中，除了要教授学生基本的技能动作之外，还要完善、创新体育教学方法，开展多种形式的课内、课外体育竞赛活动，教师要积极鼓励学生参与各种体育实践活动，让学生在体育实践活动中感受体育精神，从而不断磨炼学生的意志。例如，体育教师通过组织排球比赛的方式，让学生感受团队协作的重要性，通过不断的实践练习提升学生的团队合作意识、竞争意识等。另外，也可以通过让学生观看中国女排比赛视频的方式培养其爱国奉献、坚韧不拔、勇于拼搏的精神。此外，在中长跑实践活动中，鉴于个人体质的原因，不同的人在不同的阶段会出现"极点"现象，体育教师应对学生进行鼓励和引导，激励他们战胜自我并跑完全程。

（二）加强师德师风建设，提升体育教师文化素养

教师在高校体育教学中占据十分重要的地位。换句话说，一个教师师德师风的好坏直接决定了高校体育课堂教学效果。为此，高校体育教师也应加强自身师德师风的建设，在教学中做到言传身教。教师作为高校体育课堂教学的组织者，他们对中华体育精神的理解直接影响了中华体育精神在高校体育课堂中的应用与渗透。所以教师还应当注重提升自身的教育素养，每上完一节课之后需要对教学过程进行反思，总结中华体育精神与体育教学内容的融合度与渗透性，不断改进和优化教学活动设计，将中华体育精神教育寓于体育教学中，提高教学效果。此外，高校体育教师还应当注重自身的形象，始终保持积极向上的面貌，从而感染身边的学生，这也有助于建立良好的师生关系，增加学生对老师的信任，从而帮助学生养成良好的行为习惯。

（三）优化校园文化建设，营造良好的体育文化氛围

体育文化是构成高校校园文化的关键部分，同时也是高校培养学生体育精神，开展德育的重要载体。在高校体育教学中，教师要充分利用体育文化特有的育人作用，积极组织学生参加不同形式的体育活动。同时，提升学生参与体育活动的积极性，让他们在良好的校园体育氛围中养成良好的锻炼习惯。另外，高校体育教师还可以借助新媒体技术宣传中华体育精神，例如组织学生观看重大体育赛事直播，从而激发学生的荣誉感以及爱国情怀，通过运用网络直播平台可以在一定程度上增加学生了解中华体育精神的渠道，这为我国大学生树立正确的人生观、价值观有积极作用。此外，还可以组织完善体育社会实践活动，让学生走出校门了解更多的中华体育精神，如组织学生参观中华体育精神教育基地或参观运动员训练基地、组织学生担任体育赛事志愿者等，让他们在社会实践中真切的感受中华体育精神。

中华体育精神可以引导大学生形成正确的人生观和价值观，尤其是中华体育精神中的爱国情怀、拼搏精神以及人文精神，这些精神对大学生的影响已经渗透到大学生学习、生活的方方面面。

参考文献

[1] 王富珍. 高校体育课程教学改革与发展研究 [J]. 冰雪体育创新研究，2022（8）：119–121.

[2] 李宝成，李靖. 体育强国战略背景下高校体育教学现状及发展策略研究 [J]. 文体用品与科技，2021（21）：133–135.

[3] 王蓉. 普通高校体育教学评价模型的构建与实证研究 [D]. 昆明：云南师范大学，2016.

[4] 张剑威，刘东锋. 体育强国研究：综述与展望 [J]. 体育与科学，2021，42（2）：12–22.

[5] 郭昊林. 影响我国高校体育教学发展的因素及对策分析 [J]. 当代体育科技，2021，11（2）：161–163.

[6] 崔艳艳. 我国普通高校体育教学环境研究 [D]. 石家庄：河北师范大学，2012.

[7] 李洁. 信息化环境下高校体育教学有效性研究 -- 评《现代体育教学改革与信息化发展研究》[J]. 中国科技论文，2020，15（10）：1229.

[8] 李腊梅. 高校体育训练教学改革与可持续发展研究 [J]. 拳击与格斗，2020（9）：102–103.

[9] 黄昌，顾寅. 高校体育教学和运动训练的协调发展研究 [J]. 课程教育研究，2020（6）：223.

[10] 张玉龙. 高校体育教学发展现状及改革措施研究 [J]. 哈尔滨职业技术学院学报，2020（1）：43–44.

[11] 吴春霞. 我国普通高校体育管理组织结构的研究 [M]. 北京体育大学出版社：中国体育博士文丛，201001. 114.

[12] 孙咏晖. 新时代我国高校体育教学发展困境与改革对策研究 [J]. 文体用品

与科技，2019（21）：111-112.

[13] 王晖. 新时期高校体育课程教学改革与发展研究 [J]. 陕西教育（高教），
2019（8）：27-28.

[14] 仇军，张兵. 新时代体育强国建设的模式选择与路径找寻 [J]. 北京体育大
学学报，2019，42（3）：8-20.

[15] 兰翔. 影响高校体育教学发展的因素及对策分析 [J]. 贵阳学院学报（自然
科学版），2018，13（4）：81-83.

[16] 马丽. 高校公共体育教学中的德育渗透研究 [D]. 北京：北京体育大学，
2017.

[17] 边景珍，阴强，李勋，井文华，孙建立，郭鹏，郑军. 高校体育教学促进
体育文化发展研究 [J]. 科学大众（科学教育），2017（11）：118.

[18] 李莹，廖军. 课程改革视野下高校体育教师教学能力发展研究 [J]. 课程教
育研究，2017（37）：203.

[19] 周亚克. 我国高校体育教学发展中存在的问题与对策 [J]. 当代体育科技，
2017，7（19）：94+100.

[20] 吴芳. 大数据应用背景下高校体育教学评价体系构建探索 [D]. 太原：中北
大学，2019.

[21] 陈晓波. 普通高校体育课程教学改革的创新思路探究 -- 评《体育教学改革
创新与发展研究》[J]. 教育评论，2017（3）：167.

[22] 彭青军. 影响我国高校体育教学发展的因素及对策分析 [J]. 运动，2017（04）：
67-68.

[23] 邱蓁蓁. 课程改革视野下高校体育教师教学能力发展研究 [J]. 赤子（上中
旬），2016（21）：67.

[24] 代璐. 高校体育教师教学实践能力的构成与发展研究 [J]. 陕西教育（高教），
2016（9）：49+51.

[25] 罗江波. 影响高校体育教学发展的因素及对策研究 [J]. 当代体育科技，
2016，6（3）：75+77.

[26] 原兴照. 当前我国高校体育教学发展 [J]. 湖北体育科技，2016，35（02）：
158-160.

[27] 丁小燕. 我国高校体育教学发展路径探索 [J]. 中国教育学刊，2015（S2）：151-152.

[28] 肖琪. 新时期体育强国背景下高校体育教学模式的研究 [J]. 湖北科技学院学报，2015，35（7）：138-139，145.

[29] 刘峰. 高校体育教学发展的影响因素及对策探讨 [J]. 吉林省教育学院学报（上旬），2015，31（7）：99-100.

[30] 王智慧. 体育强国的评价体系与实现路径研究 [D]. 北京：北京体育大学，2014.